भाषा, युगबोध और कविता

वाणी प्रकाशन
दिल्ली-110007

भाषा, युगबोध और कविता

रामविलास शर्मा

वाणी प्रकाशन
प्रकाशन के उत्कृष्टतम 61 वर्ष

सजिल्द पहला संस्करण : 1981
सजिल्द दूसरा संस्करण : 1994
सजिल्द तीसरा संस्करण : 2010
सजिल्द चौथा संस्करण : 2024

vaniprakashan.com

वाणी प्रकाशन
4695, 21-ए, दरियागंज, नयी दिल्ली-110 002
फ़ोन : + 91 11 23273167, 23275710
शाखाएँ
अशोक राजपथ, पटना-800 004, बिहार
कॉफ़ी हाउस कैम्पस, महात्मा गांधी मार्ग, प्रयागराज-211 001, उत्तर प्रदेश
महात्मा गांधी अन्तरराष्ट्रीय हिन्दी विश्वविद्यालय, वर्धा-442 001, महाराष्ट्र
sales@vaniprakashan.in
vaniprakashan@gmail.com

Bhasha, Yugabodh aur Kavita
by Ramvilas Sharma

ISBN : 978-93-5000-524-8
Essays

मूल्य : ₹ 550

जी.एस. ऑफ़सेट, दिल्ली-110 095 में मुद्रित

वाणी प्रकाशन का लोगो मक़बूल फ़िदा हुसेन की कूची से

भूमिका

काव्यभाषा की समकालीन चर्चा हिन्दी आलोचना के लिए नयी नहीं है। इस चर्चा में जो बात नयी है, वह काव्य-भाषा को सामाजिक सन्दर्भ से अलग करके देखने की प्रवृत्ति है। यह रूपवादी प्रवृत्ति है, रूप को विषयवस्तु से और दोनों को सामाजिक परिवेश से अलग करके देखने की प्रवृत्ति है। इससे भिन्न दृष्टिकोण इस पुस्तक के पहले निबन्ध में है। कविता की विषयवस्तु और भाषा के विवेचन में यही दृष्टि-कोण प्राय: सभी निबन्धों में मिलेगा। इन्हें एक जगह संक-लित करने का उद्देश्य इस दृष्टिकोण का प्रतिपादन है। सभी निबन्धों में कविता की चर्चा है। आदि काव्य, भक्तिकाव्य, छायावादी काव्य और छायावादोत्तर काव्य पर 1934 से लेकर 1970 तक समय-समय पर लिखे निबंध यहां दिये गये हैं। इनमें अनेक उन पुराने संग्रहों में प्रकाशित हो चुके हैं जो बहुत दिनों से अप्राप्य हैं, अनेक ऐसे हैं जो यहाँ पहली बार संकलित हैं। इस दूसरी कोटि में 'राम की शक्ति-पूजा' वाला निबन्ध है जो 'अनामिका' में उस कविता के प्रकाशन से पहले लिखा गया था और 'माधुरी' में छपा था। अनुमान है कि उस प्रसिद्ध कविता पर यह हिन्दी का पहला समी-क्षात्मक निबन्ध है।

दृष्टिकोण मूलत: एक है, फिर भी अनेक निबन्धों में कुछ मान्यताएँ ऐसी हैं जो मेरी बाद की आलोचना में बदल गई हैं। 'गोस्वामी तुलसीदास और मध्यकालीन भारत', 'मध्य-

कालीन हिन्दी कविता में गेयता' जैसे निबन्धों में 'मध्य-कालीन' शब्द इतिहास-सम्बन्धी प्रचलित धारणा के अनुरूप है। इस धारणा को बदलना क्यों ज़रूरी है, इस प्रश्न का उत्तर मेरी पुस्तक 'भाषा और समाज' में है। 'आधुनिकता-बोध और छायावाद' का सम्बन्ध दिल्ली में आयोजित एक गोष्ठी से है।

—**रामविलास शर्मा**

विषय-सूची

भूमिका / 5

काव्य भाषा और युगबोध / 9

कविता में शब्दों का चुनाव / 16

आदि काव्य / 22

गोस्वामी तुलसीदास और मध्यकालीन भारत / 32

भूषण का वीर रस / 41

मध्यकालीन हिन्दी कविता में गेयता / 47

संत कवि और रवीन्द्रनाथ / 58

काम, क्रोध, मद, लोभ और तुलसीदास / 64

साहित्य की भविष्यवाणी / 69

शेली और रवीन्द्रनाथ / 77

कवि निराला / 90

निराला और मुक्तछंद / 97

राम की शक्ति-पूजा / 104

"अनामिका" और "तुलसीदास" / 116

नज़रुल इस्लाम / 120

प्रसाद / 126

पंत-काव्य-चर्चा / 128

महादेवी वर्मा / 141

आधुनिकता-बोध और छायावाद / 145

निराला और पन्त की प्रतीक-योजना / 151

गतिरुद्ध छायावाद का शब्दशिल्प / 155

आधुनिक हिन्दी कविता की प्रगति / 168

छायावाद की ऐतिहासिक पृष्ठभूमि / 178

183 / हिन्दी काव्य में व्यक्तिवाद और अतृप्त-वासना
190 / नयी हिन्दी कविता पर आक्षेप
194 / कुरुक्षेत्र और सामधेनी; उर्वशी
213 / बच्चन के काव्य प्रयोग
223 / बलभद्र दीक्षित 'पढ़ीस'
232 / केदारनाथ अग्रवाल

काव्य भाषा और युगबोध

कहने में कितना अच्छा लगता है— साहित्य समाज का दर्पण है और कितने आलोचकों ने नहीं कहा, साहित्य समाज का प्रतिबिम्ब है, परन्तु कितने आलोचकों ने अपने कहने की सचाई का अनुभव किया है और अनुभव करके उसके अनुसार आचरण किया है ? समाज में मनुष्यों के पारस्परिक सम्बन्ध बदले हैं, उनके भावों और विचारों में परिवर्तन हुए हैं, परिस्थितियाँ बदली हैं और उनके साथ "मनुष्यत्व" की परिभाषाएँ भी बदली हैं। साहित्य के भाव, विचार, उनको व्यक्त करने के ढङ्ग गतिशील युग-प्रवाह में बदलते रहे हैं। उनके इस बदलने के क्रम को, इस बहाव को, स्थायी कहा जा सकता है। परन्तु साहित्य और समाज के सम्बन्ध की यह व्याख्या स्वीकार करने वाले लोग कम हैं।

सामाजिक परिस्थितियों का जैसा प्रभाव भावों और विचारों पर पड़ता है, वैसा ही उनको व्यक्त करनेवाली शैली, व्यंजना के ढङ्ग, शब्द-चयन, वाक्य-विन्यास आदि पर भी पड़ता है। गोस्वामी तुलसीदास ने लिखा था—

"गिरा अरथ जल बीचि सम, कहियत भिन्न न भिन्न।"

शब्द और अर्थ के परस्पर अटूट सम्बन्ध को भूलकर ही लोग बहुधा भाव-पक्ष, कलापक्ष आदि अलग-अलग पक्षों की आलोचना करने बैठ जाते हैं। आलोचकों की यह एक "चिरन्तन" प्रवृत्ति है कि वे साहित्य में "चिरन्तन" सिद्धांतों की व्याख्या करते हैं और अपने सिद्धांतों के अमर सत्य में साहित्य की अमरता को बाँधने का प्रयास करते हैं। जिस प्रकार वे दूसरे के सिद्धांतों का खण्डन करते हैं, उससे यह सिद्ध हो जाता है कि सिद्धांतों की अमरता अत्यन्त मरणशील है। फिर भी मनुष्य की सहज अमर होने की साध से जैसे प्रेरित होकर वे अमर सिद्धांतों की खोज में लगे ही रहते हैं। भावों और विचारों में ऐसे सिद्धांत निश्चित करने के साथ-साथ वे भाषा-सम्बन्धी सिद्धांतों की भी सृष्टि करते हैं और अपनी सृष्टि को ब्रह्मा की सृष्टि से कम महत्त्वपूर्ण नहीं मानते। भाषा-सम्बन्धी यह अध्यात्म-वाद युग के साहित्यिक और सामाजिक परिवर्तन क्रम के साथ बदलता रहता है।

भाषा-सम्बन्धी अध्यात्मवाद के अनेक रूप हैं। कोई कहता है कि कविता की वही भाषा होनी चाहिये जो जनता की भाषा हो। दूसरे कहते हैं, कविता की भाषा साधारण बोलचाल की भाषा से सदा भिन्न रही है और रहेगी। भारतीय आचार्यों ने भावों और विचारों के विभाजन के लिए नौ रसों की व्याख्या की और उनकी सिद्धि के लिए शब्दों की परुषा, कोमला आदि वृत्तियाँ निश्चित कीं। यह विभाजन भावों और विचारों की भिन्नता के साथ शब्द-चयन में भी आवश्यक परिवर्तन के सिद्धांत को मानता है। रीतिकालीन कवियों ने शृङ्गार रस को छोड़-कर अन्य रसों की सिद्धि के लिए केवल शब्द-चयन के एक विशेष क्रम को अपनाया और समझ लिया कि इसी से उन्हें सफलता मिल जायगी। मतिराम, पद्माकर आदि ने भी वीररस के छन्द लिखे, परन्तु उनके वाग्जाल में वह रस न आ सका जो भूषण के छन्दों में है। भूषण की सफलता का रहस्य उनकी जातीय भावना है जिसने परुषावृत्ति की विशेष चिंता न करके अपने लिए शब्द-चयन की अनूठी शैली ढूंढ़ निकाली।

भाषा में अत्यधिक मिठास की खोज सामाजिक ह्रास का चिह्न है। वैसे ही वाक्पटुता, ज़बान का चटखारा, अत्यधिक परिष्कार और बनाव-सिंगार आदि ऐसे गुण (?) हैं जो पतनकालीन साहित्य में मिलते हैं। विद्रोही कवि जो नयें भाव विचार लेकर आया है, उनके लिए शैली भी ढूंढ़ निकालता है। रूढ़िवादी अपने बुढ़िया पुराण पर आक्रमण होते देखकर उसे भाषा और संस्कृति का शत्रु घोषित करते हैं। हिन्दी के पुराने कवियों में भाषा को देव-बिहारी से अधिक किसने सँवारा है, परन्तु साहित्यिक और सामाजिक प्रगति में उनका कौनसा स्थान है? अंग्रेज़ी साहित्य में पोप से अधिक भाषा को सभ्य और परिष्कृत किसने बनाया है? परन्तु पोप और उसके साथियों ने ही रोमांटिक कवियों के विद्रोह को अनिवार्य कर दिया और उस रोमांटिक विद्रोह के महत्त्व को कौन अस्वीकार कर सकता है?

तुलसीदास ने चाहे स्वांत: सुखाय लिखा हो चाहे बहुजनहिताय, इसमें संदेह नहीं कि उन्हें अपने आलोचकों से काफ़ी शंका थी और इस शंका को प्रकट करने के लिए उन्होंने मानस में काफ़ी छन्द लिखे हैं—

"हँसिहहिं कूर कुटिल कुबिचारी। जे पर दूषन-भूषन धारी॥
निज कबित्त केहि लाग न नीका। सरस होउ अथवा अति फीका॥
जे परभनित सुनत हरषाहीं। ते बर पुरुष बहुत जग नाहीं॥"

ज़बान का चटखारा ढूंढ़नेवाले कहेंगे, चौपाई छंद में आपने "पर-दूषन-भूषन-धारी" इतना बड़ा समास रख दिया है। आप "भाषा" लिख रहे हैं लेकिन शायद विद्वत्ता दिखाने के लिए लम्बे-लम्बे समस्त पद भी रखते आते हैं। दूसरी पंक्ति

अच्छी है, लेकिन तीसरी में "परभनित" क्या बला है। भला कभी कोई परभनित भी कहता है? वैसा ही "बर पुरुष" का प्रयोग है। अगर कोई कहे, हे बर कवि-जी! आपने रामचरितमानस नामक बर काव्य लिखकर एक बर कार्य किया है तो आपको कैसा लगेगा? ऐसे ही आपका "भाषा-भनित" है। "भ" के अनुप्रास पर आप लट्टू हो गये, लेकिन यह न देखा कि भाषा-भनित कोई कहता भी है या नहीं। आपने ठीक लिखा है, "हँसिबे जोग हँसे नहीं खोरी।" आपके इस महाकाव्य में मुश्किल से डेढ़ सौ पंक्तियाँ ऐसी निकलेंगी जो बोलचाल की भाषा में साधारण वाक्य-रचना के नियमों के अनुसार लिखी गई हों। देखिए बोलचाल की भाषा में सफल वाक्य-रचना यों होती है—

"कच समेटि भुज कर उलटि, खरी शीस पट डारि।
काको मन बाँधै न यह, जूरो बाँधनिहारि॥"

क्या दोहा लिखा है जैसे कमान से तीर निकल गया हो। जूड़ा बाँधने और मन बाँधने के "चमत्कृत" प्रयोग पर ज़रा ग़ौर फ़रमाइए!

ऐसे आलोचकों को हम गोस्वामीजी के शब्दों में "कुटिल कुबिचारी" ही कहेंगे।

तुलसीदास और बिहारी दोनों ही अपनी-अपनी भाषा-शैलियों के सफल कवि हैं। उन शैलियों में उनसे अधिक किसी दूसरे को सफलता मिली ही नहीं। बिहारी के दोहों की भाषा मानस की भाषा की अपेक्षा बोलचाल की भाषा के अधिक निकट है। दोनों को मिलाकर देखने से स्पष्ट हो जायगा कि तुलसीदास ने अधिकतर अपनी भाषा गढ़ी है और उनकी पद-रचना गद्य की भाषा के बहुत कुछ प्रतिकूल है, फिर भी भारतीय जनता को जितना उनके "अटपटे बैन" प्रिय हैं, उतना "जूरो बाँधनिहारि" पर फ़िदा हो जानेवाले कवि के नहीं। इन दोनों कवियों के भाषा-सम्बन्धी भेद का कारण उनकी संस्कृति और विचारधारा का भेद है। वही भेद जिसे हम Romanticism और Neo-classicism के शब्दों द्वारा व्यक्त करते हैं।

बिहारी ने अपनी सतसई इसलिए लिखी थी—

"हुकुम पाय जै साह को, हरि-राधिका प्रसाद।
करी बिहारी सतसई, भरी अनेक सवाद।"

जै साह का हुकुम पहले है, हरि-राधिका का प्रसाद पीछे। सतसई की रचना एक दरबारी कवि ने अपने अन्नदाता को रिझाने के लिए की है। उसने इस बात की पूरी चेष्टा की है कि उसकी रचना सरल हो, उसमें चमत्कार हो और अन्न-दाता के हृदय में थोड़ी गुदगुदी हो जिससे दोहा कहते ही उसकी थैली से स्वर्ण-

मुद्रायें निकल पड़ें।

तुलसीदास किसी जै साह या अकबर शाह का मुँह देखने न गये थे। उन्होंने अकबर के साम्राज्य में जनता की निर्धनता देखी थी। वह स्वयं ऐसी श्रेणी के व्यक्तियों में थे जिनके लिए चार दाना अन्न ही चार फल—धर्म, अर्थ, काम, मोक्ष—के बराबर होता है।

वह जानते थे कि "साथरी को सोइबो ओढ़िबो झूने खेस को" क्या होता है। अन्न के लिए लोगों को आत्मसम्मान बेचते उन्होंने देखा था। इसीलिए लांछना के स्वर में उन्होंने कहा था—

"जनि डोलहि लोलुप कूकर ज्यों,
तुलसी भजु कोशलराजहिं रे।"

जनता के और अपने आत्मसम्मान की रक्षा के लिए उन्होंने कोशलराज की शरण ली। अकबर को जैसे चुनौती देकर उन्होंने अपने आदर्श सम्राट् के लिए लिखा—

"भूमि सप्त सागर मेखला।
एक भूप रघुपति कोसला।"

फिर मानो इससे भी संतुष्ट न होकर उन्होंने कहा—

"भुवन अनेक रोम प्रति जासू।
यह प्रभुता कछु बहुत न तासू।।"

तुलसीदास ने दुनिया की ठोकरें खाई थीं। भक्ति की शिला पर वे इन सब आघातों को व्यर्थ कर देना चाहते थे। अवश्य ही राम का नाम लेने से समाज के आर्थिक कष्ट कम न हो सकते थे। कवि चाहे जितना कहे कि नाम के भरोसे उसे परिणाम की चिंता नहीं है, परन्तु परिणाम तो सामनें आयेगा ही। दरिद्रता से क्षुब्ध होकर तुलसीदास ने राम-राज्य की सृष्टि की; उसके मनोहर गीत गाये। परन्तु उनकी रामभक्ति किसी रोमांटिक कवि के पलायन की भाँति निर्जीव क्यों नहीं है? उनकी कविता की सजीवता का और उनके रामचरितमानस के सामाजिक महत्त्व का यही कारण है कि वह एक विद्रोही कवि थे। अपने आत्म-सम्मान की रक्षा के लिए उन्होंने निर्धन बने रहना स्वीकार किया। उनकी वाणी ने साधारण जनता में आत्मसम्मान की भावना पैदा की। क्षुद्र से क्षुद्र मनुष्य में भी यह भाव पैदा किया कि वह अपनी भक्ति से समाज के बड़े से बड़े लोगों की बराबरी कर सकता है।

अन्य विद्रोही कवियों की भाँति तुलसीदास की भाषा भी सब कहीं एक-सी नहीं है। कहीं वह संस्कृत-बहुल है, कहीं साधारण बोल-चाल की सी है, कहीं

फीकी भी है। बिहारी, मतिराम या देव की सी वाक्पटुता का उसमें प्रायः अभाव है। विनयपत्रिका के अनेक उत्कृष्ट पदों में ऐसा लगता है जैसे हृदय के आवेग से शब्द-प्रवाह अपनी सीमाएं तोड़ रहा हो।

ज्यों-ज्यों निकट भयो चहौं कृपालु, त्यों-त्यों दूरि-दूरि पर्‌यो हौं।
तुम चहुँ जुग रस एक राम हौं हूँ रावरो जदपि अघ अवगुननि भर्‌यो हौं॥
बीच पाइ नीच बीच छरनि छर्‌यो हौं।
हौं सुबरन कुबरन कियो, नृप ते भिखारी करि, सुमति तें कुमति कर्‌यो हौं।"

इस तरह की पंक्तियों में बिहारी के दोहों जैसी स्वच्छता नहीं है। उनमें एक अनियंत्रित-सा स्वर-प्रवाह है जो असाधारण अनुभूति का परिचायक है और मनुष्य की उन भावनाओं के अधिक निकट है जो छिछली और बनावटी नहीं हैं।

प्रत्येक समर्थ कवि की भाँति तुलसीदास भाषा-सम्बन्धी अध्यात्मवाद को छिन्न-भिन्न कर देते हैं। व्यंग्य और हास्य की पंक्तियों में उनकी भाषा साधारण बोलचाल की सी हो जाती है—

"टूट चाप नहिं जुरिहि रिसाने। बैठिअ होइहि पाँय पिराने।"

दोहा और चौपाई जैसे छन्दों में लम्बे समस्त पद देते हुए उन्हें हिचक नहीं होती।

"रामचन्द्र मुखचन्द चकोरा", "सरद-सर्बरी नाथ मुख", "सरद-परब-बिधु-बदन बर", "तरुन-तमाल बरन" आदि

समस्त पद प्रति पृष्ठ में बिखरे हुए मिलेंगे। शब्द-चयन में उन्होंने इस बात की चिंता नहीं की कि गद्य में या बोल-चाल में इन शब्दों का इसी प्रकार प्रयोग होता है या नहीं। यदि देश में उन पर देवता के ही समान लोगों का श्रद्धाभाव न होता तो अवश्य कोई ड्राइडन जैसा कवि यह चेष्टा करता कि उनकी भाषा को फिर गढ़कर उस आदर्श तक लाये जो बिहारी के दोहों में चमका है।

शेक्सपियर इंगलैण्ड का एक प्रकार से राष्ट्रीय कवि है। अपने साहित्य पर अभिमान प्रकट करने के लिए अंग्रेज शेक्सपियर का नाम लेना काफ़ी समझते हैं। इसलिए अंग्रेज आलोचकों द्वारा शेक्सपियर की छीछालेदर कम हुई है। फ्रांस और जर्मनी के रीतिकालीन आलोचकों ने उसकी भाषा और भावों की खूब खबर ली थी। फिर भी 18वीं शताब्दी के अंग्रेज आलोचकों ने भाषा और भाव की नफ़ासत खोजते हुए उसकी रचनाओं में कम नुक्ताचीनी नहीं की। जॉनसन उस समय के सबसे बड़े आलोचक थे। शेक्सपियर के वह प्रशंसक थे। लेकिन शेक्सपियर के शब्द-प्रयोग पर उन्हें हँसी आ जाती थी। मैकबेथ की सुप्रसिद्ध पंक्तियाँ हैं—

"Come, thick night !
And pall thee in the dunnest smoke of hell,

That my keen knife
See not the wound it makes,
Nor heaven peep through the blanket of the dark,
To cry, Hold, hold !"

जॉनसन ने स्वीकार किया है कि इन पंक्तियों में महान् कविता है परंतु शब्द-चयन उन्हें पसंद न था। रात्रि का चित्र उन्हें पसंद है, परंतु "dun" विशेषण ऐसा है जो अस्तबलों में अधिक सुना जाता है। इसलिए उसका प्रभाव कम हो गया है। ऐसे ही knife शब्द पर उन्हें आपत्ति है। यह शब्द सरल तो है परंतु फूहड़ है। क्योंकि कसाई और रसोइये इस अस्त्र का प्रयोग करते हैं ! Heaven के दंड से मैकबेथ बचना चाहता है, लेकिन "who, without some relaxation of his gravity, can hear of the avengers of guilt peeping through a blanket ?" दंड देनेवाले को कम्बल में से झाँकते देखकर किसे हँसी न आ जायगी ? यदि भाषा-सम्बन्धी परिष्कार की भावना शेक्सपियर के समय में वैसी ही होती, जैसी जॉनसन के समय में थी, तो शेक्सपियर के महान् नाटक कभी न लिखे जाते। शेक्सपियर से पूर्ण सहानुभूति होते हुए भी जॉनसन के लिए उसके महान् दुःखांत नाटकों को पूरी तरह हृदयंगम करना कठिन था। शेक्सपियर के हास्यरस-पूर्ण और सुखांत नाटकों से उन्हें अधिक प्रेम था। इसका कारण यही था कि उन पर एक ऐसी संस्कृति छा गयी थी जिसमें भाषा के ऊपरी बनाव-सिंगार को अत्यधिक महत्त्व दिया गया था, परंतु गम्भीर भावों और विचारों तक जिसकी पहुँच न थी। शेक्सपियर के दुःखांत नाटकों में जॉनसन को प्रयास के चिह्न दिखते थे; मानो शेक्सपियर जो कहना चाहता है, उसे नहीं कह पा रहा। सुखांत नाटकों में यह बात न थी। "In his tragic scenes there is always something wanting, but his comedy often surpasses expectation or desire." उन्नीसवीं शताब्दी के आलोचकों ने इस धारणा को बदल दिया।

समाजवादी और प्रगतिशील कवियों के लिए न तो रोमांटिक कवि आदर्श हैं न रीतिकालीन। परंतु दोनों की तुलना में अधिक महत्त्व रोमांटिक कवियों को ही दिया जायगा। रीतिकालीन कवियों की संस्कृति ही ऐसी होती है कि प्रत्येक देश और समाज का भला चाहनेवाला उसका शत्रु हो जायगा। उनकी भाषा पर दरबारी संस्कृति की गहरी छाप रही है, इस बात से कौन इनकार करेगा ? प्रगतिशील कवि के लिए भाषा को सरल और सुबोध बनाना आवश्यक है। परंतु रीतिकालीन और डिकेडेंट कवियों की भाषा-माधुरी से उसे बचना होगा। इङ्गलैंड में ऑस्कर वाइल्ड, ओ शौनेसी, पेटर आदि इसी तरह के डिकेडेंट साहित्यिक थे। पुराने कवियों से भाव चुराकर उन्होंने भाषा और शैली में एक बनावटी मिठास पैदा

कर दी थी। उनका आदर्श स्वस्थ साहित्य के लिए घातक है। ऐसे ही रीतिकालीन दरबारी कवियों का आदर्श यह रहा है कि जो कुछ वे कहें उसमें चमत्कार अवश्य हो, जिससे सुनने वाले वाह-वाह कर उठें ! जो बात कही जाय वह चाहे महत्त्व-पूर्ण न हो, कहने का ढंग अनोखा होना चाहिए। इस रीतिकालीन आदर्श को साहित्य के लिए चिरंतन मान लेना साहित्य के विका., में काँटे बिछाना है।

आधुनिक हिन्दी के रोमांटिक कवियों ने रीतिकालीन परम्परा के विरुद्ध क्रांति की है। उनकी भाषा में उतना ही अटपटापन है जितना संसार की अन्य किसी भाषा के रोमांटिक कवियों में। उन्होंने भाषा को एक नया जीवन दिया है। विचारों में एक क्रान्ति की है। हिन्दू, ईसाई, मुसलमान धर्मों और मतमतान्तरों की सीमा-रेखाएँ ध्वस्त करके उन्होंने एक मानव-सुलभ संस्कृति की नींव डाली है। प्रत्येक रोमांटिक आन्दोलन की भाँति संघर्ष से दूर भागने की प्रवृत्ति भी उनमें है। परंतु इन रोमांटिक कवियों में से ही कुछ ने पूर्व-विद्रोह को आगे बढ़ाते हुए उस प्रवृत्ति का गला घोंट दिया है। इन्हें भाषा सिखाने के लिए उस्ताद ज़ौक़ या उस्ताद दाग़ या उनके नक्कालों की ज़रूरत नहीं है। एक नवयुवक कवि ने अपने साथियों को चुनौती दी है—

"ओ धनी कलम के, आँख खोल
अब वर्तमान बन ! सत्य बोल !
इस दुनिया की भाषा में कुछ
घर की कह समझें घर वाले।
उनके जीवन की गाँठ खोल।"

उसके साथी नवयुवकों ने इस चुनौती को स्वीकार किया है। नये साहित्य में ये लोग जो काम कर रहे हैं, उसे कोई भी आँखवाला देख सकता है।

1943

कविता में शब्दों का चुनाव

सुप्रसिद्ध फ्रांसीसी लेखक फ़्लोबेर के अनुसार हम एक ही संज्ञा द्वारा अपना कोई विचार व्यक्त कर सकते हैं, एक ही क्रिया उस विचार को गति दे सकती है और केवल एक विशेषण उसकी व्याख्या कर सकता है। फ़्लोबेर के इस सिद्धान्त को क्रियात्मक व्यवहार द्वारा चरितार्थ करनेवाले उसके अतिरिक्त अनेक देशी और विदेशी लेखक हुए हैं। उन्होंने अपने विचारों को व्यक्त करने के लिए सबसे अधिक उपयुक्त शब्दों को रखने की चेष्टा की। अनेक स्थलों पर यह खोज साधारण बुद्धिमत्ता का अतिक्रमण करके हास्यास्पद भी हुई है। परंतु सच पूछा जाय, तो सब काल, सब देशों में कवि यही करते चले आये हैं। फ़्लोबेर गद्य-लेखक था, पर वह गद्य भी वैसे ही कलात्मक ढंग से लिखना चाहता था, जैसे एक कवि अपनी कविता। कवि की शिक्षा-दीक्षा के अनुसार उसका शब्द-भंडार संकुचित अथवा विस्तृत होता है, उसी में से चुन-चुनकर वह अपने भावों के लिए शब्द-संकेतों को इकट्ठा करता है। बहुधा उसकी भावाभिव्यक्ति के लिए उसके सामने अनेक शब्द आते हैं, परन्तु उनसे उसे संतोष नहीं होता। अपनी प्रतिभा के अनुसार वह ऐसे शब्दों को खोज निकालता है, जो उसके भावों को उसकी अनुभूति के अनुकूल पाठक के हृदय में उतारते हैं। शब्द-संकेतों के बिना दूसरा व्यक्ति कवि के भावों को समझ नहीं सकता। अतः कवि की कला का एक प्रधान अंग शब्दों का चुनाव है। वह भावुक अथवा विचारक होकर भी तब तक सफल कवि नहीं हो सकता जब तक अपने भावों और विचारों को भाषा में मूर्त करने के लिए उचित से उचित शब्दों को न चुन सके। बड़े कवि वे होते हैं, जिनके भावों और विचारों के साथ उनकी भाषा में शिथिलता नहीं आने पाती। उनका शब्दों पर ऐसा अधिकार होता है कि वे, उनकी रुचि पर निर्भर, उनकी आज्ञा का पालन करते हैं। उनमें ऐसा जीवन रहता है कि वे अर्थ को पुकारते चलते हैं। हमें यह भासित हो जाता है कि उसने उचित संकेत पर उँगली रक्खी है; उससे इतर शब्द उस स्थान पर कदापि उपयुक्त न होता। निम्न श्रेणी के कवियों में ऐसा सामंजस्य कम मिलता है। यदि

उनका शब्दों पर अधिकार है, तो भावों और विचारों की कमी है; यदि भाव और विचार हैं तो सुचारु शब्द-चयन नहीं है। जहाँ उनका सम-सामंजस्य हो जाता है, वहाँ सुन्दर कविता की सृष्टि होती है।

शब्द चुनते समय कवि का ध्यान सबसे पहले उनके अर्थ की ओर जाता है। एक ही अर्थ के द्योतक बहुधा अनेक पर्यायवाची शब्द होते हैं; परन्तु वह उनमें से किसी एक को लेकर अपना काम नहीं चला सकता। समान अर्थ होने पर भी उनके प्रयोग में यत्किंचित् विभिन्नता होती है। जैसे मुक्त, स्वतन्त्र, स्वच्छन्द, अबंध आदि शब्द एक अर्थ बताते हुए भी अपनी-अपनी कुछ लघु अर्थ-विशेषता रखते हैं। निम्न पंक्तियों में 'मुक्त' शब्द का प्रयोग किया गया है; वहाँ स्वच्छंद रखने से अर्थ का अनर्थ हो जाता।

"पर, क्या है,
सब माया है—माया है,
मुक्त हो सदा ही तुम,"—(निराला)

शब्दों का अर्थ जन प्रयोग पर निर्भर रहता है। शब्द संकेत मात्र हैं और अर्थ-विशेष के द्योतक इसलिए होते हैं कि सब लोग वैसा मानते हैं। मेरी एक भाञ्जी है, वह बचपन में शक्कर को कड़वा और मिर्च को मीठा कहती थी। उसे किसी ने ऐसा ही सिखा दिया था। बाद को उसे यह सीखने में कुछ अड़चन मालूम हुई कि शक्कर कड़वी नहीं, मीठी होती है। जन-प्रयोग से शब्दों के बहुधा कुछ से कुछ अर्थ हो जाते हैं, जैसे पुंगव से पोंगा। विद्वानों को अपना व्याकरण-ज्ञान एक ओर रखकर ऐसे स्थलों में शब्द का प्रयुक्त साधारण अर्थ ही ग्रहण करना पड़ता है। ऐसा भी देखा गया है कि प्रतिभाशाली कवि शब्दों के बिगड़े प्रचलित अर्थ को छोड़कर उनके ठेठ व्याकरणसिद्ध अर्थ को ही अपनी कृतियों में मान्य रखते हैं। अंगरेज़ी में एक प्रसिद्ध उदाहरण मिल्टन का है। लैटिन-शब्दों का प्रयोग उसने उनके धात्वर्थानुसार किया है। इसलिए बिना टिप्पणीकार की सहायता के उसकी कविता का अर्थ केवल अँग्रेज़ी का ज्ञान रखने वालों की समझ में ठीक-ठीक नहीं आ सकता। हिन्दी में अक्सर ऐसे श्लिष्ट शब्दों का प्रयोग किया जाता है, जिनका एक अर्थ प्रचलित होता है, दूसरा धातु-प्रत्यय के अनुसार प्राप्त होता है। निरालाजी ने 'भारत', 'नभ' आदि शब्दों का इसी भाँति प्रयोग किया है। कहीं-कहीं केवल धात्वर्थ ग्रहण किया है, जैसे—

'वसन विमल तनु वल्कल,
पृथु उर सुर पल्लव-दल,"—में सुर शब्द का।

ऐसे स्थलों में पाठक के लिए यह खतरा रहता है कि वह धात्वर्थ करते समय कवि का अभीप्सित अर्थ छोड़कर कोई दूसरा ही अर्थ निकाल ले और अपनी

प्रतिभा को कवि की प्रतिभा समझने लगे अथवा जहाँ कवि चाहता था कि शब्द का प्रचलित अर्थ ही लिया जाए, वहाँ वह दूसरा अर्थ खोज निकाले।

शब्द के अर्थ के पश्चात् कवि उसकी ध्वनि, उसमें व्याप्त संगीत का विचार करता है। अनेक शब्दों की उच्चारण-ध्वनि और उनके अर्थ में साम्य दिखाई देता है। जैसे "कोमल" शब्द की उच्चारण-मधुरता उसके अर्थ से सहानुभूति रखती है। 'हलचल', 'उथल-पुथल', 'बकबक', 'टें टें' आदि का शब्द ही उनका अर्थ बताता है। अपनी कला का ज्ञाता कवि शब्दों का इस प्रकार प्रयोग करता है कि उच्चारण-ध्वनि उनके अर्थ को और बढ़ा देती है। वह स्वर और व्यंजनों की शक्ति पहचानता है; अपना भाव स्पष्ट करने के लिए ध्वनि का उतना ही आश्रय लेता है, जितना अर्थ का। पंतजी ने "पल्लव" के प्रवेश में लिखा है, किस भाँति

"इन्द्रधनु-सा आशा का छोर
अनिल में अटका कभी अछोर"--

में "आ का प्रस्तार आशा के छोर को फैलाकर इंद्रधनुष की तरह अनिल में अछोर अटका देता है"। गोस्वामी तुलसीदास में स्वर-विस्तार द्वारा भावव्यंजना के अनेक सुन्दर उदाहरण हैं, जैसे—

"केहि हेतु रानि रिसानि परसत पानि पतिहिं निवारई"—

में 'आ' का विस्तार राजा के हाथ बढ़ाने को और रानी के उसके दूर हटाने को भली भाँति व्यक्त करता है। इसी भाँति व्यंजनों को एकत्र करके कवि अपने अर्थ की पुष्टि करता है। कुशल कलाकारों में स्वर-व्यंजनों का चयन यथासाध्य गोप्य रहता है। वे शब्दों का हमारे ऊपर यथेच्छ प्रभाव डालते हुए भी हमें यह नहीं जानने देते कि वैसा चुनाव उन्होंने जान-बूझकर किया है। शब्दों की ध्वनि का ऐसा अदृश्य, अस्पृश्य प्रभाव हमारे ऊपर पड़ता है कि उसका विश्लेषण करना प्राय: असंभव रहता है। शब्द-संगीत और शब्दार्थ में पारस्परिक मैत्री वांछनीय जान पड़ती है। अर्थ छोड़कर अथवा उसे गौण मानकर जब कवि केवल शब्द-संगीत द्वारा अपनी बात कहना चाहता है तो उसका कार्य अत्यन्त कठिन हो जाता है। कविता में वह संगीत की भावोत्पादकता लाना चाहता है। अनेक कलाकार इसमें सफल भी हुए हैं। शब्दों के अर्थ की अपेक्षा उनका संगीत कवि के भावों को व्यक्त करने में अधिक समर्थ हुआ है। परन्तु अधिकांश सानुप्रास शब्दों का बहुल प्रयोग करके शब्द-मोह के कारण कविता की वास्तविकता से दूर भी जा पड़े हैं।

कहा जाता है कि शब्दों की उच्चारण-ध्वनि में कवि उनके रूप, रंग, आकार आदि भी देख सकता है। "पल्लव" के प्रवेश में पंतजी ने शब्दों की ध्वनि के

अनुसार उनके रूप, रंग और आकार को पहचानने की चेष्टा की है। ऐसा करना बहुत कुछ कवि के सूक्ष्म भावग्रहण पर निर्भर है, यद्यपि उसके भी वैज्ञानिक कारण हो सकते हैं। पंतजी ने प्रभंजन, पवन, समीर आदि का अलग-अलग रूप निश्चित किया है। 'हिलोर' से भिन्न 'बीचि' उनके अनुसार जैसे किरणों में चमकती हुई हो। फ्रांसीसी कवि बोदलेयर के अनुसार उपयुक्त शब्दों का चयन करके भिन्न रंगोंवाले चित्र खींचे जा सकते हैं : मूर्त अर्थ द्वारा कहकर नहीं, वरन् शब्द की ध्वनि से इङ्गित होकर। उसका कहना था कि शब्दों की ध्वनि में रेखाएँ भी होती हैं। उनके द्वारा रेखागणित के आकार बनाये जा सकते हैं।

पाश्चात्य कलाकारों—विशेषकर 19वीं शताब्दी के रोमांटिकों—ने ललित कलाओं की सीमाओं को भंग करने की चेष्टा की थी। कार्नदिन्स्की नामक कलाकार ने संगीत को चित्रित करने का प्रयत्न किया था; उसके अनुसार हल्के नीले रंग में फ़्लूट की ध्वनि निकलती है, अत्यन्त गहरे नीले में आर्गन की, और भी इसी भाँति। निरालाजी को मैंने यह अनेक बार कहते सुना है कि उन्हें किन्हीं विशेष कवियों की कविता विशेष रंगों में रँगी जान पड़ती है। भवभूति की जैसे काले रङ्ग में, कालिदास की नीले रङ्ग में। जो कुछ भी हो, शब्दों में चित्र और संगीत कला के भी तत्त्व निहित हैं और सूक्ष्म मनोवृत्तियोंवाला कवि उनका प्रयोग करता है।

साधारणत: कुछ शब्द दूसरों से अधिक कवित्वपूर्ण माने जाते हैं। ऐसा उनकी सुन्दर ध्वनि, अर्थ आदि के कारण होता है। कवि के लिए उन शब्दों का प्रयोग अधिक सरल होता है, जिनका एक बार कवित्वपूर्ण ढङ्ग से प्रयोग हो चुका है। चंद्रमा, वसंत, शीतल मंद पवन आदि न जाने कब से शृंगार के उद्दीपन विभाव होते चले आ रहे हैं। इसलिए कवि जाड़े में भी शृङ्गार-वर्णन के लिए वसन्त की कल्पना करता है, अंधेरी रात में भी पूर्णचन्द्र की। इनका शृङ्गार-भावनाओं के साथ ऐसा नाता जुड़ गया है कि उनका नाम लेने से वे भावनाएँ सहज ही जगाई जा सकती हैं। इस प्रकार के प्रतीकों के प्रयोग से कवि के लिए लाभ-हानि, दोनों सम्भव हैं। नया प्रतीक खोज निकालने की अपेक्षा पुराने का प्रयोग करना अवश्य ही सरल है। साथ ही जो लोग उसके एक बार आदी हो गये हैं, वे उसे आसानी से समझ सकते हैं; परन्तु जब उसका बहुत बार प्रयोग हो चुकता है तो उसका जीवन नष्ट हो जाता है। उदाहरण के लिए कमल इतनी बार सुन्दर मुख, लोचन, चरण आदि का प्रतीक हो चुका है कि अब उसमें कोई चमत्कार नहीं रहा। कमल कितना सुन्दर होता है, उसकी गंध कितनी मधुर,—कमल कहने से अब साधारणत: इन बातों का सुननेवाले को अनुमान नहीं होता। एक प्रकार से तो कविता में सभी शब्दों का प्रयोग हो सकता है, कलाकार के लिए कुछ भी असुन्दर नहीं, पर ऐसा वह अपने संदर्भ के अनुसार कर सकता है। अनेक शब्द ऐसे हैं,

जिनका हँसी, व्यंग्य आदि की हल्की कविता में प्रयोग समीचीन है, उच्च भावों, विचारोंवाली कविता में नहीं । उनका ऐसी वस्तुओं से सम्बन्ध रहता है, जिनका स्मरणमात्र ऊँची कविता के प्रभाव में घातक हो सकता है । जैसे श्रीसियाराम-शरणजी गुप्त की इन पंक्तियों में ऐसे प्रतीकों का प्रयोग हुआ है, जो कविता के प्रभावोत्पादन में बाधक होते हैं—

"चक्रपाणिता तज, धोने को
पाप-पंक के परनाले,
आहा ! आ पहुँचा मोहन तू
विप्लव की झाड़ू वाले ।"—

(शुभागमन)

यहाँ झाड़ू और परनाले के प्रतीक अपने निम्न नाते-रिश्तों (Associations) के कारण "मोहन" का संसर्ग पाकर भी नहीं चमक उठते। परंतु प्रतिभाशाली कवि सदा से कविता के योग्य न समझे जानेवाले शब्दों का साहस के साथ प्रयोग करते चले आये हैं। ऐसा न करने से कविता का जीवन नष्ट हो जाय और थोड़े-से शब्दों को कवित्वपूर्ण जानकर कवि उन्हीं का लौट-फेर कर प्रयोग किया करें। कवि का स्पर्श पाकर क्षुद्र से क्षुद्र शब्द भी चमत्कार कर सकते हैं।

कवि अपना शब्द-भंडार बढ़ाने के लिए अनेक उपाय करता है। साधारण बोल-चाल के शब्द उसके जाने ही होते हैं; पुस्तकें पढ़कर वह और भी अपने काम के शब्द चुनता रहता है। उसके शब्दों को हम मुख्यत: इन श्रेणियों में विभाजित कर सकते हैं।

(1) ऐसे शब्द, जिन्हें वह किसी मृत पुरानी भाषा से लेता है, जिसका उसकी भाषा से घनिष्ठ सम्बन्ध है। अँगरेज़ लेखकों ने इस प्रकार लैटिन से तमाम तत्सम शब्द लिए हैं। हिन्दी-कवियों ने संस्कृत से शब्द लेकर अपना भंडार भरा है। साधारण भाव-व्यंजना के लिए ऐसे शब्द दरकार नहीं होते, दार्शनिक किंवा उच्च विचारों की अभिव्यक्ति के लिए कवि को दूसरी भाषा के भरेपूरे कोष की सहायता लेनी पड़ती है। तत्सम शब्दों का प्रयोग करते समय कवि को इस बात का ध्यान रखना चाहिए कि वह अपनी भाषा में उन्हें इस प्रकार लाये कि उसकी जातीयता नष्ट न होने पाये। मिल्टन ने लैटिन शब्दों का बहुतायत से प्रयोग किया है। उस पर यह अभियोग लगाया जाता है कि उसने अँगरेजी के जातीय जीवन का ध्यान नहीं रक्खा। "सुधा" में प्रकाशित निरालाजी के "तुलसीदास" की भाषा भी कहीं-कहीं इसी दोष से दूषित हो गई है। संस्कृत-शब्द-बाहुल्य से हिन्दी की स्वतंत्रता दब गई है ।प्रसादजी के नाटकों में संस्कृत-शब्दावली नहीं अखरती। उनमें लिखित घटनायें इस काल की नहीं; चंद्रगुप्त और

अजातशत्रु को आज की चलती भाषा में बात करते हुए सुनकर हमें उनकी सत्ता पर सन्देह हो सकता है। कलाकार ने विषय के साथ भाषा में तदनुरूप विचित्रता ला दी है।

(2) दूसरी भाषा के पास न जाकर कवि अपनी भाषा के पुराने भूले हुए शब्दों को पुनर्जीवित करता है। ऐसे शब्दों का प्रयोग किसी पुराने विषय पर लिखते समय कवि की कला को चमका देता है। अप्रचलित शब्दों के कारण पाठक अपने युग से दूर बीती हुई बातों के वायुमंडल में पहुँच जाता है। यदि सभी शब्द अप्रचलित हों तो वह उन्हें समझ न सकेगा। कुछ के होने से कवि की कृति में पुरानेपन का उसे आभासमात्र मिलता रहता है। 19वीं शताब्दी के जिन अँगरेज़ लेखकों ने पुराने गीतों (Ballads) के अनुसार कवितायें लिखीं, उनमें अधिकांश ने पुराने (Archaic) शब्दों का बड़े कलापूर्ण ढंग से प्रयोग किया है।

(3) कवि ग्राम्य शब्दों को भी अपनी भाषा में स्थान देते हैं। कुछ ग्रामीण प्रयोग ऐसे होते हैं, जिनके समानार्थवाची शुद्ध शब्द भाषा में नहीं मिलते। तुलसीदासजी ने अवधी के ग्रामीण शब्दों का प्रयोग किया है। श्री मैथिलीशरणजी गुप्त की कृतियों में बुन्देलखंडी के शब्द मिल जाते हैं। यदि गाँवों के सम्बन्ध में कोई बात लिखनी हो, तो वहाँ उनका उचित स्थान है ही, वैसे भी परिमित मात्रा में प्रयुक्त होने से अपनी भाव-व्यंजना की विशेषता आदि गुणों के कारण वे मार्जित भाषा में अपने लिए जगह बना सकते हैं।

कवि की भाषा चाहे सरल हो चाहे कठिन, शब्दों के चुनाव में उसे समान कठिनता हो सकती है। सरल भाषा सदा सरलतापूर्वक नहीं लिखी जाती। बहुधा बड़ी-बड़ी बातें ऐसे सरल शब्दों में लिखी जाती हैं कि लोग भाषा से धोखा खाकर उस सरलता के भीतर पैठने की चेष्टा नहीं करते। भावों की गहनता, सूक्ष्मता या उच्चता के साथ भाषा सरल रहे, साथ ही शिथिल भी न हो, अत्यन्त दुष्कर है। इसकी सफलता का एक उदाहरण रामचरितमानस है। गर्जन-तर्जन करनेवाले बड़े शब्दों में वैसे भाव भरना आसान नहीं। यदि कवि का विषय गहरा या ऊँचा नहीं, तो कठिन अप्रचलित शब्दों का प्रयोग, केवल उनकी उच्चारण-ध्वनि के लिए क्षम्य नहीं माना जा सकता। कवि का कर्तव्य यह है कि वह अपनी अनुभूति को उचित शब्द-संकेतों द्वारा हमारे सामने रक्खे।

1936

आदि काव्य

काव्य में वेद भी आ जाते हैं, फिर भी आदि काव्य वाल्मीकीय रामायण को ही कहा गया है।

इसका कारण यह हो सकता है कि वैदिक काव्य की देवोपासना के बदले यहाँ पहले-पहल मानव-चरित्र को काव्य का विषय बनाया गया है और इस मानवीय काव्य में मनुष्य को देवता के सिंहासन पर नहीं बिठाया गया वरन् उसकी शक्ति, असमर्थता और वेदना को बड़ी सहानुभूति से चित्रित किया गया है।

रामायण और ग्रीस के महाकाव्य इलियड की गाथाओं में अनेक समानताएँ हैं। होमर का ट्राय तो खोद निकाला गया है लेकिन वाल्मीकि की लंका अभी पृथ्वी के गर्भ में है। दोनों गाथाओं में हेलेन और सीता की चोरी के बहाने युद्ध होता है; केवल ग्रीस की गाथा में हेलेन अपनी इच्छा से पैरिस के साथ भाग जाती है और भारतीय गाथा में सीता को रावण बलपूर्वक हर ले जाता है। होमर की गाथा में शूर-वीरों के आश्चर्यजनक कृत्यों का वर्णन है और मृत्यु के उस महान् सत्य की ओर बार-बार संकेत है जिसका सामना एक दिन हर मनुष्य को करना है। वाल्मीकि का नैतिक धरातल और ऊँचा है; वह मानव-चरित्र के पंडित होते हुए भी आदर्शवादी हैं। मृत्यु के लिए यहाँ इतना भय नहीं है; इस जीवन में ही मनुष्य की वेदना उनके काव्य का परम सत्य है। राम, सीता, कौसल्या आदि के चरित्र में उन्होंने इसी वेदना का चित्रण किया है।

जिस कवि ने महाकाव्य-रूप में इस समूची गाथा की कल्पना की थी, उसमें असाधारण करुणा और जीव-मात्र के प्रति उत्कट सहानुभूति थी, इसमें सन्देह नहीं। इस काव्य में एक अनोखी बात यह है कि इसके आरम्भ में किसी देवी-देवता की वन्दना नहीं है। कविता का जन्म भी इन्द्र या वरुण की उपासना में नहीं माना गया वरन् क्रौंच पक्षी के मारे जाने से, उसकी संगिनी के आर्तनाद से, ऋषि के हृदय में उत्पन्न होनेवाले क्रोध और करुणा से माना गया है। शोकः श्लोकत्वमागतः—कवि के शोक को ही श्लोक का रूप मिल गया। इस शोक से उत्पन्न

होनेवाली कविता को राज-दरबार की नटी नहीं बनाया गया; न वह देवों की अर्चना में लिखा हुआ किसी पुरोहित का गीत है। इस गाथा को चारों वर्ण पढ़ते हैं और उनसे उनका कल्याण होता है। यद्यपि राम ने शंबु को मारा था, फिर भी वाल्मीकि ने रामायण पढ़ने में शूद्रों का निषेध नहीं किया। उन्होंने कहा है—जनश्च शूद्रोपि महत्त्वमीयात् : शूद्र भी इसे पढ़कर बड़े बन सकते हैं। रामायण की कथा सुनकर वनवासी ऋषि आँसू बहाते हैं और लव-कुश को कमंडल, मेखला, कोपीन आदि भेंट करते हैं। वियोगी राम के लिए तो सबसे बड़ा प्रायश्चित्त यही है कि उन्हें अपने ही पुत्रों से बिना जाने हुए अपनी दुखद जीवन-कथा सुननी पड़ती है। उन्हें सीता के गुणों की याद आती है, सीता के जीवन से मिली हुई अपने जीवन की समस्त घटनाओं का चित्र उन्हें देखना पड़ता हैं, लेकिन वह दुखी होकर आँसू ही बहा सकते हैं; सीता को पा सकना असंभव है। कहानी की इस पृष्ठभूमि में उसकी करुणा और भी निखर उठती है।

इसमें सन्देह नहीं कि रामायण एक दुःखान्त कहानी है और उसका अन्त वैसा ही है जैसा किसी बड़े-से-बड़े दुःखान्त नाटक का हो सकता है। राम ने पिता की आज्ञा मानकर अयोध्या छोड़ी; वन में उन्होंने कष्ट सहे और सीता के वियोग की यंत्रणा सही; युद्ध में भाई लक्ष्मण को शक्ति लगी और सीता मिलीं तो उनके साथ जीवन-भर के लिए जनापवाद भी मिला। अयोध्या में आकर वह सुखी न रह सके; उन्हें सीता को वनवास देना पड़ा। जब यज्ञ के बाद सीता के फिर मिलने का अवसर आया और जनता एक स्वर से सीता की पवित्रता स्वीकार करने लगी, तब सीता ने राम से एक शब्द भी न कहा वरन् अपने जीवन का समस्त अपमान और कष्ट लिये हुए पृथ्वी में समा गयीं। राम का जीवन अंधकार-मय हो गया। अंत में काल आया और उससे बातें करते समय लक्ष्मण को दुर्वासा के आने का समाचार देना पड़ा। लक्ष्मण को दंडस्वरूप निर्वासन मिला और सरयू के किनारे श्वास रोककर उन्होंने अपना प्राणान्त किया। राम के बाद उनके उत्तराधिकारी अयोध्या पर राज्य करते रहे, परन्तु आगे चलकर अयोध्या उजाड़ हो गई और कई पीढ़ियों तक वह उजाड़ बनी रही। महानाश के चित्र के साथ इस आदि काव्य का अन्त होता है। अयोध्यापि पुरी रम्या शून्या वर्षगणान् बहून्। केवल महाभारत में जिस अन्तिम दृश्य से पटाक्षेप होता है, वह भी ऐसा ही अन्धकारपूर्ण है।

रामायण की सबसे करुण घटना सीता का वनवास है। इसके आगे राम का वन-गमन फीका पड़ जाता है। राम के साथ लक्ष्मण और सीता भी गये थे और इनके साथ रहने से राम को अयोध्या की याद बहुत न आती थी। लेकिन गर्भिणी सीता को धोखा देकर उनका वन में त्याग करना ऐसी हृदय-विदारक घटना है जिससे राम के वनवास की तुलना की ही नहीं जा सकती। रामायण की इसी

घटना को लेकर उत्तर रामचरित और कुन्दमाला जैसे महानाटकों की रचना की गई है। लेकिन सीता के त्याग में जिस क्रूरता का आभास आदि-कवि ने दिया है, परवर्ती कवि उसे नहीं छू सके। गोमती के किनारे दुख से बेहोश होकर सीता के गिर पड़ने में जो स्वाभाविकता है, परवर्ती कवि अपने अलंकृत वर्णनों में उसे नहीं पा सके। सीता एक वीर नारी है। राम के वनवास के समय उन्होंने बड़े दर्प से कहा था—अग्रतस्ते गमिष्यामि मृद्‌मन्ती कुशकंटकान्। वह कुशकांटों को रौंदती हुई राम के आगे चलने का साहस रखती हैं। उनमें नारी की दुर्बलताएँ, क्रोध और संदेह भी हैं। इसीलिए उन्होंने लक्ष्मण से कटुवचन कहे थे। इससे उनकी मानवीयता ही प्रकट होती है। राम की कातर पुकार सुनकर भय और चिन्ता के एक असाधारण क्षण में वह ऐसी बात कह बैठती हैं।

सुदुष्टस्त्वं वने राममेकमेकोऽनुगच्छसि।
मम हेतोःप्रतिच्छन्नः प्रयुक्तो भरतेनवा।।

इसके साथ वह अपना निश्चय भी प्रकट कर देती हैं कि वे भस्म हो जाएंगी लेकिन लक्ष्मण के हाथ न लगेंगी। अपनी इस दुर्बलता से सीता पाठक की सहानुभूति नहीं खो देतीं, उनकी कटूक्ति नियति का व्यंग्य बनकर उन्हीं की व्यथा को और तिक्त बना देती है जब लक्ष्मण के बदले रावण ही आकर उनका हरण करता है।

रावण की पराजय तक उन्होंने किसी तरह दिन काटे लेकिन उनके अपमान और दुख के दिन तो अब आने वाले थे। सीता के चरित्र में शंका प्रकट करने वाले सबसे पहले स्वयं राम थे, न कि अयोध्या की जनता। जब विभीषण सीता को लिवा कर लाये, तब राम ने कहा—"राक्षस तुम्हें हर ले गया, यह दैव का किया हुआ अपमान था; उस अपमान को मनुष्य होकर मैंने दूर कर दिया।" लेकिन भौंहें चढ़ाकर क्रोध से तिरछे देखते हुए उन्होंने फिर कहा—"मैंने जो कुछ युद्ध जीतने के लिए किया है, वह तुम्हारे लिए नहीं, वरन् अपने चरित्र और वंश की कीर्ति की रक्षा के लिए। इस समय तुम संदिग्ध चरित्रवाली मुझे वैसी ही लगती हो जैसा नेत्र-रोगी को दिया लगता है। मुझे तुमसे कोई काम नहीं है; तुम्हारे लिए दशों दिशाएँ पड़ी हैं, जहाँ तुम्हारी इच्छा हो, जाओ। उच्च कुल में पैदा होने वाला व्यक्ति दूसरे के घर में रहने वाली स्त्री को कैसे स्वीकार कर लेगा? जिस यश के लिए मैंने यह सब किया, वह मुझे मिल गया है। तुम लक्ष्मण, भरत, सुग्रीव या विभीषण किसी के साथ भी रह सकती हो। तुम्हारा दिव्य रूप देखकर और अपने घर में पाकर रावण ने तुम्हें कभी क्षमा न किया होगा।"

राम की बातें सीता का ही नहीं लक्ष्मण, सुग्रीव आदि का भी घोर अपमान करती थीं। कहाँ लक्ष्मण की निष्काम तपस्या और कहाँ राम की यह कल्पना!

फिर सीता की संचित आकांक्षाएँ और उन पर यह अयाचित तुषारपात! यह अपमान भी वानरों और राक्षसों के बीच हुआ! तब मुँह पर से आँसू पोंछते हुए सीता ने धीरे-धीरे कहा—"वीर! तुम ग्रामीण जनों की तरह मेरे अयोग्य वाक्य मुझे क्यों सुना रहे हो? यदि विवश होने पर राक्षस ने मेरा शरीर छू लिया, तो इसमें दैव का ही दोष है; मेरा क्या अपराध? जो मेरे वश में है वह हृदय तुम्हारा है; शरीर पराधीन होने से मैं असहाय कर ही क्या सकती थी? जिस समय तुमने हनुमान को लंका भेजा था उसी समय तुमने मेरा त्याग क्यों न कर दिया? तुम मेरा चरित्र भूल गये; और यह भी भूल गये कि मैं जनक की लड़की हूँ और धरती मेरी माता है? बाल्यावस्था में तुमने जो पाणिग्रहण किया था, उसे भी तुमने प्रमाण न माना? मेरी भक्ति, मेरा शील तुम सब कुछ भूल गये?" इस तरह कहकर सीता ने लक्ष्मण से चिता चुनने को कहा। दुर्भाग्य से अग्नि का साक्ष्य भी बहुत दिनों तक काम न आया।

एक बार सीता फिर राम के सामने आईं। वह वाल्मीकि के पीछे आँसू बहाती चल रही थीं और इस बार वाल्मीकि ने उनकी पवित्रता के लिए साक्ष्य दिया और यह भी घोषित किया कि लव-कुश रामचन्द्र की ही संतान हैं। उनके आने पर सभा में "हलहला" शब्द हुआ और लोग राम और सीता को साधुवाद देने लगे। वाल्मीकि ने सीता के निर्दोष होने की शपथ ली, लेकिन राम ने कहा—"मुझे सीता के निर्दोष होने में विश्वास है, लेकिन जनापवाद के कारण मैंने उनका त्याग किया था।" इसका यही अर्थ था कि सीता को ग्रहण करने का कोई उपाय नहीं है। और अब क्या वह अपमान की सीमाएँ लाँघकर राम और जनता से यह याचना करतीं कि उन्हें फिर ग्रहण कर लिया जाए? काषायवासिनी सीता ने आँखें नीची किए हुए और मुँह फेरे हुए ही हाथ जोड़कर उत्तर दिया—"यदि मैं राम को छोड़कर और किसी का मन में भी चिन्तन नहीं करती हूँ तो धरती मुझे स्थान दे!" उनकी शपथ के बाद पृथ्वी से सिंहासन निकला और उसी में बैठकर वह अन्तर्धान हो गईं।

इस चमत्कारी घटना के पीछे नारी के उस दारुण अपमान की गाथा है जो अभी तक समाप्त नहीं हुई। महान् कवियों के हृदय में इस घटना के प्रति संवेदना उत्पन्न हुई है और उन्होंने इसे रामायण की मुख्य घटना मानकर उस पर नाटकादि रचे हैं। वाल्मीकि ने सीता-वनवास की असह्य क्रूरता का अनुभव किया था और इसलिए उसका वर्णन रामायण के करुणतम स्थलों में है।

इस कहानी से मिलती-जुलती राम-गमन के समय कौसल्या की व्यथा है।

कौसल्या इसीलिए दुखी नहीं है कि राम वन जा रहे हैं वरन् इसलिए भी कि पुत्र के रहने पर सपत्नियों के जिस अपमान को वह भूली हुई थीं, वह उन्हें सहना पड़ेगा। इसमें कैकेयी का ही दोष न था, राजा दशरथ ही उनकी ओर से

उदासीन हो गए थे। कौसल्या को अपने वन्ध्या होने के दिनों की याद आयी। उन्हें लगा कि इस पुत्र-वियोग से तो वही दिन अच्छे थे जब पुत्र हुआ ही न था। उन्होंने राम को याद दिलाया कि जैसे पिता बड़े हैं, वैसे ही वे बड़ी हैं; इसलिए उनकी आज्ञा मानकर उन्हें वन न जाना चाहिए। परन्तु राम ने यह सब न माना और वन चल ही दिये। तब जैसे बछड़ा मारे जाने पर भी गाय उससे मिलने की इच्छा से घर की तरफ दौड़ती है, वैसे ही कौसल्या राम के रथ के पीछे दौड़ीं।

प्रत्यागारमिवायान्ती सवत्सा वत्सकारणात्।
बद्धवत्सा यथा धेनुः राममाताभ्यधावत॥

ऐसे स्थलों के लिए सचमुच कहा जा सकता है कि शोकः श्लोकत्वमागतः।

करुणा के साथ क्रोध की भी उच्च कोटि की व्यंजना हुई है। कौसल्या का दुख देखकर लक्ष्मण का पिता पर क्रोध, समुद्र की दुष्टता देखकर राम के वाक्य, कुंभिला में यज्ञध्वंस होने पर विभीषण के प्रति मेघनाद का उपालम्भ—ये सब इस महाकाव्य के स्मरणीय स्थल हैं। संवादों में ऐसी नाटकीयता महाभारत को छोड़कर संस्कृत के और किसी काव्य में (नाटकों समेत) नहीं है। कौसल्या को विलाप करती हुई देखकर लक्ष्मण ने कहा—"मुझे भी राम का इस तरह राज्य छोड़कर वन जाना अच्छा नहीं लगता। काम-पीड़ित होकर वृद्ध, शक्तिहीन राजा इस तरह क्यों न कहे? मुझे तो लोक-परलोक में ऐसा कोई भी नहीं दिखाई देता जो इस दोष की तुलना कर सके। देवता के समान, शत्रुओं को भी प्रिय, पुत्र का कौन अकारण त्याग कर देगा? राजा फिर से बालक हो गये हैं, उनके चरित्र को जानने वाला कौन व्यक्ति उनकी बात मानने को तैयार हो जायगा?" उन्होंने भाई से कहा—"लोग तुम्हारे वनवास की बात जानें, इसके पहले ही मेरे साथ तुम शासन पर अधिकार कर लो। धनुष लेकर मेरे साथ रहने पर तुम्हारा कोई क्या बिगाड़ सकता है? यदि कोई विरोध करेगा तो मैं तीक्ष्ण बाणों से अयोध्या को जनहीन कर दूंगा!" फिर उन्होंने कौसल्या से कहा—"मैं धनुष की शपथ खाकर कहता हूँ कि मैं अपने भाई से प्रेम करता हूँ। यदि जलते हुए वन में राम प्रवेश करेंगे तो आप मुझे पहले ही उस वन में प्रविष्ट हुआ समझ लीजिये। देवि, आप मेरी शूरता को देखें; जैसे सूर्योदय होने पर अन्धकार छँट जाता है, वैसे ही मैं आपका दुख दूर करूँगा। कैकेयी में आसक्त इस पिता का नाश करूँगा, जो बुढ़ापे में फिर बच्चों जैसी बातें कर रहा है—

"हनिष्ये पितरं वृद्धम् कैकेय्यासक्तमानसम्।
कृपणं च स्थितं बाल्ये वृद्धभावेन गर्हितम्॥"

यह चरम क्रोध का उदाहरण है। रामायण में सामाजिक नियम मानव-सुलभ

सहृदयता के आड़े आते हैं, इनके विरोध और परस्पर संघर्ष से ही यह नाटक दुःखान्त बनता है। लक्ष्मण के विद्रोह में नियमों के प्रति वही तिरस्कार और मानवीय सहानुभूति का पक्षपात है।

रामायण के अनेक संवादों में व्यंग्य खूब निखरा हुआ है और उसका उपयोग इसी मानवीय सहानुभूति को उभारने के लिए हुआ है। बालि-वध के उपरान्त तारा राम से कहती है, "जिस बाण से आपने बालि को मारा है उसीसे मुझे भी मार डालिये और यदि आप समझें कि स्त्री को मारना अनुचित है तो बालि और मेरी आत्मा को एक जानकर अपना संशय दूर कर दीजिये।"

जब राम ने छिपकर बालि को मारा और उसके अनार्य होने से कोई पाप न हुआ, तब उसकी स्त्री को ही मारने में क्या पाप है? बालि की मृत्यु के बाद पाठक की सारी सहानुभूति तारा की ओर खिंच आती है।

वाल्मीकि प्रतिपक्ष को बड़ा करके या उसे उचित रूप से दिखाने में कभी पीछे नहीं हटते। बालि और सुग्रीव के चित्रण में उन्होंने सुग्रीव को बड़ा करके दिखाने का प्रयत्न नहीं किया। सुग्रीव एक तो छिपकर भाई की हत्या करवाता है; फिर राज्य पाने पर भाई की स्त्री के साथ ऐसा विलास में पड़ जाता है कि उसके प्रति पाठक की तनिक भी सहानुभूति नहीं रह जाती। लक्ष्मण का क्रोध बिल्कुल उचित जान पड़ता है।

रावण के शयनागार का वर्णन करते हुए कवि ने लिखा है कि वह एक भी स्त्री को उसकी इच्छा के विरुद्ध न लाया था। उसकी पत्नियाँ न पहले किसी की स्त्री रही थीं न उन्हें दूसरे पति की इच्छा थी। जिस समय हनुमान सिंशुपा की डाल पर बैठे थे, तभी धनुषबाण छोड़े हुए काम के समान रावण वहाँ उपस्थित हुआ। हनुमान स्वयं तेजस्वी थे; फिर भी रावण का तेज उन्हें असह्य हो उठा। उन्होंने अपने को पत्तों के पीछे छिपा लिया।

स तथाप्युग्रतेजाः सन्निर्धूतस्तस्य तेजसा।
पत्रगुह्यान्तरे सक्तो हनुमान् संवृतोभवत्॥

रावण के तेज का इससे बढ़कर और क्या बखान हो सकता था? वाल्मीकि की तटस्थता और नाटकीय प्रतिभा का यह अकाट्य प्रमाण है।

एक स्थल और है जहाँ ऐसे ही संतुलन से उन्होंने चरित्र की विशेषता दिखाई है। राम के वनवास की अवधि में भरत उनकी पादुकाओं की अर्चना किया करते हैं। त्याग और निस्वार्थता के वे चरम उदाहरण हैं। राम और लक्ष्मण पर जब भी विपत्ति पड़ती है, तभी भरत के षड्यंत्र की गंध उन्हें मिलती है, लेकिन जब अवधि पूर्ण हुई और भरत अपनी तपस्या के फलस्वरूप राम के दर्शन की बाट जोह रहे थे, तब अयोध्या के पास पहुँचकर राम ने हनुमान से कहा कि वह भरत

के पास जायँ और रावण-वध आदि का वृत्तान्त कहकर उनके आने की सूचना दें और देखें कि भरत के मुँह पर कैसे भाव प्रकट होते हैं। बाप-दादों का राज्य पाकर किसका मन विचलित नहीं हो जाता ? कवि ने राम के हृदय में यह शंका उत्पन्न करके भरत के त्याग में चार चाँद लगा दिये हैं।

जैसी निपुणता इन संवादों में देख पड़ती है, वैसी ही चित्रमयता इस महाकाव्य के वर्णनात्मक स्थलों में है। तमसा के किनारे से लेकर जहाँ वाल्मीकि शिष्य से घड़ा रख देने को कहते हैं, रावण के शयनागार तक, जहाँ का सौंदर्य और वैभव वर्णनातीत है, कवि ने अपनी सजीव कल्पना का समान रूप से परिचय दिया है। उसकी उपमाएँ अनूठी हैं; लम्बे वर्णन के बाद दो शब्दों में वे एक अनुभूति को मानो संचित कर देते हैं। रावण के शयनागार के लिए लिखा है कि उसने हनुमान को माता के समान तृप्त किया है।

रामायण के चित्रों में विराट और उदात्त भावना विद्यमान है। उनमें एक विशेष प्रकार की गरिमा और वैभव है। संसार को देखने में उनकी कुशलता और चतुरता तो है ही। लंका में आग लगने पर वह लपटों के लिए कहते हैं कि कहीं तो वे किंशुक के फूलों जैसी, कहीं शाल्मली के फूलों जैसी और कहीं कुंकुम जैसी लगती हैं! राम-रावण युद्ध में ऐसे बहुत-से चित्र देखने को मिलते हैं। जिस समय लक्ष्मण ने विभीषण पर आती हुई रावण की शक्ति अपने वाणों से काट डाली, उस समय वह काञ्चन-मालिनी शक्ति स्फुलिंग छोड़ती हुई आकाश से उल्का के समान पृथ्वी पर गिरी। पुनः रावण की अमोघ शक्ति वासुकि की जीभ के समान लक्ष्मण के हृदय में घुस गई। इस तरह की उपमायें इस महाग्रन्थ में भरी पड़ी हैं।

जीवन के प्रति कवि का दृष्टिकोण नकारात्मक नहीं है। जिन ऋष्यश्रृङ्ग ने पुत्रोष्टि यज्ञ कराकर दशरथ की पुत्रहीनता दूर की थी, वे स्वयं शांता के पति थे और उसके पति होने के पहले वेश्याओं के आकर्षण से वन छोड़कर नगर की ओर गए थे। राम और सीता की प्रेम-क्रीड़ाओं के वर्णन में कहीं झिझक नहीं है। रावण के शयनागार के वर्णन में तो सौन्दर्य और विलासिता का नद उमड़ चला है। स्त्रियों की विभिन्न मुद्राओं के वर्णन से खजुराहो की नग्न प्रस्तर मूर्तियों की याद आ जाती है। भरत सेना लेकर भरद्वाज मुनि के आश्रम पहुँचते हैं तो उनके प्रभाव से सैनिकों के भोजन, पान और रति का प्रबन्ध हो जाता है। सीता की खोज करते हुए वानरगण जब विवर में प्रवेश करते हैं तब वहाँ भी लंका के समान वे एक काल्पनिक स्वर्ग में विहार करने लगते हैं और कुछ के मन में यह भी आता है कि वहीं रहना चाहिए; सीता की खोज करना व्यर्थ है। इन सबके साथ लक्ष्मण और हनुमान के चरित्र का भी आदर्श है। अपनी साधना और तेज में वे अद्वितीय हैं अथवा अपने ढंग के दो ही हैं। इन जितेन्द्रिय पुरुषों का मन भी कभी-कभी

चंचल हो उठता है। हनुमान तृप्ति की भावना से रावण की स्त्रियों को देखते हैं यद्यपि जानते हैं कि ऐसा करना अनुचित है। लेकिन सीता का पता लगाना ही है; इसलिए और दूसरा उपाय नहीं है। लक्ष्मण ने नारी-विमुखता की हद कर दी है क्योंकि नूपुर छोड़कर उन्होंने सीता का मुँह भी नहीं देखा। अपने दूसरे वनवास के समय जब सीता ने कहा कि मुझ गर्भवती को एक बार देख लो, फिर राम के पास चले जाओ, उस समय लक्ष्मण ने उत्तर दिया—"शोभने, आप मुझसे क्या कह रही हैं? मैंने अब तक आपका रूप नहीं देखा, केवल चरण देखे हैं। इस वन में जहाँ राम नहीं हैं, मैं आपको कैसे देखूं?" क्या यहाँ पर पाठक (और उसके साथ कवि भी) यह नहीं चाहता कि लक्ष्मण अपने दमन को इस सीमा तक न ले जाते? यह लक्ष्मण और सीता का अन्तिम संवाद था और लक्ष्मण सीता की अन्तिम इच्छा पूरी न कर सके।

सुग्रीव ने अवधि बीत जाने पर भी जब वानरों को सीता की खोज के लिए न भेजा तो लक्ष्मण क्रोध में उसकी भर्त्सना करने चले। वहाँ पर निवास में उन्होंने रूपयौवनगर्विता बहुत-सी स्त्रियों को देखा। तब उनके नूपुरों और करधनियों का शब्द सुनकर महाक्रोधी लक्ष्मण के मन में व्रीड़ा-भाव का उदय हुआ।

कूजितं नूपुराणां च काञ्चीनां निनदं तथा।
सन्निशम्य ततः श्रीमान् सौमित्रिर्लज्जितो भवत्॥

इस लज्जा से बचने के लिए उन्होंने ज़ोर से धनुष के रोदे को टंकारा, जिसके शब्द में वह कूजन-रणन डूब गया।

सुग्रीव की हिम्मत न पड़ी कि वह स्वयं लक्ष्मण से मिलें, इसलिए उन्होंने तारा को भेजा। तारा शराब पिये हुए थी; इसलिए बिना लज्जा के, अपनी दृष्टि से लक्ष्मण को प्रसन्न करती हुई, प्रणय-प्रगल्भ वाक्य बोली। उसके निकट आने से लक्ष्मण का क्रोध दूर हो गया (स्त्रीसन्निकर्षाद्विनिवृत्त कोपः)। तारा ने बड़े स्नेह से लक्ष्मण के क्रोध का कारण पूछा और लक्ष्मण ने वैसे ही स्नेह से (प्रणय-दृष्टार्थ) उसका उत्तर दिया। यह सब कहने से कवि का एक ही लक्ष्य सिद्ध होता है—उसके चरित्र श्वेत या कृष्ण न होकर मानवीय हैं और इसी में सत्य और कला के सहज दर्शन होते हैं।

दो शब्द भाषा और छन्द के बारे में कहना आवश्यक है। कवि ने कल्पना की है कि दो बालक इस गाथा को वीणा पर गाते हैं। श्लोकों की गेयता में सन्देह नहीं; परन्तु वैसे पढ़ने में भी उनका प्रवाह अविराम धारा की भाँति पाठक को आगे बहाता जाता है। इस काव्य की संस्कृत की विशेषता यह है कि उसमें बोल-चाल की स्वाभाविकता है। संवादों में एक कलात्मक गठन है जिसमें सबसे प्रभावशाली भाग अन्त में आता है, जैसे सीता की अन्तिम प्रार्थना में कि लक्ष्मण उन्हें देखें,

ग्रौर लक्ष्मण के क्रोध में जब वे पिता को मारने की बात कहते हैं। भाषा का प्रवाह संवादों की इस स्वाभाविकता के लिए ग्रत्यावश्यक है। बीच-बीच में, ग्रौर विशेष कर सर्गों के ग्रन्त में, बड़े छन्द हैं जिनके चित्रमय वर्णन ग्रौर मधुर शब्दावली साधारण श्लोकों से भिन्न एक विचित्र सौंदर्य लिए होते हैं। वन-गमन के समय कौसल्या के निषेध करने पर रामचन्द्र के रोष का वर्णन ऐसे ही एक छन्द में है—

नरैरिवोल्काभिरपोह्यमानो
महागजो ध्वान्तमिव प्रविष्टः
भूयः प्रजज्वाल विलापमेवं
निशम्य रामः करुणं जनन्याः ॥

इसी प्रकार जब मदविह्वला तारा लक्ष्मण के पास ग्राती है—

सा प्रस्खलन्ती मदविह्वलाक्षी
प्रलम्ब काञ्चीगुण हेमसूत्रा ।
सुलक्षणा लक्ष्मण सन्निधानं
जगाम तारा नमिताङ्गयष्टिः ॥

परवर्ती कवियों ने भाषा को ग्रौर सुसंस्कृत किया है, उपमाग्रों में ग्रौर विचित्रता लाये हैं, उनकी नक्क़ाशी ग्रौर रंगामेज़ी में ग्रौर बारीकी ग्रा गयी है। लेकिन वे मानव-हृदय में उतना गहरे नहीं पैठे जितना ग्रादि-कवि। वाल्मीकि ने नायक में ग्रमुक गुण होने चाहिए, ग्रौर कथा में प्रभात ग्रौर संध्या का वर्णन होना चाहिए, यह सोचकर रामायण नहीं लिखी। वह कुशल कथाकार हैं, ग्रपनी कथा की नाटकीय परिस्थितियाँ खूब पहचानते हैं, मानव-हृदय की करुणा ग्रौर रोष से उन्हें सहज प्रीति है, इसलिए उनकी कथा जनसाधारण के हृदय को स्पर्श करती है। उन्होंने देव-काव्य की स्पर्धा में इस मानव-काव्य की रचना की है। राम उनके ग्रादर्श चरित्र हैं ग्रौर इस ग्रादर्श का मूलमंत्र है, सामाजिक विधान की रक्षा। लेकिन यह सामाजिक विधान ऐसा कठोर था कि मनुष्य की कोमल भावनाग्रों से उसकी मुठभेड़ होती थी। यह संघर्ष ही रामायण की नाटकीयता का मुख्य कारण है।

नैतिकता की कसौटी पर राम सीता को वन भेज देते हैं ग्रौर इसी नैतिकता के कारण राम स्वयं वन जाते हैं। लेकिन कवि की सहानुभूति रोती हुई कौसल्या के साथ है या वृद्ध कामातुर दशरथ की प्रतिज्ञा के साथ; वह ग्रपवाद के भय से गर्भवती सीता के वन जाने से संतुष्ट होते या राम के साथ उनके ग्रयोध्या में रहने से,— इसमें किसे सन्देह हो सकता है? उनकी यह सहानुभूति ही उनकी महत्ता का कारण है। उनका क्रोध इसी का एक ग्रंग है। लक्ष्मण क्रोध से पागल होकर

पिता का वध करने को उद्यत होते हैं, इसीलिए कि कौसल्या का दुख उनसे देखा नहीं जाता। अपनी इन मौलिक भावनाओं के बल पर ही रामायण का रचनाकार उस पर अपने व्यक्तित्व की अमिट छाप छोड़ गया है। बहुत-से अंश प्रक्षिप्त-से लगते हैं और होंगे भी, लेकिन रामायण के सभी महत्त्वपूर्ण स्थलों में हम एक ही कुशल कवि की लेखनी का चमत्कार देख सकते हैं। जिस कवि ने क्रौञ्च के दुख से पीड़ित होकर मा निषाद प्रतिष्ठां त्वं आदि वाक्य कहे थे, वही राम के मुँह से कहला सकता था — दैवसम्पादितो दोषो मानुषेण मया जितः।

वाल्मीकि रामायण आदि काव्य हो चाहे न हो, वह ऐसा काव्य अवश्य है जिसे हम अपनी काव्य-संस्कृति का आदि-स्रोत मानने में गर्व का अनुभव करेंगे। परवर्ती कवियों ने उसके अंश लेकर जिस प्रकार काव्य-रचना की है, उससे उसके आदि काव्य होने की सम्भावना और दृढ़ होती है।

1944

गोस्वामी तुलसीदास श्रौर मध्यकालीन भारत

गोस्वामी तुलसीदास भारतवर्ष के अमर कवि हैं, इसमें किसी को सन्देह नहीं है, परन्तु वे मध्यकालीन भारत के प्रतिनिधि कवि हैं, इसके बारे में लोगों को शंकायें होती हैं। देश की सामाजिक प्रगति में उनका स्थान कहाँ हैं, उन्हें प्रगति का समर्थक कहा जाय या प्रतिक्रिया का, हिन्दू समाज पर जो उनके धर्म श्रौर नीति की गहरी छाप है, उससे देश का कल्याण हुश्रा है या श्रकल्याण, इन प्रश्नों को लेकर लोगों में यथेष्ट मतभेद है।

प्रत्येक कवि श्रौर महान् लेखक श्रपने युग से प्रभावित होता है; युगसत्य उसकी रचनाश्रों में प्रतिबिम्बित होता है, युगसत्य की व्यंजना से कवि श्रपने युग को भी प्रभावित करता है; उसके परिवर्तन में, उसकी प्रगति में उसका हाथ होता है। ऐसा कवि श्रौर लेखक ही महान् साहित्यकार हो सकता है। परन्तु युग को परखने में, परिस्थितियों को श्राँकने में श्रौर उनसे कवि का सम्बन्ध जोड़ने में बड़ी सावधानी की श्रावश्यकता है। रूसी लेखक तोल्स्तोय क्रांति से पराङ्मुख थे, फिर भी लेनिन ने उन्हें 'रूसी क्रांति का दर्पण' कहा था। इसलिए कहा था कि श्रपने समय की महान् सामाजिक प्रगति के कई पहलुश्रों की प्रतिच्छवि उनकी रचनाश्रों में श्राई थी। शेक्सपियर सम्राट्वादी था, फिर भी मार्क्स उसके साहित्य का श्रभिनन्दन श्रौर समर्थन करते थे; इसलिए कि सामन्ती संस्कृति के विरुद्ध नवजागरण (रिनैसांस) का नेता शेक्सपियर निश्चय ही एक विद्रोही कवि था। फ्रांसीसी राज्यक्रांति के श्रग्रदूत तब के प्रसिद्ध दार्शनिक सम्राट्वादी थे, फिर भी क्रांति के लिए उनका जो महत्त्व था, उसे सभी जानते हैं। यह महत्त्व इसलिए था कि उन्होंने विचारशैली में, चिंतन-पद्धति में ही, एक क्रांति कर दी थी जिसका व्यापक प्रभाव फ्रांसीसी राज्यक्रांति में प्रतिफलित हुश्रा। गोस्वामी तुलसीदास पर विचार करते हुए इन उदाहरणों को मन में रखना श्रनुपयोगी न होगा।

तुलसी-साहित्य का सामाजिक महत्त्व परखने के पहले उसकी ऐतिहासिक

पृष्ठभूमि पर एक बार दृष्टि डालना आवश्यक है।

तुलसीदास का काल मुगल-साम्राज्य के वैभव का काल था। अकबर और जहाँगीर उनके सम-सामयिक थे। हुमायूं और शेरशाह के अस्थायी शासन के बाद अकबर ने मुगल-सिंहासन का पाया जमा लिया था और वह धीरे-धीरे अपना राज्य-विस्तार कर रहा था। अकबर ने धर्मान्धता और कट्टरपन को गहरी ठेस पहुँचाई थी और हिन्दू-मुस्लिम एकता की 'अपनी' नीति से देश में शांति स्थापित की थी। जो लोग समझते हैं कि तुलसीदास ने इस्लाम की रक्तरंजित प्रगति को रोकने के लिए रामचरितमानस की रचना की, उन्हें यह न भूलना चाहिए कि कट्टर मुल्ला और मौलवी अकबर पर यह दोष लगाते थे कि उसने इस्लाम से मुँह फेर लिया है। उन्हीं के अनुकरण पर स्मिथ जैसे इतिहासकार अकबर को अपना धर्म त्यागने का दोषी ठहराते हैं। यह दोषारोपण अनुचित है, परन्तु उससे यह भी स्पष्ट है कि अकबर इस्लाम का कट्टर प्रचारक न था। उसने जज़िया बन्द करा दिया था और जन-साधारण को एक व्यापक धर्म-सम्बन्धी स्वाधीनता दे दी थी।

अकबर राजपूत सरदारों को अपना सम्बन्धी बनाकर अपने शासन को दृढ़ करना चाहता था। उसका मुख्य ध्येय राजनीतिक था। हिन्दू सामन्तवाद के बिखरे हुए विरोध को समेटकर अकबर ने उसे अपना समर्थक बना लिया। उसकी धर्म-सम्बन्धी नीति उदार थी। उस समय प्रश्न हिन्दू-धर्म की रक्षा का नहीं था। यह प्रश्न अकबर के पहले का था। उसकी उदार धार्मिक नीति के सामने गोस्वामी तुलसीदास ने यदि हिन्दू-धर्म की रक्षा की तो इसमें उनकी कौन-सी बड़ाई हुई। वास्तव में गोस्वामीजी ने हिन्दू-धर्म की रक्षा की, परन्तु अकबर और इस्लाम से नहीं; उन्होंने उसकी रक्षा की उसके अपने आंतरिक शत्रुओं से, मत-मतांतर, द्वेष, कलह, अन्ध-विश्वास से। परंतु उनकी दृष्टि इस क्षेत्र से बाहर भी गई थी।

मुगल वैभव का यहाँ चित्र देने की आवश्यकता नहीं है। समस्त संसार में अद्वितीय उन दरबारों की चकाचौंध की कल्पना मात्र कर लीजिये! उनके वैभव में योग देनेवाले हिन्दू और मुसलमान राजा और सरदार थे। (विशेष विवरण के लिए देखिये श्री राम प्रसाद खोसला की पुस्तक 'मुगल किंगशिप एंड नोबिलिटी'।) राज्य की आमदनी का मुख्य उद्गम थी—भूमि। जैसा कि अंग्रेज इतिहासकारों ने लिखा है, भूमि से मुख्य आमदनी होने के कारण हिन्दुस्तान में "रेवेन्यू" कहने से लोगों को "लैंड रेवेन्यू" का ही बोध होता है। भूमि-कर के आधार पर राजदरबारों की शोभा थी और उसी के बल पर अकबर ने गुजरात से लेकर बंगाल तक अपना राज्य-विस्तार किया था। इस प्रकार मध्य-कालीन भारत में मुख्य उत्पादक शक्ति किसान थे और उनके उत्पादन से लाभ

उठाने वाले हिंदू और मुगल सामंत थे।

भूमि-सम्बन्धी कर-व्यवस्था उचित थी या अनुचित, यह प्रश्न बाद का है। मुगल शासन में जो व्यवस्था थी, उसका पालन कहाँ तक होता है, मुख्य प्रश्न तब यही था। शेरशाह ने कर-सम्बन्धी व्यवस्था में अद्भुत प्रतिभा का परिचय दिया था। परन्तु उसके शासन का शीघ्र ही अंत हो गया। अकबर के शासन का आरम्भ होने से पहले देश में भयानक अकाल पड़ा। दो साल के युद्धों से जनता वैसे ही त्राहि त्राहि कर रही थी। उस पर महामारी का भी प्रकोप हुआ। गोस्वामी तुलसीदास को अपने जीवन के अंतिम दिनों में फिर इस महामारी का सामना करना पड़ा। फतेहपुर सीकरी और सिकंदरा के स्मारकों में लिखे हुए इतिहास का दूसरा पक्ष यह अकाल और महामारी है।

शासन के आरम्भिक वर्षों में अकबर ने शेरशाह की बनाई हुई लगान की दर से किसानों से कर वसूल किया। शेरशाह ने अन्न की जो मात्रा निश्चित की थी, उसके दाम लगाकर लगान तय किया जाता था। यह दाम स्वयं अकबर तय करता था और हर जगह एक ही दाम लगाये जाते थे। परन्तु चीज़ों की क़ीमत तो जगह-जगह पर अलग होती थी, इसलिए यह लगान की दर बड़ी ग़लत-सलत थी। अकबर के शासन के दसवें साल में अलग-अलग जगहों में भाव के अनुसार लगान तय किया गया। पन्द्रहवें साल में लगान की नयी दरें तैयार हुईं। हर परगने की पैदावार के अनुसार उसके एक तिहाई का दाम लगाकर लगान तय किया गया। दस साल तक यह क्रम चलता रहा। लेकिन किस फसल में भाव कहाँ पर कितना हो, इस सबका हिसाब करना कठिन था। हर फसल के लिए जगह-जगह के भाव सम्राट् ही तय करता था। युद्ध आदि की आवश्यकता के कारण अकबर को बराबर चलते रहना पड़ता था। इसलिए उसके हुकुमनामे निकलने में देर हो जाती थी और सारी व्यवस्था की गति बन्द हो जाती थी। स्थानीय भावों की ग़लत रिपोर्टें भी उसके पास भेजी जाती थीं। इसलिए दस साल के बाद अकबर ने भाव तय करने वाला किस्सा ख़त्म कर दिया और बीघों के हिसाब से लगान तय कर दिया।

मालगुज़ारी की एक दूसरी समस्या उन लोगों की थी, जिन्हें तनखाह के बदले ज़मीन दे दी जाती थी। जमीन का सरकारी लगान ही उनकी तनखाह होती थी। 1573 ई० में अकबर ने इस प्रथा का अंत कर दिया और सिक्कों में तनखाहें देने का प्रबंध किया। परंतु 1580 में भूमि देने का चलन फिर हो गया।

मालगुज़ारी-विभाग को चलाना बड़े जीवट का काम था। अन्न पैदा करने से ज़्यादा कठिन हर जगह भाव आदि का हिसाब करके लगान तय करना था। घूसखोरी और अत्याचार के लिए द्वार खुला हुआ था और शाह मंसूर के प्रबंध में तो बस हद हो गई थी। जिन लोगों को भूमि मिली हुई थी, वे तो किसानों के

भाग्यविधाता थे। जो राजा अकबर को सम्राट् मानकर कर देते थे, उनकी व्यवस्था अलग थी। ऐसे ही राज्य के दूर के सूबों में वही व्यवस्था न थी जो आगरा और अवध में थी, जहाँगीर के शासनकाल में यह व्यवस्था भी टूटने लगी और शाहजहाँ के समय में किसानों की बुरी दशा हो गई। किसान जमीन छोड़-छोड़कर भागने लगे और औरंगज़ेब को यह आज्ञा निकालनी पड़ी कि अगर कहने से किसान ज़मीन न जोतें तो उन्हें कोड़ों से पिटवाकर खेत जुतवाये जायँ। (मोरलैंड—फ्रॉम अकबर टु औरंगज़ेब; पृ० 254)

इस नीरस गाथा का तात्पर्य यह है कि मध्यकालीन भारत में मालगुज़ारी वसूल करने में बड़ी धाँधली होती थी। हमने मध्यकाल के जिन सुनहले स्वप्नों की कल्पना कर रखी है, वे वास्तविकता की भूमि पर चूर हो जाते हैं। उस समय का मुख्य संघर्ष सामंत और किसान के बीच था। ज्यों-ज्यों हम औरंगज़ेब की ओर बढ़ते हैं, त्यों-त्यों संघर्ष तीव्र होता जाता है। अकबर से पहले विभिन्न युद्धों के कारण उस पर पर्दा पड़ा रहा। विशेष कर हिन्दू-मुस्लिम राज्य की समस्या ने मदद की। औरंगज़ेब की कट्टर धार्मिक नीति के कारण फिर इस संघर्ष पर पर्दा पड़ गया और उस समय पड़ा जबकि यह संघर्ष प्रखर हो रहा था।

इस प्रकार वर्ग-संघर्ष दबा-दबा रहा और दूसरी-दूसरी समस्याओं से लोग उलझे रहे। इसलिए हम किसी मध्यकालीन कवि से यह आशा नहीं कर सकते कि वह वर्ग-संघर्ष का स्पष्ट चित्रण करेगा, कि वह राजाओं और सामंतों के विरुद्ध किसानों के राज्य की माँग करेगा। परंतु बिना अपनी रूप-रेखा स्पष्ट किये हुए भी यह संघर्ष विद्यमान था। किसी न किसी रूप में उस समय के महान् साहित्यिकों की रचनाओं में उसकी छाया मिलेगी ही। अकबर और जहाँगीर के व्यक्तिगत जीवन को, उनके युद्धों को, उनके स्थापत्य-सम्बन्धी निर्माण-कार्य को आधुनिक इतिहास-पुस्तकों में जो एकांगी महत्त्व प्राप्त है, उससे यह नहीं कहा जा सकता कि ये इतिहासकार उत्पादन और वर्ग-शोषण की समस्याओं के प्रति सचेत हो पाये हैं।

"खेती न किसान को भिखारी को न भीख बलि, बनिक को बनिज न चाकर को चाकरी"—इस प्रसिद्ध पंक्ति में तुलसीदास ने अपनी भौतिक जागरूकता का परिचय दिया है। कुछ लोग इस कवित्त को अपवाद कहकर कवि की इस जागरूकता से आँखें चुराना चाहते हैं। परंतु यह छन्द अपवाद नहीं है। जैसा कि पं० रामचन्द्र शुक्ल ने कहा है, गोस्वामीजी ने कलिकाल के वर्णन में अपने समय का ही चित्रण किया है। "कलि बारहिं बार दुकाल परै" आदि पंक्तियाँ कल्पना-लोक का चित्रण नहीं करतीं। उनका तथ्य तुलसी के युग का तथ्य है और इतिहास उसका साक्षी है। बचपन में उन्होंने जो कष्ट पाया था, उसका मार्मिक वर्णन उनके छंदों में मिलता है। कुछ विद्वान् उसे भगवान को फुसलाने का बहाना

समझते हैं। उनकी समझ में महाकवि तुलसीदास के लिए यह कहना कि बचपन में उन्हें रोटी को तरसना पड़ा, उनका अपमान करना है। उनकी समझ में बाहु-पीड़ा का वर्णन भी एक कल्पना है। काशी में महामारी का वर्णन समस्त काशी-निवासियों को मोक्ष दिलाने का बहाना है। अपने को पतितों का सिरताज कहना और बात है, अन्न-कष्ट, महामारी, बाहु-पीड़ा आदि का यथार्थ वर्णन करना बिल्कुल दूसरी बात है। तुलसीदास जन्म-भर अपने कष्टों को नहीं भूले; इस जन्म में उनके कष्टों का अंत हो गया, यह भी निश्चय-पूर्वक नहीं कहा जा सकता। इसी कारण दुखियों और पीड़ितों के प्रति उनकी सहज सहानुभूति थी और मध्यकाल से लेकर अब तक मानव-सुलभ सुहृदयता के सबसे बड़े कवि तुलसीदास ही हैं। सुहृदयता के अद्वितीय प्रतीक अयोध्याकांड के भरत हैं।

अपने समय की दुरवस्था के कारण ही उन्होंने रामराज्य की कल्पना की। दुरवस्था के कारण ही उन्होंने कहा कि—"जासु राज प्रिय प्रजा दुखारी। सो नृप अवसि नरक अधिकारी।" उत्तरकांड में एक ओर रामराज्य की कल्पना, दूसरी ओर कलियुग की यथार्थता द्वारा तुलसीदास ने अपने आदर्श के साथ वास्तविक परिस्थिति का चित्रण कर दिया है। किसी भी दूसरे कवि के चित्रों में ऐसी तीव्र विषमता नहीं है; किसी के चित्रण में यह "कन्ट्रास्ट" नहीं मिलता, परंतु राम-राज्य के सिवा अन्यत्र भी दुष्ट शासकों पर उन्होंने अपने वाग्बाण बरसाये हैं। उन्होंने भविष्य वाणी की है कि रावण और कौरवों के समान इन शासकों का भी अंत होगा !

राज करत बिनु काज ही, करें कुचालि कुसाज।
तुलसी ते दसकंध ज्यों, जइहैं सहित समाज॥
राज करत बिनु काज ही, करहिं जो कूर कुठाट।
तुलसी ते कुरुराज ज्यों, जइहैं बारह बाट॥

ये साधारण दोहे नहीं हैं; ये कवि का शाप हैं। अन्यत्र कहते हैं कि शोषण करने वाले बहुत हैं परंतु जनता का हित करनेवाले बहुत कम हैं। पाठक "जग-जीवन" और "सोषक" शब्दों पर भी ध्यान दें।

तुलसी जगजीवन अहित, कतहूँ कोउ हित जानि।
सोषक भानु कृसानु महि, पवन एक घन दानि।

स्वार्थ-साधक देवताओं और राजाओं को एक ही श्रेणी में खड़ा करके कवि ने उन पर एक साथ प्रहार किया है। देवता बलि चाहते हैं, राजा कर; और बातों से उन्हें काम नहीं है।

बलि मिस देखे देवता, कर मिस मानव देव।
मुए मार सुविचार-हत, स्वारथ साधन एव।

एक अन्य दोहे में उन्होंने कहा है कि पृथ्वी गाय के समान है जो बच्छे जैसी प्रजा के लिए पन्हाती (अपना दूध उतारती) है; उसके पैर बाँध देने से अर्थात् भूमि सम्बन्धी नियंत्रण से राजा के हाथ कुछ भी न लगेगा।

धरनि-धेनु चारितु चरत, प्रजा सुबच्छ पन्हाइ।
हाथ कछू नहिं लागिहै, किए गोड़की गाइ।

कलियुग के वर्णन में वर्णाश्रम-धर्म के नष्ट होने पर क्षोभ प्रकट किया गया है, परन्तु इसके साथ कवि समाज की ओर व्यापक समस्याओं के प्रति भी सतर्क है। अन्नकष्ट, महामारी आदि का उन्होंने जो वर्णन किया है, उससे सिद्ध होता है कि वे अंगद की भाँति अपने युग की सामयिकता में पाँव रोपे हुए हैं। तुलसीदास में आदर्श और यथार्थ का विचित्र सम्मिश्रण हैं। उनके सामाजिक वर्णन में, उपमाओं में, शब्द-चयन आदि में एक ऐसे व्यक्ति की छाप है, जिसमें अपनी भौतिक पृष्ठभूमि के प्रति जागरूकता है।

उनका मूल संदेश यही है कि मनुष्य बड़ा होता है अपनी मनुष्यता से, न कि जाति और पद से। और भी, ब्राह्मणों की पुरोहिताई की वे निन्दा करते हैं। संस्कृत की तुलना में भाषा का समर्थन करके उन्होंने संस्कृत द्वारा होने वाले पुरोहिती-शोषण पर सीधा कुठाराघात किया था। एक पद में अपने दोष गिनाते हुए उन्होंने यह भी कहा है—

विप्रद्रोह जनु बाँट पर्‌यो, हठि सबसों बैर बढ़ावौं।
ताहू पर निज मति विलास सब संतन माँझ गनावौं।

यदि कट्टर ब्राह्मण उन्हें विप्रद्रोही समझते रहे हों, तो कोई आश्चर्य नहीं।

वर्णाश्रम धर्म के साथ नारी की पराधीनता जुड़ी हुई है। पति-भक्ति को पराधीनता का रूप समझकर वे उस पर आँसू बहाते हैं—

कत विधि सृजीं नारि जग माहीं।
पराधीन सपनेहुँ सुख नाहीं।

और किसी भी चौपाई में उनका हृदय ऐसा द्रवित नहीं हुआ जैसा यहाँ।

सबसे महत्त्वपूर्ण प्रश्न उनकी भक्ति का है। वे पराधीन जाति को भक्ति की बूटी देकर मोह-निद्रा में सुला रहे थे या उसे जगा रहे थे? क्या भक्ति मनुष्य को क्रियाशील भी बना सकती है?

विनयपत्रिका के पदों में उच्चतम भक्ति-काव्य हमें मिलता है। कोई भी मध्यकालीन कवि इस तरह स्पष्टता से अपने उपास्यदेव से नहीं बोला; किसी ने राम या कृष्ण को यों अपना हृदय चीरकर नहीं दिखा दिया। उनके आत्म-निवेदन में अपार वेदना है और यह वेदना उस व्यक्ति की है जिसे अपार कष्ट सहने पड़े हैं। यह उत्कट आत्म-निवेदन उस कल्पना-विलास से भिन्न है, जिसे भक्ति का नाम दिया जाता है। माँगकर खाने और मौज करनेवालों की भक्ति दूसरे ढंग की होती है। यह आत्मनिवेदन उस कवि का है जो अपने और दूसरों के कष्टों से पीड़ित है। उसके स्वर में आश्रयदाताओं और उनके चाटुकारों के प्रति अवज्ञा है। स्वयं वह अपनी भक्ति के भरोसे सारी दुनिया का विरोध सहने को तैयार है।

धूत कहौ, अवधूत कहौ,
रजपूत कहौ, जुलहा कहौ कोई।
काहू की बेटी सों बेटा न ब्याहब,
काहू की जाति बिगार न सोई।।

और,

जागें भोगी भोगही, वियोगी रोगी सोग बस
सोवै सुख तुलसी भरोसे एक राम के।

यह नीरस भक्ति नहीं, एक उद्दंड व्यक्तित्व का प्रदर्शन है। राम में भक्ति होते हुए भी तुलसीदास भक्त को ही बड़ा मानते थे। उन्होंने भरत को राम से बड़ा करके दिखाया था। अयोध्याकांड में भरत के आत्मत्याग के आगे राम का त्याग भी हलका पड़ जाता है।

भक्ति को प्रतिक्रियावाद के अंतर्गत इसलिए समझा जाता है कि वह संसार की कठोर समस्याओं से मनुष्य का ध्यान दूसरी ओर खींच ले जाती है। भक्त उन्हें सांसारिक ढंग से नहीं सुलझाना चाहता। तुलसीदास संसार और उसकी समस्याओं के प्रति जागरूक हैं, अपने ढंग से उन समस्याओं का समाधान भी करते हैं। तुलसीदास की नैतिकता उनकी भक्ति से मिली हुई है और दोनों को अलग करना कठिन है। इसी नैतिकता अथवा सामाजिकता के कारण एक जगह उन्होंने दरिद्रता को ही रावण बना डाला है और राम को पेट की आग बुझाने वाला कहा है।

दारिद-दसानन दबाई दुनी दीनबंधु, दुरित-दहन देखि तुलसी हहा करी।

ग्रौर,

तुलसी बुझाइ एक राम घनस्याम ही तें,
ग्रागि बड़वागि तें बड़ी है ग्रागि पेट की।

जिस भक्ति में पेट की ग्राग को बड़वाग्नि से भी बड़ा बताया गया हो, ग्रौर दरिद्रता को दशानन कहा गया हो, उससे ग्रात्म-संतोष की भावना नहीं उत्पन्न हो सकती। तुलसी लोकधर्म के समर्थक हैं, उससे विरक्त नहीं हैं। उनसे मतभेद तभी होगा जब उनकी भक्ति लोकधर्म से विमुख हो जायगी।

तुलसीदास ने राम को इष्टदेव के रूप में माना है। परन्तु इससे उन्होंने ग्रन्य देवताग्रों की उपासना का विरोध नहीं किया। वैसे तो देवताग्रों में सभी मानवीय दुर्गुण हैं, फिर भी उपास्य देवता इनसे परे हैं। शैवों ग्रौर वैष्णवों में सुहृद्भाव उत्पन्न करने का जो प्रयास उन्होंने किया, वह सुविदित है। परंतु उपासना में जो व्यापक सुधार उन्होंने किया, उसका महत्त्व भरत की शपथों का स्मरण करके ही हम समझ सकते हैं।

जे परिहर हरिहर वचन, भर्जाहि भूतगन घोर।
तिन्हकी गति मोहि देउ विधि, जौं जननी मत मोर।।

ग्राज भी ये ग्रंधविश्वास निर्मूल नहीं हुए, मध्यकालीन भारत में तो उनका घटाटोप ग्रंधकार छाया हुग्रा था। जहाँ मानस का संदेश पहुँचा, वहाँ कुछ ग्रंधकार तो ग्रवश्य छँट गया।

ग्रंत में उनकी भाषा-सम्बन्धी नीति महत्त्वपूर्ण ही नहीं, उनकी प्रगतिशीलता का मुख्य प्रमाण है। संस्कृत-साहित्य से सुपरिचित होते हुए भी उन्होंने 'खल-उपहास' की चिन्ता न करते हुए भाषा में कविता की। रामचरितमानस के लिए ग्रवधी को ग्रपनाया; उसकी भाषा को ग्रामीण प्रयोगों का दृढ़ ग्राधार दिया। संस्कृत शब्दावली उनकी ग्राधारशिला नहीं है; उसका काम झरोखे ग्रौर महराब बनाना है। ग्राधारशिला ग्रवधी के ग्रति-साधारण 'भदेस' शब्द हैं जिन्हें तुलसीदास ने बड़े स्नेह से सजाकर ग्रपनी कविता में रखा है। यह तभी सम्भव हुग्रा, जब उन शब्दों का प्रयोग करने वालों के लिए उनके हृदय में स्थान था। उन्होंने ग्रपना काव्य इन्हीं लोगों के लिए लिखा; उन्हीं की बोली में लिखा। किसी कवि ने ऐसे उद्धत ग्रौर उद्दंड भाव से धूल-भरे शब्दों को उठाकर ग्रनुपम चतुराई से संस्कृत शब्दावली के साथ नहीं बिठा दिया। वैसे ही उनका छन्दों का प्रयोग रीति-कालीन परंपरा से भिन्न है। उसमें व्यर्थ के चमत्कारों का प्रायः ग्रभाव है; उसमें सुचारु प्रवाह ग्रौर ध्वनि-सौंदर्य है। ग्रालंकारिकता उनका लक्ष्य नहीं बन

पाई; प्रभाव उत्पन्न करने के लिए ही उन्होंने अलङ्कारों का प्रयोग किया है। रीतिकाल की साहित्य परम्परा को देखते हुए उनकी भाषा, छन्द और अलंकार-सम्बन्धी नीति सचमुच क्रांतिकारी ठहरती है।

इस प्रकार तुलसीदास भारतवर्ष के अमर कवि ही नहीं, मध्यकालीन भारत के प्रतिनिधि कवि भी हैं और हम आज भी उनसे बहुत कुछ सीख सकते हैं।

1944

भूषण का वीर रस

ग्राज से दो-तीन सौ वर्ष पहले हिन्दी-साहित्यिकों की वीर-रस के प्रति जो भावना थी, उसमें ग्रब तक बहुत कुछ परिवर्तन हो चुका है। उस समय मोटे तौर पर दो प्रकार के वीर-काव्य होते थे; एक तो खुमान रासो, बीसलदेव रासो, ग्राल्हा प्रभृति के, जिनमें वर्णित युद्धों का मूलकारण प्रणय होता था। दूसरे सूदन, लाल, श्रीधर ग्रादि के ग्रंथों की भाँति, जिनका सम्बन्ध केवल युद्ध तथा वीर-रस से रहता था। दोनों ही प्रकार के ग्रन्थों की वृत्ति प्रशंसात्मिका होती थी। कवि का लक्ष्य होता था, ग्रपने नायक की वीरता का वर्णन करके उसे प्रसन्न करना। स्वभावत: कवि बात को बहुत बढ़ाकर, तिल का ताड़ बनाकर, कहता था; साथ ही यह भी ध्यान रखता था कि कहने के ढंग में चमत्कार हो, कविता सुनते ही स्वामी का हृदय गुदगुदा उठे। ग्राधुनिक धारणाएँ इसके विपरीत हैं। हम वीर-कविता में ग्रतिशयोक्तिपूर्ण किसी राजा-महाराजा के शौर्य का वर्णन नहीं चाहते, जिसे सुनने से उसकी सचाई पर विश्वास भी न हो, धन पाने के लिए किये गए उसके यश ग्रौर दान के वर्णनों की भी हमें ग्रावश्यकता नहीं। हम वीर-काव्य के मूल में ऐसी सद्‌भावना चाहते हैं, जिसने किसी सुन्दरी के लिए नहीं, धन-प्राप्ति तथा राज्य-विस्तार के लिए भी नहीं, वरन् सत्य के लिए, स्वदेश तथा स्वजाति की रक्षा के लिए, ग्रपने तथा पूर्वजों के स्वाभिमान के लिए मनुष्य को प्रेरित किया हो। हम ऐसी वीर-कविता चाहते हैं, जिसे पढ़कर ग्रत्याचार ग्रौर ग्रन्याय से दबे हुए मनुष्य को ग्रपनी पतित से पतित ग्रवस्था में भी ग्रपनी मनुष्यता का ज्ञान हो सके, तथा वह उसे पुनः प्राप्त करने के लिए सचेष्ट हो। पुरानी कविता का इस कसौटी पर पूरी तरह खरा उतरना ग्रसम्भव है। वह प्रजातन्त्रवाद का जमाना न था; देश पर शासन करने वाले छोटे-बड़े राजे ग्रौर सरदार थे। कवि उन्हीं के ग्राश्रय में रहकर काव्य के साथ-साथ उदर-पूर्ति कर सकते थे। स्वामी की रुचि का कवि के ऊपर प्रभाव पड़ना निश्चित था। वह यदि ग्रालंकारिक चमत्कारों तथा ग्रतिशयोक्तियों से पूर्ण वर्णन पसन्द करता, तो

कवि भी वैसी कविता करने में अपना सौभाग्य समझता। एक बार एक प्रथा के चल निकलने पर किसी सत्कवि द्वारा एकाएक उसका बहिष्कार भी सम्भव न था। आज जब हम उस काल के किसी कवि की कविता की परख करें, तो तत्कालीन बंधनों का ध्यान रखते हुए हमें अपने आलोचना के नियमों को लागू करना होगा।

भूषण ने अपने आश्रय-दाताओं के सम्बन्ध में जो कविता लिखी है, वह उनकी जातीयता, वीरता तथा आत्म-त्याग से प्रेरित होकर ही नहीं लिखी गई, उसके मूल में एक महती प्रेरणा धन की भी है। स्थल-स्थल पर उनकी कविता में स्पष्ट हो जाता है कि वह अपने नायक की वीरता से उतने ही प्रसन्न हैं, जितने उसके दान से। दान की प्रशंसा करने में उन्होंने धरती-आकाश के कुलाबे मिला दिये हैं—

"भूषन भनत महाराज सिवराज देत,
कंचन को ढेरु जो सुमेरु सो लखात है।
"भूषन भिच्छुक भूप भये भलि,
भीख लै केवल भौंसिला ही की।"

कहीं-कहीं पर यह माँगने की प्रवृत्ति अत्यन्त हीन रूप में प्रकट हुई है, यथा—

"तुम सिवराज ब्रजराज अवतार आज,
तुमही जगत काज पोखत भरत हो।
तुम्हें, छोड़ि याते काहि बिनती सुनाऊँ मैं,
तुम्हारे गुन गाऊँ तुम ढीले क्यों परत हो?"

यहाँ पर वीरता की नहीं, धन की उपासना की गई है। ऐसे भाव भूषण को उनके उच्च स्थान से बहुत कुछ नीचे खींच लाते हैं।

भूषण ने अपने किसी भी नायक पर उसकी जीवन-घटनाओं के तारतम्य को ध्यान में रखते हुए कविता नहीं लिखी। समय-समय पर सुनाने के लिए उन्होंने जो छंद बनाये, उनमें एक या अधिक ऐतिहासिक घटनाओं का वर्णन किया है।

किसी वीर-पुरुष पर कोई महाकाव्य लिखकर ही महाकवि हो सके, ऐसी बात नहीं; एक या अनेक घटनाओं को लेकर सुन्दर मुक्तक लिखे जा सकते हैं। परन्तु भूषण घटनाओं की ओर संकेत-मात्र करके आगे बढ़ जाते हैं, अधिकांशत: किसी घटना का वह सांगोपांग वर्णन नहीं करते। किन्हीं निश्चित घटनाओं का बार-बार दोहराना खटकता है। उदाहरण के लिए शिवाजी का औरङ्गजेब के दरबार में जाना, निम्नश्रेणी के सरदारों में उनका खड़ा किया जाना तथा क्रुद्ध

होने पर औरंगजेब का गुसलखाने में पनाह लेना—

"भूषण तबहुँ ठठकत ही गुसलखाने,
सिंह लौं झपट गुनि साहि महाराज की।"
"कम्मर की न कटारी दई इसलाम ने गोसलखाना बचाया।"
"ह्याँते गयो चकत्ता सुख देन को गोसलखाने गयो दुख दीनो।"

इसी भाँति अन्य स्थलों में भी इसी घटना के वर्णन हैं। शाइस्ता खाँ, अफजल खाँ आदि के वध, सूरत, बीजापुर आदि के युद्ध भी अनेक बार वर्णित हैं।

भूषण के बहुत-से वर्णन ऐसे हैं, जिनमें कोई नया तथ्य नहीं; केवल पुरानी रूढ़ियों की लकीर पीटी गई है, जैसे रायगढ़ का अधिकांश वर्णन—

"भूषन सुबास फल फूल युत,
छहुँ ऋतु बसत बसंत जहँ।"

बारहों मास वसंत का होना उस काल के किसी भी महाकवि के लिए असंभव नहीं। इसी प्रकार सेना के चलने पर धूलि से आसमान का ढक जाना, पर्वतों का हिल उठना, दिग्गजों आदि का डोलना, युद्ध में कालिका और भूत-प्रेतों का प्रसन्न होकर नृत्य करना, नाम की धाक से, नगाड़ों का शब्द सुनकर ही शत्रुओं का भाग खड़ा होना, किसी के यश में तीनों लोकों का डूब जाना तथा उसमें कैलाश पर्वत, क्षीरसागर आदि का न मिलना, किसी के दान से कुबेर व अन्य देवों का मान भंग—इस प्रकार के वर्णन पुरानी रूढ़ियों के अनुसरण-मात्र हैं। शिवाजी की सेना चलने पर—

"दल के दरारेन तें कमठ करारे फूटे,
केरा के से पात बिहराने फन सेस के।"

एक दूसरी सेना चलने पर—

"काँच से कचरि जात सेस के असेस फन,
कमठ की पीठि पै पिठी सी बाँटियतु है।"

दोनों में कोई विशेष अंतर नहीं है।

भूषण के कुछ बँधे अलंकार, कुछ बँधे वर्णन और विचार हैं, जिन्हें उन्होंने अनेक बार दोहराया है। शत्रुओं की स्त्रियों का घर छोड़कर भागना, अपने स्वामियों को संधि की सीख देना तथा अनभ्यस्त होने के कारण अनेक प्रकार के कष्ट सहना। इस पुनरावृत्ति का एक उदाहरण है—

"तेरे त्रास बैरी-बधू पीवत न पानी कोऊ,
पीवत अघाय धाय उठे अकुलाई है।
कोऊ रही बाल कोऊ कामिनी रसाल,
सो तो भई बेहवाल भागी फिरै बनराई है।"
"भूषन भनत सिंह साहि के सपूत सिवा,
तेरी धाक सुने अरिनारी बिललाती है।"
"हवा हू न लागती ते हवातें बिहाल भई,
लाखन की भीर में सँभारती न छाती है।"
"सुनत नगारन अगार तजि अरिन की
दारगन भीजत न वार परखत हैं।"

ऐसे वर्णनों की अत्यधिक संख्या तथा उनकी भाव-व्यंजना के ढंग को देखकर ऐसा भान होने लगता है, मानो भूषण को उनमें कोई विशेष आनन्द आता हो तथा शत्रु-नारियों की ऐसी दशा होने से वह अपने नायक में विशेष वीरता पाते हों।

भूषण के वर्णन अधिकांशतः इतने अतिशयोक्तिपूर्ण होते हैं कि किन्हीं स्थलों पर किये गये यथार्थ वर्णन भी असत्य-से लगते हैं। शत्रुओं की स्त्रियाँ जब रोती हैं तो—

"कज्जल कलित अँसुवान के उमंग संग,
दूनो होत रोज रंग जमुना के जल मैं।"

यह पढ़कर निम्न पंक्तियाँ भी तिल का ताड़ भासित होने लगती हैं—

"आगरे अगारन ह्वै फाँदती कगारन छ्वै,
बाँधती न बारन मुखन कुम्हलानियाँ।
कीबी कहैं कहा औ गरीबी गहे भागी जायँ,
बीबी गहे सूथनी सुनीबी गहे रानियाँ।"

यह सब होने पर भी सच्ची वीर-पूजा की भावना भूषण के अनेक छंदों से फूटी पड़ती है। भूषण के दोष उनके देश और काल के हैं, उनके गुण सार्वदेशिक तथा सर्वकालीन। इन बोझीले अलंकारों तथा बे सिर-पैर के-से वर्णनों के नीचे एक पवित्र वीर-कविता का स्रोत प्रवाहित है। उस सहृदय कवि को, जो अपने भाइयों पर निरंतर अत्याचार तथा उनकी अवधिहीन दासता को देख व्याकुल हो उठा है, एक तिनका भी पर्वत के समान लगता है। चाहे वह महाराजा शिवाजी हों, चाहे छत्रसाल या अन्य कोई छोटा सरदार, भूषण के लिए वही राम और

कृष्ण हैं। कवि उनके लिए अपना काव्य-भंडार खोल देगा; दलितों के लिए जिन्होंने तलवार पकड़ी है, उनको महान् सिद्ध करने के लिए वह अपनी ओर से कुछ उठा न रक्खेगा—

"दुहूँ कर सों सहसकर मानियतु तोहि,
दुहूँ बाहुसों सहसबाहु जानियतु है।"

शत्रु का एक सबल सामना करने वाला देखकर भूषण उसकी पीठ ठोंकते हुए औरंगज़ेब को कितने सुन्दर ढंग से ललकारते हैं—

"दारा की न दौर यह रारि नहीं खजुवे की,
बाँधिबो नहीं है किधौं मीर सहबाल को।
बूड़ति है दिल्ली सो सँभारै क्यों न दिल्लीपति,
धक्का आनि लाग्यो सिवराज महाकाल-को।"

भूषण के कवित्तों में इतना ओजपूर्ण प्रवाह है कि पढ़ने या सुनने वाला बरबस उस धारा में बहता चला जाता है। यह धारा जैसे उनकी अतिशयोक्तियों को बहाये लिये चली जाती हो।

वीर-रस के अतिरिक्त व्यंग्य साहित्य में, जो हिन्दी में अभी तक क्षुद्र सीमाओं के ही भीतर है, भूषण का स्थान बहुत ऊँचा है। यह मानी बात है कि जिन पर उन्होंने व्यंग्य किये हैं, उन्हें वे अच्छे न लगेंगे, पर वे केवल गालियाँ हों, ऐसी बात नहीं, उनमें साहित्यिक चमत्कार है।

दक्षिण के सूबेदार बदलने पर भूषण की उक्ति है—

"चंचल सरस एक काहू पै न रहै दारी,
गनिका समान सूबेदारी दिली दल की।"

इसी प्रकार—

"नाव भरि बेगम उतारैं बाँदी डोंगा भरि,
मक्का मिस साह उतरत दरियाव हैं।"

तथा—

"चौंकि चौंकि चकता कहत चहुँधा ते यारो,
लेत रहौ खबरि कहाँ लों सिवराज है।"

इसी कोटि के और भी उदाहरण दिये जा सकते हैं।

भूषण यदि चेष्टा करते तो सुन्दर यथार्थ वर्णन करते। जहाँ कहीं उन्होंने इस प्रकार के वर्णन किये हैं, वहाँ वे खूब ही बन पड़े हैं।

मराठों के आक्रमण का कितना वास्तविक चित्रण है—

"ताव दै दै मूछन कँगूरन पै पाँव दै दै,
अरिमुख घाव दै दै कूदे परें कोट मैं।

इसी भाँति रणभूमि का दृश्य—

"रनभूमि लेटे अधलेटे अरसेटे परे,
रुधिर लपेटे पठनेटे फरकत हैं।"

भूषण की इस प्रकार की स्वाभाविक चित्रणवाली कविता, उनके व्यंग्य-छंद तथा उनका वीर-रस, वे कितनी ही परिमित मात्रा में क्यों न हों, अमर हैं।

1935

मध्यकालीन हिन्दी कविता में गेयता

मध्यकालीन हिन्दी कविता जितना गायी गयी है, उतना शायद किसी युग की कविता नहीं गायी गई। उस युग से लेकर आज तक उस विराट् काव्य-साहित्य का गाया जाना बन्द नहीं हुआ। देश के उन दूर-दूर कोनों में, जहाँ हमारे आधुनिक साहित्य की पहुँच नहीं है, साधारण जनता के कंठों में सदियों से चले आते हुए ये गीत बसे हैं। इस बात के और सब पहलुओं को यदि छोड़ दें, तो भी हमारा ध्यान आर्कषित करने के लिए एक पहलू सबसे ज्यादा उभर कर आता है। आज देश के नये सांस्कृतिक जागरण के लिए हमें ऐसी वाणी, ऐसे अलंकार, ऐसी भाषा और ऐसी चेतना की आवश्यकता है जो एक ही तंत्र में तमाम जनता को बाँध सके। मध्यकालीन हिन्दी कवियों ने, विशेष रूप से संत कवियों ने, अपनी वाणी द्वारा यह चमत्कार कर दिखाया था।

उनकी सफलता का रहस्य क्या यह माना जाय कि जनता में अंधविश्वास भरे हुए थे, इसलिए ईश्वर और धर्म के गीत उसके हृदय में बस गये? या यह माना जाय कि संत कवियों के चिमटे और गेरुए वस्त्रों को देखकर जनता उन पर मुग्ध हो गई थी और उनके शब्द दोहराने लगी थी? जनता में कौन से गीत प्रचलित हैं और कौन से नहीं, इस बात का आप पता लगायें तो यह मालूम हो जायगा कि कैसी कुशाग्र बुद्धि से जनता अच्छे-बुरे छन्दों की पहचान करती है। एक ही कवि के घटिया छन्दों को वह छोड़ देती है और उत्तम छन्दों को चुन लेती है। अनेक कवियों के अनुभव का सार लेकर वह एक ऐसा ज्ञानकोष तैयार करती है जो अंधविश्वास से काफ़ी दूर की चीज़ है। गाँव के किसानों को आये दिन के व्यवहार में तुलसी, रहीम, सूर, गिरधर आदि की उक्तियाँ उद्धृत करते सुनिये, तो पता चलेगा कि वे साहित्यकारों के शब्दों को किस तरह अपने जीवन में परखते चलते हैं। जो साहित्य इस तरह जन-जीवन में घुल-मिल जाता है, वही टिकाऊ होता है, दूसरा नहीं।

इसलिए यह मानना पड़ेगा कि मध्यकालीन, और विशेष रूप से संत कवियों

की लोकप्रियता का मुख्य कारण जनता का अंधविश्वास या धर्म के प्रति आसक्ति नहीं है। यह आसक्ति मिट जायगी, अंधविश्वास दूर हो जायेंगे, फिर भी यह दावा कौन करेगा कि हिन्दी साहित्य से तुलसी, सूर, मीरा और रसखान की लोकप्रियता कम हो जायगी? इस लोकप्रियता का सबसे बड़ा कारण यह है कि धार्मिक ताने-बाने के बावजूद गीत का वास्तविक तत्त्व धार्मिक नहीं, सामाजिक है, और सामाजिक भी ऐसा जो सामंतशाही का पोषक नहीं है।

सामंतवाद ने मनुष्य के व्यक्तित्व को अनेक बंधनों में जकड़कर उसके विकास को रोक दिया था। जाति (कास्ट), धर्म, सम्प्रदाय, सामाजिक आचार-विचार की शृंखलाओं में बँधकर मनुष्य का यह व्यक्तित्व स्वाधीन विकास के लिए तड़प उठता था। बिना इस व्यक्तित्व को स्वच्छन्दता दिये हुए, बिना मुक्त आकाश में उड़ान भरे हुए काव्य में गेयता उत्पन्न नहीं हो सकती। ब्रजभाषा काव्य में जो अभूतपूर्व गेयता उत्पन्न हुई है, उसका सबसे बड़ा कारण इसी व्यक्तित्व की सापेक्ष मुक्ति है। सापेक्ष मुक्ति इसलिए कि सामाजिक बंधनों से यह पूर्ण मुक्ति नहीं थी। प्रेम और सहानुभूति की नवीन धारा में कवि के मानस ने अवगाहन किया था परंतु वह समाज के भीतर गहरी पैठने वाली परतंत्रता की जड़ों को निर्मूल नहीं कर सका था। इसलिए उसकी गेयता में एक अंतर्विरोध है। मुक्ति की ओर बढ़ने वाली उसकी स्वर-लहरी सामाजिक सीमाओं से बार-बार टकराती है लेकिन उनको ठेलकर बहा नहीं ले जा पाती। फिर भी वह प्रेम और सहानुभूति की धारा इतनी भरी-पूरी और वेगवान थी कि सीमाओं के रहते हुए भी साहित्य में उच्चकोटि की गेयता का जन्म हुआ।

मध्यकालीन भारत संत कवियों की वाणी द्वारा एक महान् सांस्कृतिक चेतना में बँध गया था। नानक, चण्डीदास, नरसी और तुलसीदास दूर-दूर के जनपदों की इस एकता की सूचना देते हैं। इसकी धुरी ब्रजभूमि थी जहाँ की भाषा लेकर मध्यकाल का यह विशाल साहित्य रचा गया था। उसका प्रभाव मध्यकाल में विकसित होने वाली भारत की तमाम नवीन भाषाओं पर पड़ा। यह सही है कि ये अलग-अलग जनपद एक ही सांस्कृतिक चेतना में बँधे थे, परंतु यह भी सही है कि उनका स्वतंत्र विकास भी इसी समय तेजी से हो रहा था। बंगाल, महाराष्ट्र, गुजरात और हिन्दी प्रदेश की जातीयता निखर रही थी। जातीयता पूर्णरूप से तभी विकसित हो सकती थी जब सामंती बंधन छिन्न-भिन्न हो जाते। सामंतवाद के बने रहने से इस जातीयता (Nationality) के सहज विकास में बाधा पड़ी। मध्यकालीन यूरोप में यही क्रिया आरंभ हो चुकी थी; विभिन्न प्रदेशों की नवीन सांस्कृतिक चेतना सामंती बंधनों को छिन्न-भिन्न करती हुई एक स्पष्ट जातीय रूप ग्रहण कर रही थी। इटली में दान्ते ने देश को एक नवीन भाषा और एक नवीन साहित्य दिया। फ्रांस और इंगलैंड में

वहाँ की अपनी जातीय भाषाओं और संस्कृतियों का विकास हुआ। मध्यकालीन भारत में यही क्रम मराठी, गुजराती, बँगला आदि भाषाओं के साथ शुरू हो गया था। इस जातीयता को सबसे ज्यादा संत कवियों ने पहचाना। वे अपनी भाषा और नवीन जातीयता के निर्माता थे। इसीलिए उनके स्वर में इतनी शक्ति थी। उन्होंने साहित्य के बड़े-बड़े लक्षण ग्रन्थों को पढ़ा था तो उनका अनुकरण न किया था। इसका कारण यह था कि जिस सांस्कृतिक सूत्र में इन लक्षण-ग्रन्थों ने हिन्दुस्तान को बाँधा था, वह इन संत कवियों को अभीष्ट न था। लक्षण-ग्रन्थ दरबारों से बँधे हुए थे। उनके लेखक दरबारों में आश्रय पानेवाले लोग थे। यह दरबारी संस्कृति मनुष्य के व्यक्तित्व का विकास बिल्कुल सहन न करती थी। इसके अलावा वह नवीन जातीयता की भी विरोधी थी। महाराष्ट्र, गुजरात या बंगाल में जो नयी जातीयता पनप रही थी, उसके पीछे वही सामाजिक शक्ति नहीं थी, जो दरबारों के रूप में प्रकट होती थी। यह नवीन जातीयता साधारण जनता और व्यापार करनेवालों का समर्थन पाती थी। दरबारी कविता की एकरसता, रूढ़िप्रियता और निष्प्राणता का सबसे बड़ा कारण यही था कि वह जातीयता के इस नये विकास से अलग रहकर पुरानी परिपाटी पर समाज और साहित्य को चलाना चाहती थी। इसके विपरीत संत कवियों ने, जिनके साथ जायसी, मंझन, कुतुबन, आदि प्रेममार्गी कवियों को भी हम ले लेते हैं, इस परिपाटी को तोड़ा।

तुलसीदास के अनेक छन्दों में यह ध्वनि मिलती है कि संस्कृत-प्रेमियों को उनका भाषा लिखना अच्छा नहीं लगता था। उनका जन्म ऐसे संधिकाल में हुआ था जब भारत की उन्नतिशील नयी-नयी भाषायें संस्कृति से पल्ला तोड़कर अपने सहज प्राकृत विकास द्वारा उसके समकक्ष पहुँचने के लिए उत्सुक हो रही थीं। गोस्वामीजी ने संस्कृत की तुलना रेशमी वस्त्र से की है और हिन्दी को कामरी बताया है। काम तो कामरी ही आती है, रेशमी वस्त्र प्रदर्शन मात्र के लिए हो सकता है। इसीलिए उन्होंने लिखा था—

का भाषा, का संस्कृत, प्रेम चाहिए साँच।
काम जु आवै कामरी, का लै करै कुमाँच॥

रामचरितमानस के आरंभ में ही अनेक बार उन्होंने भाषा और संस्कृत के विवाद की ओर संकेत किया है।

भाषा भनित मोरि मतिभोरी।
हँसिबे जोग हँसे नहिं खोरी॥

ये हँसनेवाले लोग संस्कृत के समर्थक थे जो साहित्य में अविकसित हिन्दी का उपहास करते थे। ऐसा लगता है कि गोस्वामी तुलसीदास एक महान् साहित्य-

कार की दृष्टि से अपनी भाषा का भावी विकास भी देख रहे थे। इसलिए उन्होंने उन्हीं कवियों की वन्दना नहीं की जो पहले हो चुके थे, बल्कि उनकी भी की जो आगे होने वाले थे। यह उदारता उस महाकवि के योग्य ही थी जिसने भरत के अपूर्व चरित्र की सृष्टि की थी।

जे प्राकृतकवि परम सयाने।
भाषा जिन्ह हरि-चरित बखाने।
भये जे अहहिं जे होइहहिं आगे।
प्रनवौं सबहिं कपट छल त्यागे।

नवीन जातीयता और नयी भाषा की चेतना इससे सुन्दर रूप में शायद और जगह व्यञ्जित नहीं हुई। बार-बार अपने टाट-पटोर का उन्हें ध्यान हो आता था लेकिन अपनी सिलाई पर भी उन्हें विश्वास था कि इसी टाट-पटोर से वह ऐसी सुन्दर पोशाक तैयार करेंगे कि कमाँच वाले सज्जन झख मारते रह जायें।

रामचरितमानस एक प्रबंध-काव्य है, फिर भी वह खूब गाया गया है। इसका कारण भक्तों की अंधश्रद्धा नहीं है। वास्तव में गेयता के गुण इस महा-काव्य में वर्तमान हैं। गोस्वामी जी का कलाकार कविता के सहज.प्रवाह को भली-भाँति समझता था। वे काव्यसृष्टि को एक स्वाभाविक उद्रेक के रूप में देखते थे। मानसिक संतुलन और उल्लास से यह काव्य उत्पन्न होता था। लक्षण-ग्रन्थ-रचयिता कवियों के प्रति उन्हें तनिक भी आस्था नहीं थी और 'सिरधुनि गिरा लागि पछिताना' कहकर राजाओं के चाटुकार कवियों की उन्होंने निन्दा की थी। "संभुप्रसाद सुमति हिय हुलसी। रामचरित मानस कवि तुलसी।" यहाँ पर उल्लास से कविता उत्पन्न होने की बात स्पष्ट कही गयी है। और भी—

भयउ हृदय आनंद उछाहू। उमगेउ प्रेम प्रमोद प्रवाहू॥
चली सुभग कविता सरिता सो। रामविमल-जस-जल-सरिता सो॥

किस रोमाण्टिक कवि ने अपने उच्छ्वास और कविता के सहज-प्रवाह को ऐसी सुन्दर व्यंजना दी है? और यह कोई गर्वोक्ति नहीं है। तुलसीदास का आनन्द, उछाह, प्रम का उमँगता हुआ प्रवाह सब कुछ उनकी काव्य-सरिता में भली भाँति दिखाई देता है। वे एक कलाकार हैं जो इस काव्य-सरिता में उपमाओं का बीचि-विलास देखते हैं। अपनी चौपाइयों को 'सघन पुरइन' कहते हैं। छन्द, सोरठा, सुन्दर दोहा—ये सब कमलों के समान हैं। इनसे जो अर्थ निकलता है, वही पराग और मकरन्द है। श्रद्धा वसन्त ऋतु बनकर आती है और उस समय इस काव्य-भागीरथी के किनारे श्रोताओं की अमराई नये बौरों से

महक उठती है। गोस्वामी तुलसीदास में अवध की सुन्दर प्रकृति के नाना रूपों की कैसी गहरी छाप पड़ी थी, यह एक अमराई शब्द के प्रयोग से ही सिद्ध हो जाता है। उनकी गेयता का यही आधार है—अवध की सुन्दर प्रकृति, वहाँ के सुन्दर देशज शब्द, गाँव के मनोहर लगने वाले आचार-विचार जिन्हें उमा और सीता की देवोपासना में महाकवि ने अंकित किया है। जिस काव्य-सरिता का उल्लेख उन्होंने महाकाव्य के आरम्भ में किया है, उसी के अनुकूल उन्होंने गेयता और कविता के सहज-प्रवाह की आगे रक्षा की है। इसका चरम उत्कर्ष अयोध्या काण्ड में मिलता है जब भरत सूनी अयोध्या में लौटकर आते हैं और इस सन्देह का सामना करते हैं कि उन्हीं के संकेत से राम को वन भेजा गया है—

राम विरोधी हृदय तें, प्रगट कीन्ह बिधि मोहिं।
मो समान को पातकी, बादि कहौं कछु तोहिं।।

प्रेम और सहानुभूति के प्रसंगों में रामचरितमानस की गेयता बार-बार एक ऐसे ऊँचे स्तर तक पहुँच जाती है, जहाँ अन्य वर्णनात्मक अंशों की पहुँच नहीं है। पुष्प-वाटिका में सीता का प्रथम दर्शन, कैकेयी का रोष और दशरथ का असमंजस, सीता की वन चलने की उत्कण्ठा, भरत का चित्रकूट गमन, सीता-हरण और भरत-मिलाप, ये ऐसे प्रसंग हैं जहाँ गोस्वामीजी के हृदय की करुणा और सहानुभूति के पूर्ण उद्रेक की गुंजाइश थी। इसीलिए अन्य स्थल इनकी तुलना में नहीं टिकते। गोस्वामीजी के अन्य काव्य-गुण —प्रबन्ध-निर्माण, चरित्र-चित्रण आदि —इस गेयता के सामने फीके ठहरते हैं। और इस गेयता का आधार वह मानवीय करुणा और सहानुभूति है जो व्यक्तित्व के विकास का एक मात्र साधन दिखाई देती थी।

गेयता ने छन्दों के प्रयोग पर भी प्रभाव डाला है। दोहा और चौपाइयों में स्वर का उतार-चढ़ाव देखते ही बनता है। चौपाइयाँ एक-दूसरे से गुँथी हुई हैं और उनकी रचना उस रीतिकालीन परिपाटी पर नहीं हुई जिसमें प्रत्येक छन्द के बाद कवि दर्शकों से वाहवाही की आशा करने लगता है। साधारण दोहों में भी— विशेष रूप से चातक-सम्बन्धी दोहों में—उन्होंने प्रेम की उदात्त अभिव्यक्ति की है।

सुनरे तुलसीदास, प्यास पपीहा प्रेम की।
हरिहरि चारिउ मांस, जो अँचवै जल स्वाति को।।

इसके अलावा बरवै छन्द में उन्होंने अपने हृदय की रागात्मक वृत्ति को बिना किसी सामाजिक निषेध के प्रकट होने दिया है। "बिरह आगि उर ऊपर जब अधिकाइ। ये अँखियाँ दोउ बैरिनि देहिं बुझाइ।" यह एक श्रेष्ठ गायक का

स्वर है। अलंकारों का यहाँ अद्‌भुत प्रयोग हुआ है। चाँदनी से यह कहना कि यह रात नहीं घाम है और "जगत जरत अस लाग मोहिं बिनु राम" अनूठी कल्पना है। अनूठापन तो और कवियों में भी है लेकिन ऐसी मार्मिकता उनमें नहीं है।

उठी सखी हँसि मिसकरि कहि मृदु बैन।
सिय रघुबर के भये उनींदे नैन॥

ऐसी पंक्तियाँ पढ़कर कौन कह सकता है कि तुलसीदास का व्यक्तित्व एक संसार-त्यागी, पलायनवादी कवि का व्यक्तित्व था? मध्यकालीन कवियों में गोस्वामी तुलसीदास ही ऐसे कवि हैं जिनका व्यक्तित्व कविता में उभरकर नहीं आता बल्कि उस पर छा जाता है। वे "विन्ध्य के बासी उदासी" तपस्वियों का परिहास करते हैं कि वे "बिनुनारि दुखारे" हैं। दूसरी तरफ मैं राम का भक्त किसी मनुष्य को सिर नहीं झुकाऊँगा,—यह मनुष्यत्व को उठाने वाली गौरव-भावना उनके छन्दों में बार-बार फूट पड़ती है। "धूत कहौ, अवधूत कहौ, रजपूत कहौ, जुलहा कहौ कोऊ" आदि पंक्तियों में उनका यह विकट चुनौती का स्वर सुनाई पड़ता है। परन्तु उन्होंने समाज में बहुत कष्ट सहा था। बचपन का जीवन सिद्धि-प्राप्त कवि को बार-बार याद आता था। "विनय-पत्रिका" और ' कवितावली" में तुलसीदास के दो चित्र मिलते हैं। एक तो वह जो बाहु-पीड़ा से क्षुब्ध था, काशी निवासियों को महामारी से त्रस्त होकर प्राण गँवाते देखता था और अन्त काल में सहारे के लिए बार-बार अपने देवता से उत्कट आत्म-निवेदन करता था। दूसरा चित्र उस तुलसीदास का है जिसने बचपन में दर-दर ठोकरें खाई हैं, जिसे समाज ने सम्मान नहीं दिया और जो केवल देवत्व और उससे अधिक अपने मनुष्यत्व में विश्वास करके दूसरों को चुनौती देता रहा था। बचपन और प्रौढ़ता के बीच के तुलसीदास हमें दिखाई नहीं देते। उनका भ्रमण, साहित्य की साधना, हृदय के अन्य द्वन्द्व मानो सिद्धि प्राप्त होने पर तिरोहित हो गये हों। परंतु बचपन का वह कष्ट और प्रौढता के समय भी पण्डितों की अवज्ञा वह नहीं भूले। तुलसीदास का वह व्यक्तित्व जिसमें व्यंग्य और हास्यप्रियता के साथ अथाह करुणा और सहानुभूति है, उनकी गेयता का अटूट स्रोत है। उसी स्वांत: से मध्यकालीन बंधनों में जकड़े हुए मनुष्य ने अपनी अभिव्यक्ति का एक नया सन्देश पाया था।

तुलसीदास को छोड़कर दूसरे मध्यकालीन कवियों की गेयता पदों और गीतों में अधिक प्रकट हुई है। सूरदास ने पद रचने में सब को पीछे छोड़ दिया है। गोस्वामी तुलसीदास से भिन्न उनका व्यक्तित्व एक दूसरे रूप में प्रकट हुआ है और वह है तन्मयता। सूरदास का व्यक्तित्व ढूँढ़ना हो तो उसे यशोदा और गोपियों के रूप में ढूँढ़ना होगा। सभी लोग जानते हैं, सूरसागर के पदों का आधार क्या है। परन्तु जिस तरह राम की कथा तुलसीदास के हाथों में क्या से

क्या हो गई है, उसी तरह सूर के हाथों में भागवत के श्लोक बिल्कुल बदल कर एक नया गीतात्मक रूप ले चुके हैं। भागवत तो एक संकेत भर के लिए है; गीतों का रक्त-मांस सूरदास का अपना है।

सूरदास की गीतात्मकता साधारण जीवन के सामान्य शब्दों में प्रकट हुई है। 'मधुकर' शब्द तमाम कवियों की रचनाओं में आ चुका है। इसी तरह 'श्याम' 'चोर' और 'हमारा' शब्दों में भी कोई खास कवित्व नहीं है। परंतु 'मधुकर श्याम हमारे चोर' के शब्द-चयन में सूर ने एक अनूठी व्यंजना पैदा कर दी है। 'हमारे चोर' का प्रयोग एक नया साहसपूर्ण प्रयोग है जिसके लिए साहित्य में कोई परिपाटी नहीं थी। यह कहना कि सूरदास प्रचलित ब्रजभाषा के जानकार थे, उनके लिए कोई बड़ी बात कहना नहीं है। परन्तु रीतिकाल और उत्तर रीतिकाल के जिन सैकड़ों कवियों ने ब्रजभाषा में कविता लिखने का साहस किया है, क्या उनके लिए भी कहा जा सकता है कि वे ब्रजभाषा के जानकार थे ? रीतिकालीन कवियों के हाथ में पड़कर ब्रजभाषा पुस्तकों से सीखी जाने वाली अर्द्ध-शास्त्रीय कृत्रिम भाषा रह गई। सूरदास की भाषा का आधार वह बोल-चाल की ब्रजभाषा है जिसमें आज भी अपूर्व व्यंजना शक्ति विद्यमान है। सूरदास ने इसी को अपना आधार मानकर, परिपाटी का ध्यान न रखकर कविता के लिए सहज स्वाभाविक शब्दावली का प्रयोग किया है।

निरालाजी ने अपने गीतों के बारे में जो लेख लिखा था, उसमें उन्होंने ब्रजभाषा और संस्कृत की प्रकृति का विवेचन भी किया था। 'श' 'ण' 'व' 'ल' ध्वनियों को लेकर उन्होंने बताया था कि ये ब्रजभाषा की प्रकृति के अनुकूल नहीं हैं। 'ल' और 'व' तो कोमल ध्वनियाँ हैं और वे बार-बार मध्यकालीन कवियों की पंक्तियों में मिलेंगी। परन्तु 'श' और 'ण' अवश्य उनके प्रतिकूल हैं। 'स्पर्श' और 'परस' का सा अंतर बार-बार देखने को मिलता है। तद्भव शब्दों का जैसा सुन्दर प्रयोग सूरदास और उनके साथ कुछ अन्य बड़े कवियों ने किया है, वैसा सुन्दर प्रयोग उनका फिर कम हुआ है। ब्रजभाषा का जीवित रूप देखना हो तो आधुनिक काल में ब्रज के जनगीतों की ओर ध्यान देना होगा या फिर सूर की ओर। कुँवर, मैया, सौंह, खरिक, नंदराइ, सुढार, पुहुप, रिस, छमासी, करवत, भैया, कन्हैया, लाला, बधैया, अरबराइ आदि शब्द सूरदास के चार-पाँच पदों में ही आये हैं। इनमें एक भी ऐसा शब्द नहीं है जो ब्रज का होते हुए अवधी में भी न प्रयुक्त होता हो। यह इस बात का प्रमाण है कि जनसाधारण की भाषा में तद्भव और देशज शब्दों की एक बहुत बड़ी समानता और एकता है जो संस्कृत के स्तर पर पाई जाने वाली समानता से बहुत भिन्न है।

सूर ने कुछ कूट पद भी लिखे हैं। बहुत से पद ऐसे हैं जो वर्णनात्मक होकर ही रह गये हैं और जिनमें रस का उद्रेक नहीं हो पाया। यह बात तो और बड़े

कवियों में भी मिलती है। परन्तु उनके श्रेष्ठ गीतों में, जिनकी संख्या बहुत बड़ी है, नाटकीयता और गेयता का जो अद्‌भुत सम्मिश्रण सूर ने कर दिखाया है वह अन्यत्र दुर्लभ है।

देखन दै पिय मदन गोपालहिं।
हा-हा हो पिया पालागत हौं जादू सुनौं बनबेनु रसालहिं।

यहाँ पर गीत का उठान ऐसे नाटकीय ढंग से हुआ है जो पाठक में सहानुभूति के साथ आश्चर्य भी पैदा करता है। गोपी की आतुरता, उसकी विवशता, पारिवारिक जीवन की पराधीनता, परस्पर विरोधी भावों ने उसके हृदय को झकझोर दिया है। दूसरी पंक्ति के "हा-हा हो पिया पालागत हौं" के टुकड़े में गोपी के माध्यम से सूर ने मध्यकालीन नारी की विवशता का चित्रण किया है। इसके बाद वाली पंक्ति में जब वह कहती है—"लकुट लिये काहे को त्रासत," तो यह चित्र और भी पूर्ण बन जाता है। उसका मन तो पहले ही कृष्ण के पास पहुँच गया है, अब प्राण भी वहीं जाना चाहते हैं। नारी पुरुष पर अभियोग लगाती है: तू अपने स्वार्थ-सुख के लिए मेरी खाल लेकर क्या करेगा? जीवन की विषमता की यह जानकारी, पराधीन नारी से यह सहानुभूति सूर की तल्लीनता और उनकी मर्म-स्पर्शिता का रहस्य है। रीतिकालीन कवियों ने इन्हीं राधा और कृष्ण के सम्बन्ध को एक शास्त्र-सम्मत मानसिक व्याभिचार का रूप दे दिया था क्योंकि उनके हृदय में उस सहानुभूति का अभाव था जिसने सूर को महाकवि बनाया था। सूर के शृंगार और देव और बिहारी के शृंगार में आकाश-पाताल का अंतर है। सूर की राधा एक सच्ची नारी है जिसने अपना सर्वस्व कृष्ण को अर्पित कर दिया है। उसकी तमाम क्रियाएँ कहीं भी आभास नहीं देतीं कि वह प्रेम के नैतिक धरातल से नीचे गिरी है। उसकी एकाग्रता और तन्मयता समाज की कृत्रिम नैतिकता को तोड़कर उस वास्तविक नैतिकता को सामने लाती है, जो मनुष्य के व्यक्तित्व को विकसित करके उसके चरित्र को महान् बनाती है।

कृष्ण के वियोग में गोपियों की जो दशा हुई, उसने उनके प्रेम की सचाई को और भी निखार दिया। एक पंक्ति में ही सामाजिक आचार-विचार और मानवी सहानुभूति के द्वन्द्व को सूर ने प्रकट कर दिया। "योग समीर धीर नहिं डोलत रूप डार ढिग लागी।" रूप की कहीं निन्दा नहीं की गई और न उसे इसीलिए ऊँची बताया गया है कि वह देवता का रूप है। इस रूप से मनुष्य की कोमलतम भावनाओं का सम्बन्ध है, इसीलिए वह इतना आकर्षक है और गीत में ऐसे संगीत की सृष्टि करता है। "नैना अब लागे पछितान", "बिनु गुपाल बैरिनि भई कुंजें","निसिदिन बरखत नैन हमारे" "दरस बिन दूखन लागे नैन", "अँखियाँ हरि दरसन की प्यासी", "बहुरि-बन बोलन लागे मोर"—आदि गीतों में स्वतः स्फुरित गेयता

देखते ही बनती है। कई शताब्दियों से जन-साधारण ने इन्हें गा-गाकर यह सिद्ध कर दिया है कि पुराने प्रतीकों के बावजूद जो बात कही गई है, वह धार्मिक या आध्यात्मिक स्तर की नहीं वरन् मनुष्य के व्यवहार-जगत् की है।

मध्यकालीन निषेधों के प्रति नारी का प्रबल विद्रोह मीरा के पदों में मिलता है। उनमें एक ऐसा उद्वेग है जो धैर्य रखने में असमर्थ है और जो कृत्रिम नैतिकता की सीमाओं को एक-बारगी ही तोड़ देना चाहता है। "मीरा गिरधर हाथ बिकानी लोग कहैं बिगरी।" द्वन्द्व की सृष्टि वहीं से होती है। नारी गृहलक्ष्मी थी, उमा और सरस्वती का अवतार थी। परन्तु यह तभी तक जब तक वह अपनी इच्छा से किसी को अपना हृदय समर्पित करना न चाहे। किसी के हाथ बिकने की कल्पना करते ही समाज की दृष्टि में वह बिगड़ जाती थी। लेकिन मीरा ने हृदय की किस सरलता से कहा है—"आली री मेरे नैंनन बान पड़ी।" नैंनों की इस बान को त्याज्य न बनाकर मीरा ने मध्यकालीन समाज के विवश प्रेमी-हृदय को आश्वासन दिया। मीरा में सरलता है परन्तु उसके साथ एक चुनौती भी है। "तेरा कोई नहीं रोकनहार मगन होय मीरा चली"—इस तरह की पंक्तियाँ सामाजिक विरोध से टक्कर लेकर निकली हैं, ऐसी बात नहीं है कि रोकनेवालों को मीरा ने कल्पित कर लिया हो और इस तरह अपने गीत को एक नाटकीय पुट दे दिया हो। चुनौती के साथ जहाँ-तहाँ नैतिकता के बन्धनों से पैदा होने वाली वेदना का आभास भी मिलता है, "सखी री लाज बैरिन भई"। ये नैतिक बन्धन जितने कठोर हैं, हृदय में प्रेम की प्यास उतनी ही तीव्र है। मध्यकालीन नारी की इस सहज उत्कण्ठा को मीरा से अधिक किसने व्यक्त किया है—

ऐसे पिया जान न दीजै हो।
चलो री सखी मिलि राखिकै नैना रस पीजै हो।

यदि यह उत्कण्ठा इस निर्बन्ध रूप में प्रकट न होती तो मीरा के पदों में वह गेयता भी न आ पाती जिसने डगर की भिखारिन मीरा को भारतीय काव्य-साहित्य के सिंहासन पर बिठा दिया।

मध्यकालीन भारत में आलम, रसखान, रहीम आदि मुसलमान कवियों ने प्रेम कविता की इस परम्परा को ऐसे अपना लिया कि हिन्दी साहित्य से अब उन्हें कोई प्रयास करके भी नहीं निकाल सकता। इसका कारण यह नहीं था कि उन्हें मुसलमान देवता अच्छे न लगते थे और हिन्दू देवताओं से मोह हो गया था। देवता जब तक मानवीय गुणों से दूर रहकर अपने देवत्व पर घमण्ड किये बैठे रहते हैं, तब तक कवि उनकी बात नहीं पूछता। जब वे मानवीय गुणों और अवगुणों के भी प्रतीक बनकर कवि-कल्पना में आते हैं, तभी साहित्य में उनकी प्रतिष्ठा होती है। प्रेम की इस परम्परा में हिन्दू और मुसलमान दोनों शामिल

हुए, इसका कारण यह था कि मध्यकालीन भारत में हिन्दू और मुसलमान दोनों ही भयानक निषेधों से पीड़ित थे। दोनों के श्रेष्ठ गायक प्रेम की भूमि पर एक-दूसरे से मिलने-जुलने के लिए उत्सुक थे। यह उत्सुकता रहीम, रसखान और जायसी जैसे लोगों को इस ओर खींच लाई। जायसी के प्रतीक दूसरे हैं, रसखान के दूसरे हैं, परंतु दोनों की भावभूमि एक है।

रसखान ने अपने बारे में लिखा है—

देखि गदरहित साहिबी, दिल्ली नगर मसान।
छिनहिं बादसा बंस की, ठसक छाँड़ि रसखान॥
तोरि मानिनी ते हियो, फोरि मोहिनी मान।
प्रेम देवकी छबिहिं लखि, भये मियाँ रसखान॥

ये पंक्तियाँ बताती हैं कि अपने मानस की मुक्ति के लिए "बादसा बंस की ठसक" छोड़ना रसखान के लिए क्यों आवश्यक हुआ। "प्रेमदेव की छबि" देखते ही वह बदल कर रसखान बन गए। जब मीरा और तुलसी पर लोग उँगली उठा सकते थे तो इसकी कल्पना की जा सकती है कि रसखान जैसे कवियों ने प्रेमदेव की उपासना करके मुस्लिम समाज में कितना विरोध सहन किया होगा। इसके लिए जीवट और सच्ची मनुष्यता की जरूरत थी। मध्यकालीन मुसलमान कवियों में ये दोनों बातें थीं जिनके बल पर उन्होंने हिन्दुओं और मुसलमानों का एक अटूट सांस्कृतिक भाई-चारा स्थापित किया था।

हिन्दुस्तान में, विशेष रूप से संयुक्त प्रांत में, अब भी लाखों हिंदू-मुसलमान ऐसे हैं जिनके घरों में विवाह आदि अवसरों पर एक से ही गीत गाये जाते हैं। जनता के इन मिले-जुले गीतों की भूमि पर कबीर ने अपने पदों की रचना की थी। यह पुष्ट आधार मिलने पर ही उनमें यह साहस हुआ कि हिन्दुओं और मुसलमानों के अंधविश्वासों को वे एक साथ चुनौती दे सके। हम जनगीतों और साधारण जनता की उन मिली-जुली परम्पराओं को भूल जाते हैं, जो कबीर के गीतों का आधार हैं, तभी इस तरह की बातें कहते हैं। कबीर जाति प्रथा और धार्मिक भेद-भाव दोनों के ही विरोधी थे। लेकिन क्या यह समझते देर लगती है कि इन बंधनों को तोड़कर उन्होंने मनुष्य को उसके सच्चे रूप में प्रतिष्ठित करना ही अपनी कविता का लक्ष्य बनाया है? मानवता की यह प्रतिष्ठा अन्य कवियों ने अपने ढंग से की है, कबीर ने अपने ढंग से। रहीम कहते हैं—

कहा करौं बैकुण्ठ लै, कल्प वृक्ष की छाँह।
रहिमन ढाक सुहावनो, जो पीतम गल बाँह॥

सामाजिक निषेध के परे प्रेम की प्रतिष्ठा सूर और रसखान आदि का मार्ग है।

कबीर ने सीधा ग्राक्रमण किया, निषेधों का खंडन किया ग्रौर निर्गुण सत्ता की उपासना द्वारा मनुष्यत्व की प्रतिष्ठा की। लक्ष्य दोनों का एक ही था।

मध्यकालीन हिन्दी कविता एक विशाल सागर है जिसकी सबसे बड़ी तरंगें संत कवियों की बानी हैं। इस सागर की सीमाएँ हैं, लहरों में परस्पर विरोध भी है, फिर भी हिन्दी भाषा के उस स्वर्ण युग में इन कवियों ने प्रेम ग्रौर सहानुभूति की स्थापना करके सामाजिक बंधनों से मनुष्य को मुक्ति दी। यही उनकी गेयता का सबसे बड़ा ग्राधार है जो ग्राज भी उनकी रचनाग्रों को लोकप्रिय बनाए हुए है।

1947

संत कवि और रवीन्द्रनाथ

'वैष्णव कविता' में महाकवि पूछते हैं—"वैष्णव कवियों का गीत क्या बैकुंठ के लिए ही है ?" उन्हें विश्वास नहीं होता कि इस प्रेम संगीत का कोई भौतिक ग्राधार नहीं था। केवल देवता की कल्पना से मनुष्य के हृदय से प्रेम का ऐसा निर्झर नहीं फूट सकता। इसलिए वे फिर पूछते हैं—"यह विरह-तापित प्रेमगान तुमने कहाँ सीखा ग्रौर किसकी ग्राँखें देखकर तुमने राधा के ग्रश्रु-विह्वल नयनों की कल्पना की ?" इसका उत्तर जो भी हो, महाकवि को इसमें संदेह नहीं था कि वैष्णव कविता में प्रेमतत्त्व खोजकर साधारण नर-नारी उसके साथ कोई ग्रन्याय नहीं करते। जब ये लोग देखते हैं कि उनके घर के पास से ग्रमृत की सरिता बही जा रही है तब वे दौड़-दौड़कर उसमें से यथाशक्ति ग्रपने कलश भर लेते हैं।

मध्यकालीन भारत में संत कवियों की बानी ग्रभूतपूर्व गेयता के साथ विभिन्न भाषाग्रों में फूट पड़ी थी। संस्कृत के वर्णिक वृत्त छोड़कर लोक भाषाग्रों की सहज वृत्ति के ग्रनुकूल नये-नये छन्दों, ग्रनूठे ग्रलंकारों से सजकर यह कविता जनता के सामने ग्राई। दरबारी ग्राचार्यों के लक्षण-ग्रंथों का रूखापन इसे कहीं छू न गया था। सदियों के सामंती शासन की शिला के नीचे जनसाधारण की सहृदयता का जल सिमट रहा था; संतकवियों की बानी के रूप में वह ग्रचानक फूट पड़ा ग्रौर उसने समूचे भारत को रससिक्त कर दिया। रवीन्द्रनाथ पर वैष्णव कवियों का बहुत गहरा प्रभाव पड़ा है। ग्रपने निबंधों में उन्होंने इन कवियों की बार-बार चर्चा की है। इससे भी ग्रधिक, पुरानी कविता के छंद, ग्रलंकार, शब्द-चयन ग्रादि-ग्रादि का ज्ञात-ग्रज्ञात रूप से उनकी रचनाग्रों पर यथेष्ट प्रभाव पड़ा है। भानुसिंह ठाकुर के नाम से उन्होंने पद भी लिख डाले थे जिनका रूप ग्रौर मर्म बंगाल के वैष्णव कवियों जैसा है। एक गीत का ग्रंतिम ग्रंश इस प्रकार है—

गगन सघन अब, तिमिर मगन भव,
तड़ित चकित अति, घोर मेघ रव,
शाल ताल तरु समय तबध सब,
पंथ बिजन अतिघोर,
एकलि जाओब तुझ अभिसारे,
जाको पिया तुहुँ की भय ताहारे,
भय बाधा सब अभय मूरति धरि,
पंथ देखाओब मोर।

भानुसिंह कहे, छिये छिये राधा,
चंचल हृदय तोहारि,
माधव पहु मम पिय स मरन सें
अब तुहुँ देख बिचारि !

इस तरह के छंद वही लिख सकता था जिसके मनप्राण में वैष्णव कविता बिल्कुल रम गयी हो। वैष्णव कवियों में प्रेम की वास्तविक वेदना झलकती है जो रीति-कालीन परम्परा में बनावटी अलंकारों के नीचे दब गयी थी। भय बाधाएँ स्वयं अभय मूर्ति धारण करके रास्ता दिखायेंगी, इस तरह की कल्पनाएँ चंडीदास, गोविंददास, ज्ञानदास आदि कवियों में भरी पड़ी हैं। महाकवि ने इन गायकों से गेयता और मार्मिकता के साथ सौंदर्य की अनूठी कल्पनाएँ भी अपनाई हैं। गोविंददास ने लिखा था—

ढल ढल काँचा अंगेर लावनि
अवनि बहिया जाय।

महाकवि ने "विजयनी" के सौंदर्य का वर्णन करते हुए यौवन की तरंगों को लावण्य के मायामंत्र से बंदी बना दिया है।

अंगे अंगे यौवनेर तरंग उच्छल
लावण्येर माया मंत्रे स्थिर अचंचल
बन्दी होये आछे।

इसके अलावा "गगन सघन", "तड़ित चकित", "शाल ताल" आदि शब्दों के आवर्त्त महाकवि ने अपनी काव्य सरिता में भी उठाये हैं। रामचरितमानस के पाठक जानते हैं कि गोस्वामी तुलसीदास इस आवर्त्त-सौंदर्य के श्रेष्ठ पारखी थे। 'तरुण अरुण बारिज नयन' या 'केहि हेतु रानि रिसानि परसत पानि पतिहि निवारई' आदि में यह शब्दों की लपेट देखी जा सकती है। रवीन्द्रनाथ की

नाटकीय कविताओं में जहाँ स्वर उदात्त हो गया है, जैसे "भाषा और छंद" में, इस तरह के आवर्त्त पंक्तियों में एक नयी गठन, एक नया बल पैदा कर देते हैं। उनके गीतों से भी कभी-कभी यह आभास मिलता है कि भाषा के थोड़े हेर-फेर से फिर कोई वैष्णव कवि गा रहा है। बड़ी कविताओं में, जहाँ वर्णन की प्रधानता है, शैली संस्कृत-बहुल हो जाती है, परंतु गीतों में वैष्णव कवियों की सी ललित और सरस शब्दावली ही मिलती है। जैसे आषाढ़ पर इस गीत में—

नील नव घने आषाढ़ गगने
तिल ठाँइ आर नाहि रे।
ओगो आज तोरा जास्‌ने घरेर
बाहिरे।
बादलेर धारा झरे झर झर,
आउषेर खेत जले भर भर
कालि-माखा मेघे ओ पार आधार
घनियेछे, देख चाहिरे।
ओगो आज तोरा जास्‌ने घरेर
बाहिरे।

इस तरह की गेयता का प्रथम परिचय वैष्णव कविता में ही मिलता है।

हिन्दी के संत कवियों पर महाकवि का एक प्रसिद्ध लेख पहले "प्रवासी" में, और फिर श्री क्षितिमोहन सेन द्वारा सम्पादित दादू ग्रंथावली की भूमिका के रूप में, प्रकाशित हुआ है। उसमें उन्होंने साहित्य और रस, विशेष रूप से मर्मी-कवियों के रस पर बड़ी महत्त्वपूर्ण बातें कही हैं। अपने समय की नयी हिन्दी कविता से पुरानी सन्त-बानी की तुलना करते हुए उन्होंने बताया है कि एक में कौशल ज़्यादा है लेकिन दूसरी में स्वाभाविक दर्द है। कौशल तो बाहरी है लेकिन रस सत्य का ही प्रकाश है। जिस कविता में सत्य अपने सहज वेश में प्रकट होता है, वही अमर होती है और उस पर काल का दाग नहीं पड़ता। पुरानी बँगला कविता से हिन्दी की सन्त बानी की तुलना करते हुए उन्होंने बताया है कि बँगला साहित्य में ऐसी कविता थोड़ी ही है जिसके बारे में प्राचीन हिन्दी कविता की तरह कहा जा सके कि वह सदा के लिए नवीन है। संत कवियों पर श्री क्षितिमोहन सेन के कार्य का उल्लेख करते हुए उन्होंने लिखा—"आज आमार मने संदेह नेई जे, हिन्दी भाषाए एकदा जे गीत साहित्येर आविर्भाव होये छे, तार गलाय अमर-सभार बर माल्य।"

संत कवियों की ऐतिहासिक पृष्ठभूमि पर दृष्टि डालते हुए कवि ने देखा कि उनकी बानी उस समय की सामाजिक रूढ़ियों के प्रति एक विद्रोह थी। उन्होंने लिखा है कि ये संत प्रायः सभी अंत्यज थे या समाज के निम्न वर्गों में उत्पन्न हुए

थे। पण्डितों के बनाये हुए शास्त्र और नियम उनके लिए कठिन थे। यह बाहरी आडम्बर छोड़कर उन्होंने मानव-हृदय की सहज प्रेम-भावना का आश्रय लिया था। महाकवि ने उन भक्तों पर व्यंग्य किया है जो ईश्वर के नाम पर एक-दूसरे की जान के गाहक बन जाते हैं। मर्मी कवियों का ईश्वर सरकारी ईश्वर नहीं था। सरकारी ईश्वर के दाहनी तरफ स्वर्ग है, बायीं तरफ नरक। सख्त हुक्म देकर यह ईश्वर संसार पर हुकूमत करता है। उसके गौरव का प्रचार करने के लिए पृथ्वी को रक्त से भिगो दिया जाता है—"जार गौरव प्रचार करबार जन्ये पृथिवीके रक्ते-भासिये दिते होय, जार नाम करे मानव समाजे एत भेद विच्छेद परस्परेर प्रति एत अवज्ञा, एत अत्याचार" —ऐसा ईश्वर हिन्दी के मर्मी कवियों का नहीं था। उन्होंने धर्म की रूढ़ियों का उल्लंघन किया था। उन्होंने अपने प्रेम के अश्रु-जल से देवता के आँगन से रक्तपात की कलंक रेखा धो डाली थी। इनके गीत दूर-दूर के गाँवों में एकतारे पर सुनाई देते हैं और वह तार भारतवर्ष की एकता का तार है। भेद-बुद्धि उनके पास नहीं फटकती। समाज के कर्णधारों की अवज्ञा के बावजूद उनकी अमर वाणी आज भी सर्वत्र गूँज रही है।

भारत की साम्प्रदायिक कलह का सूत्रपात महाकवि के जीवन में ही हो गया था। यदि आज वे जीवित होते तो उनकी क्या दशा होती, यह कल्पना में भी नहीं आता। साम्प्रदायिक द्वेष, ऊँच-नीच का भेदभाव, शास्त्रों का आडम्बर, ये सब बातें उनसे कोसों दूर थीं। भारतीय समाज को जातियों (कास्ट) और श्रेणियों में बँटा हुआ देखकर उन्हें हार्दिक क्षोभ होता था। इस विभाजन के बीच भारत के मर्म की वाणी उन्हें हिन्दू, मुस्लिम, ब्राह्मण और अंत्यज संत कवियों में सुनाई देती थी। यह एकता की वाणी थी। महाकवि ने लिखा है कि जो भारत के श्रेष्ठ पुरुष हैं, वे मनुष्यों में परस्पर भेद नहीं करते बल्कि उनके हृदयों के बीच "सेतु-निर्माण" करते हैं। हमारे समाज का बाहरी आचार परस्पर भेद और विद्वेष बढ़ाता है। इसीलिए भारत की श्रेष्ठ साधना इसी में है कि बाह्य आचार का अतिक्रमण कर हम मनुष्य के आंतरिक सत्य को स्वीकार करें। जैसे पत्थर से झरने का पानी टकराता है, वैसे ही एकता की साधना बाहरी आचार भेद-विद्वेष से टकराती है। जिन्होंने अपने छन्दों में भारतीय जनता और मनुष्य मात्र की एकता को मुखरित किया है, वही सच्चे भारतीय हैं— "ताराइ छिलेन यथार्थ भारतीय, केन ना ताराइ बाहिरेर कोनो सुविधा थेके नय, अंतरेर आत्मीयता थेके हिन्दूके मुसलमान के एक करे जेने छिलेन।" आजकल भारतीय संस्कृति की बात बहुत सुनाई देती है। जो लोग इस संस्कृति को केवल हिन्दुओं की बनाई हुई समझते हैं और उसकी सार्थकता इसी में समझते हैं कि मुसलमानों के प्रति घृणा पैदा की जाय, वे रवीन्द्रनाथ के इन शब्दों पर विचार करें और तय करें कि वे स्वयं कितने भारतीय हैं। यदि मध्यकाल में संत कवियों की, और इस युग में रवीन्द्रनाथ की, संस्कृति

भारतीय नहीं है तो भारतीय संस्कृति कहकर कोई चीज़ नहीं है। इस संस्कृति का मनुष्य के लिए यदि कोई सन्देश है तो वह यही है कि मनुष्यमात्र समान हैं और उनका परस्पर भेद, विद्वेष और विभाजन अस्वाभाविक है। महाकवि ने लिखा है कि मर्मी कवियों को अभारतीय कहने की वही स्पर्द्धा करेगा जो पच्छिमी विद्या छोड़कर दूसरी विद्या जानता नहीं है। "कबीर, नानक, दादू भारतेर जे सत्य साधनाके वहन करे छिलेन, आज सेइ साधनार प्रवाह अमादेर प्राणेर क्षेत्र परित्याग करेछे। भारत चित्तेर प्रकाशेर पथ उद्घाटित होबे।" महाकवि ने यह भविष्यवाणी यों ही भावुकता के आवेश में न कर दी थी। वे जानते थे कि भेद करने वाली बातों से प्रेम और एकता की शक्ति सबल है। भारत की उदार संस्कृति कबीर, नानक और दादू जैसे संतों में प्रकट हुई है। वही संस्कृति रवीन्द्रनाथ के जागरण का नया आलोक बन गयी है। हमें बार-बार इस बात पर विचार करना है कि इन महान् कवियों ने जो कुछ लिखा है, वह क्या इसलिए कि हम उनके प्यारे देश की धरती को रक्त में डुबो दें। भारतीय संस्कृति का नाम लेना और उसके सहारे हत्या, युद्ध और हिंसा की तैयारी करना भारतीयता और इन महाकवियों की वाणी का अपमान करना है। भारतीय जनता से के हृदय एकता की भावना मिट नहीं गई। सैकड़ों साल से नानक, कबीर और दादू की जो सन्तान एक साथ रहती आई है, उसे कूटनीति की तलवार इतनी जल्दी काट नहीं सकती। साधारण जनता हथियार-बन्द लुटेरों से कुछ देर के लिए आतंकित भले हो जाय, उसका हृदय अब भी वही है। आज रवीन्द्रनाथ के उन शब्दों को स्मरण करके भारतीय संस्कृति और स्वाधीनता आन्दोलन के उच्च आदर्शों पर हमारा विश्वास और दृढ़ हो जाता है। उन्होंने लिखा था कि सूखे मरुस्थल के नीचे जैसे जल का स्रोत बहता है, वैसे ही मर्मी कवियों की वाणी का स्रोत समाज के अगोचर स्तर में बहता है। मरुस्थल के रूखेपन को दूर करने का उपाय उसी प्राणमयी धारा में है। उस धारा को साहित्य में प्रतिष्ठित करना हमारा कर्त्तव्य है। आग को आग से नहीं बुझाया जा सकता।

हिन्दी भाषा के जिस गीत-साहित्य के गले में रवीन्द्रनाथ के अनुसार अमर-सभा की वरमाला पड़ी थी, उसे हम आज रक्त में भीगी हुई कटार पहना रहे हैं। इसी भारत-भूमि की यज्ञशाला में द्वेष की आहुति दे दी गयी थी; उसी यज्ञशाला में दुःख की रक्तशिखा उठती है। वह दुःसह व्यथा सहनी पड़ेगी परन्तु उसका भी अन्त होगा। यह भारत महामानव सागर जैसा पहले था, वैसा ही शान्त फिर बनेगा। 'भारततीर्थ' कविता में रवीन्द्रनाथ ने यही सब लिखा था—

सेइ होमानले केनो आजि ज्वले
दुखेर रक्त शिखा,

होबे ता सहिते मर्मे दहिते
आछे से भाग्ये लिखा।
ऐ दुख वहन करो मोर मन,
शोनो रे एकेर डाक।
जेतो लाज भय करो करो जय
अपमान दूरे जाक।
दुःसह व्यथा होये अवसान
जन्म लभिबे को विशाल प्राण!
पोहाय रजनी जागिछे जननी
विपुल नीड़े
एइ भारतेर महामानवेर
सागर तीरे।

जैसे रवीन्द्रनाथ के महामानव हृदय ने भारत-सागर की एकता का स्वर सुना था और उसे सुनते हुए दुःख और अपमान सब सह लिया था, उसी तरह भारत की जनता अपनी एकता के स्वर को सुनती हुई रक्तपात और अराजकता की यह रात भी काट देगी।

1947

काम, क्रोध, मद, लोभ और तुलसीदास

काम, क्रोध, मद, लोभ, इन चार शत्रुओं से सभी भक्त कवि लड़े हैं, गोस्वामी तुलसीदास जब इनसे लड़ते हैं तब इनकी जड़ काटने के लिए नहीं बल्कि इन्हें मर्यादित करने के लिए। अपनी सीमाएँ लाँघकर यही मनोविकार मनुष्य के पतन का कारण बन जाते हैं। सीमाओं में रहकर ये मनुष्य के विकास का साधन बनते हैं। गोस्वामीजी जिस तरह के नैतिक मूल्यों का निर्माण कर रहे थे उनमें उनका पूर्ण त्याग नहीं था, न उनकी पूर्ण स्वीकृति थी। मर्यादा में बँधकर ही वे नैतिक मूल्य बनते थे।

उदाहरण के लिए काम को ही लीजिए। रामचरितमानस में रावण एक ऐसा पात्र है जिसने काम की मर्यादा का अस्वीकार किया है। उसी की तरह शूर्पणखा ने भी काम की मर्यादा को तोड़ा था। गोस्वामी तुलसीदास की सहानुभूति इन पात्रों के साथ नहीं है। कवि और न्यायाधीश के रूप में वह इन्हें दंड देते हैं। दूसरी तरफ नारद हैं जिन्हें अपने ब्रह्मचर्य पर घमंड हो गया है। यह उन पात्रों में हैं जिन्होंने काम को पूरी तरह त्याग दिया है। यही नारद काम के फेरे में ऐसे पड़ते हैं कि उनकी जग-हँसाई होती है और वह कहने लगते हैं—

"जप-तप कछु न होय तेहि काला। हे विधि मिलै कवन विधि बाला।।"

लेकिन जब उस बाला ने नारद का रूप देखा तो रीझने के बदले वह उनसे और खीझ उठी।

"मर्कट बदन भयंकर देही। देखत हृदय क्रोध भा तेही।"

नारद-मोह का वर्णन करके तुलसीदास ने दिखा दिया है कि जो लोग काम को पूरी तरह त्यागने का गर्व करते हैं, वे भी समाज की मर्यादा तोड़ते हैं।

नारद से मिलते-जुलते विन्ध्याचल के वे तपस्वी हैं जो स्त्रियों के अभाव में बहुत दुखी रहते हैं, और अहिल्या की कथा सुनकर बहुत प्रसन्न होते हैं कि राम के

चरण-स्पर्श से बहुत-सी शिलायें सुन्दर स्त्रियाँ बन जायेंगी और इस तरह उनका अभाव दूर हो जायगा। इसके बारे में गोस्वामीजी ने लिखा था—

"विन्ध्य के वासी उदासी तपोव्रतधारी महा बिनु नारी दुखारे।
गौतम तीय तरी तुलसी सो कथा सुनि भै मुनि बृन्द सुखारे॥
ह्वै हैं सिला सब चन्द्रमुखी परसे पद मंजुल कंज तिहारे।
कीन्हीं भली रघुनायक जू करुना करि कानन को पगु धारे॥"

इन संसार-त्यागियों के विपरीत गोस्वामी तुलसीदास के आदर्श पात्र सांसारिक कामों में भाग लेते हैं, वे समाज के सामने एक मर्यादा स्थिर करते हैं, वैराग्य लेने का उपदेश नहीं देते। रामचन्द्र जब पुष्पवाटिका में सीता के कंकनों और नूपुरों का शब्द सुनते हैं, तब उन्हें वह शब्द मदन की दुन्दुभी जैसा लगता है। ऐसा कवि जो मदन को अपना पूर्ण शत्रु समझता, इस तरह पंक्तियाँ कैसे लिखता—

"कंकन किंकिनि नूपुर धुनि सुनि। कहत लखन सुन राम हृदय गुनि॥
मानहु मदन दुन्दुभी दीन्हीं। मनसा विश्व विजय चह कीन्हीं॥"

राम ने मदन-दुन्दुभी ही नहीं सुनी, सीता को पाने के लिए उनके मन में लोभ भी पैदा हुआ।

"करत बतकही अनुज सन, मन सिय रूप लुभान।
मुख सरोज मकरन्द छवि, करै मधुप इव पान॥"

यहाँ पर काम और लोभ दोनों अपनी मर्यादा में बँधे हुए हैं, और इस तरह जनता के हित के लिए वे नैतिक मूल्य बनकर सामने आते हैं।

गोस्वामी तुलसीदास रावण में मद की अतिशयता दिखलाते हैं, उसमें इतना मद हो गया कि उसे यथार्थ का ज्ञान नहीं रह गया। परशुराम को अपने बल का मद हो गया है, कई बार क्षत्रियों का नाश करने के कारण वह अपने को सबसे बड़ा योद्धा मानने लगे हैं। इनके विपरीत राम को भी अपनी वीरता पर गर्व है लेकिन वह गर्व सीमायें नहीं लाँघता, राम नम्रता, लेकिन दृढ़ता से परशुराम को चेतावनी देते हैं—

"देव-दनुज भूपति भट नाना। सम बल अधिक होउ बलवाना॥
जौं रन हमहिं प्रचारै कोऊ। लरहिं सुखेन काल किन होऊ॥"

तुलसी के राम ऐसे नम्र नहीं हैं, कि दूसरा ललकारता रहे, और वह मुँह न खोलें।

व्यर्थ का पांडित्य दिखानेवालों को ध्यान में रखकर उन्होंने रामचरित-

मानस में भी लिखा था—

"द्विज श्रुति वंचक भूप प्रजासन। कोउ नहि मान निगम अनुसासन।।
मारग सोइ जा कहुँ जो भावा। पंडित सोइ जो गाल बजावा।।
मिथ्यारंभ दंभ रत जोई। ता कहुँ संत कहइ सब कोई।।"

कहना न होगा ऐसे सन्तों का खंडन करके गोस्वामीजी ने सच्चे ज्ञान के लिए मार्ग प्रशस्त किया, और उन लोगों का काम आसान कर दिया, जो साहित्य की रचना विश्व-कल्याण के लिए करते थे। जैसा कि उन्होंने स्वयं भी कहा था—

"कीरति भनिति भूति भलि सोई। सुरसरि सम सब कहुँ हित होई।।"

रामचरित मानस में परशुराम क्रोध के अवतार हैं, उनके क्रोध से हास्य-रस की सृष्टि भी खूब होती है। गोस्वामीजी ने क्रोध की अतिशयता को हास्यास्पद दिखलाया है। लेकिन वह सभी तरह के क्रोध के विरोधी नहीं हैं। रामचरित-मानस में लक्ष्मण बहुत ही लोकप्रिय पात्र हैं। नवयुवकों को उनका चरित्र विशेष रूप से प्रिय है। समुद्र पार करने के लिए जब राम ने उससे विनय करने की ठानी तब लक्ष्मण को उनका यह विचार पसन्द न आया। राम ने उसका तर्क सुनकर कहा कि करूँगा वही जो तुम कहते हो; लेकिन पहिले धैर्य से काम लो। गोस्वामी जी लिखते हैं—

"मंत्र न यह लछमन मन भावा। रामबचन सुनि अति दुख पावा।।
नाथ देव कर कवन भरोसा। सोखिय सिन्धु करिय मन रोसा।।
कादर मन कहुँ एकअधारा। दैव दैव आलसी पुकारा।।
सुनत विहँसि बोले रघुबीरा। ऐसइ करब धरहु मन धीरा।।"

अपने वचन के अनुसार राम ने समुद्र के साथ वैसा ही व्यवहार किया, जैसा लक्ष्मण चाहते थे।

"विनय न मानत जलधि जड़, गए तीन दिन बीति।
बोले राम सकोप तब, भय बिनु होय न प्रीति।"

इस तरह राम ने कोप की, क्रोध की, यह मर्यादा बाँधी, उसका बहिष्कार नहीं किया।

रामचरितमानस के पात्रों द्वारा गोस्वामी तुलसीदास ने जिन नैतिक मूल्यों की स्थापना की है वे जनता का मनोबल दृढ़ करनेवाले थे, उसे संघर्ष के रास्ते पर आगे बढ़ानेवाले थे। कई हजार साल से हिन्दुस्तान के लोगों को यह मंत्र सिखाया गया था, कि यह संसार मिथ्या है। वैराग्य और योग से सत्य के दर्शन होते हैं।

काम, क्रोध, मद, लोभ मनुष्य के सबसे बड़े शत्रु हैं। गोस्वामीजी ने इसके विपरीत ऐसा दृष्टिकोण रखा, जिसमें सांसारिक जीवन के लिए जगह थी, जिसमें जनता के आये दिन के जीवन में काम आनेवाले नैतिक मूल्यों की स्थापना थी, इन मूल्यों को लेकर जनता संघर्ष के मार्ग पर बढ़ सकती थी। इस तरह गोस्वामीजी ने नैतिक धरातल पर लोकसंघर्ष का समर्थन किया। इस बात को सभी लोग जानते हैं कि उस समय का पंडित-वर्ग गोस्वामीजी की जाति-पाँति को लेकर बड़ा चवाव करता था, इसी पर क्षुब्ध होकर उन्हें ललकारते हुए उन्होंने कहा था—

"धूत कहो अवधूत कहो, रजपूत कहो जुलहा कहो कोऊ,
काहू की बेटी सों बेटा न व्याहब काहू की जाति बिगार न सोऊ।"

हिन्दी-साहित्य के कई आलोचकों ने इस बात पर ध्यान दिया है कि रामचरितमानस में जो कलिकाल का वर्णन है, वह काल्पनिक नहीं है।

"कलि बारहिं बार दुकाल परैं। बिनु अन्न दुखी सब लोग मरैं।"

यह दुकाल के विचार गोस्वामीजी के मन में उठे कैसे? अगर सारी जनता सुखी और समृद्ध थी तो गोस्वामीजी कलिकाल में यानी अपने जमाने में अकाल और भुखमरी का वर्णन क्यों कर रहे थे? काकभुशुण्डि अयोध्या छोड़कर परदेश जाने की बात वैसे ही करते हैं जैसे कभी-कभी किसानों को हम आज भी करते सुनते हैं।

"तेहि कलिकाल बरष बहु, बसेउँ अवध विहगेस।
परेउ दुकाल विपत्तिबस, तब मैं गयेउँ विदेस।"

कलिकाल और काकभुशुण्डि के प्रतीकों के अलावा भी कवितावली और विनयपत्रिका में गोस्वामीजी जब अपने कष्टों का वर्णन करते हैं तब भी उस समय की लोकदशा का पता चलता है। कुछ कवित्तों में उन्होंने अपनी बात न कर सीधे-सीधे लोक की बात कही है। देश-देश का ऐसा मर्मस्पर्शी वर्णन उस समय के और किसी कवि के यहाँ नहीं मिलता।

"खेती न किसान को भिखारी को न भीख बलि,
बनिक को बनिज न चाकर को चाकरी।
जीविकाविहीन लोग सीध मान सोच बस
कहैं एक एकन सों कहाँ जाई का करी।
वेद हूँ पुरान कही लोकहूँ विलोकियत
साँकरे समै पै राम रावरे कृपा करी।

वारिद दसानन दबाई दुनी दीनबन्धु
दुरित दहन देखि तुलसी हहा करी।"

इस छन्द में गोस्वामीजी ने दरिद्रता को रावण कहा है और दिखलाया है कि यह रावण सिर्फ उन्हें या किसी एक व्यक्ति को नहीं सताता वरन् सारी दुनिया को दबाये हुए है। इस दशा के लिए शासक-वर्ग की जितनी जिम्मेदारी है गोस्वामी जी उसे खुले शब्दों में कहते हैं। कलिकाल के वर्णन में वर्तमान और भविष्य को देखनेवाले की तरह वे कहते हैं—

"नृप पाप परायन धर्म नहीं। करि दंड विडंब प्रजा नित ही॥"

प्रजा पालने का धर्म तो राजा भूल गये हैं, वह डरा-धमका कर प्रजा को वश में रखते हैं, लेकिन गोस्वामीजी इनके डराने-धमकाने से डरनेवाले नहीं। वह भविष्यवाणी करते हैं कि प्रजा को सतानेवाले इन तमाम रावणों का नाश होगा।

"राज करत बिनु काज ही, करें कुचालि कुसाज।
तुलसी ते दसकंध ज्यों, जइहैं बारह बाट॥"

इनके बदले वह ऐसे राज्य की कल्पना करते हैं जिसमें दरिद्रता न हो, मोक्ष और स्वर्ग पर किसी का इजारा न हो।

"राम भगति रत नर अरु नारी। सकल परम गति के अधिकारी॥
अल्प मृत्यु नहिं कवनिउ पीरा। सब सुन्दर सब बिरुज सरीरा॥
नहि दरिद्र कोउ दुखी न दीना। नहिं कोउ अबुध न लच्छनहीना॥"

और यह समता की व्यवस्था विज्ञान से रची जाती है—

"बिनु विज्ञान कि समता आवै। कोउ अवकास कि नभ बिनु पावै॥"

इस तरह न्याय और समता की व्यवस्था का आदर्श सामने रखकर गोस्वामी जी ने लोकसंघर्ष की प्रेरणा दी, जनता से कहा कि दरिद्रता के रावण का नाश होगा और उसके बदले यह सुख और समृद्धि की व्यवस्था तुम्हें इसी संसार में मिलेगी, अवध के जनपद में, स्वर्ग में नहीं।

1953

साहित्य की भविष्यवाणी

दुनिया में बहुत-सी भाषायें हैं, उनके अलग-अलग साहित्य हैं; लेकिन जिस तरह अलग-अलग मनुष्यों के होते हुए भी मनुष्यता नाम की एक ऐसी वस्तु है जो सभी में पायी जाती है या पायी जानी चाहिए, उसी तरह भाषाओं और साहित्यों के अलगाव के बावजूद "साहित्य" नाम की एक ऐसी वस्तु है जो सभी में समान रूप से विद्यमान है। मिसाल के लिए हम बँगला, हिन्दी या मराठी साहित्यों की बात भी कहते हैं, लेकिन जब समूचे भारतीय साहित्य की बात उठाते हैं, तब उससे हमारा मतलब उन सभी भाषाओं के साहित्यों में समान रूप से विद्यमान किसी एक वस्तु से होता है। इसी तरह अंग्रेजी, जर्मन और फ्रांसीसी साहित्य अलग-अलग चीज़ें हैं लेकिन जब हम पच्छिमी साहित्य की बात कहते हैं, तब हमारा मतलब इन सब में व्यापक किसी एक वस्तु से होता है। थोड़ा और आगे बढ़कर जब शेक्सपियर या रवीन्द्रनाथ को हम विश्वकवि कहते हैं तो उसका सिर्फ़ यह मतलब नहीं होता कि ये कवि विश्व में प्रसिद्ध हैं। हमारा मतलब होता है कि इनके साहित्य में प्रकट किये हुए भाव और विचार विश्व के लिए, मनुष्य मात्र के लिए श्रेयस्कर हैं। जो लोग किसी मत, धर्म या नस्ल के आधार पर राष्ट्र की कल्पना करते हैं और साहित्य को भी उसी चौखटे में जड़ा हुआ देखना चाहते हैं, उसके लिए व्यापकता और समानता की ये बातें खल जाने वाली होती हैं। उनके संकुचित विचार और कट्टर कल्पनायें साहित्य की इस व्यापकता में डूबकर रसातल पहुँच जाती हैं।

नस्ल, धर्म और मत की सीमाओं को तोड़ने का काम सब से पहले अक्षर करते हैं। इन्हें 'अक्षर' नाम बहुत ही उपयुक्त दिया गया है। मनुष्य के मुँह से निकलने वाली ध्वनियों के प्रतीक रूप ये अक्षर सभी भाषाओं में विद्यमान हैं। भाषायें मिट जाती हैं, उनके बोलने वाले मिट जाते हैं, लेकिन अपने नाम को सार्थक करने वाले ये अक्षर फिर भी बने रहते हैं। वैदिक, प्राग्वैदिक और उत्तर-वैदिक काल में अनेक जातियों ने दूसरी जातियों पर आक्रमण किया। देश के

देश गुलाम बन गए, सभ्यताएँ ढह गयीं, नई संस्कृतियों का निर्माण हुआ; परन्तु ये अक्षर, इतिहास की गति के साक्षी, एक भाषा, एक संस्कृति से निकलकर दूसरी भाषा और दूसरी संस्कृति में अभेद्य हीरे जैसे जगमगाने लगे। हेलेनिक सभ्यता के उत्थान-काल में फिनीशियन सभ्यता का पतन हुआ परन्तु अक्षरों के रूप में उस प्राचीन संस्कृति की देन सुरक्षित रही। हेलेनिक आर्यों का आल्फा और सेमेटिक जातियों का अलिफ़ उनकी वर्णमालाओं के सिरमौर बने हुए, दोनों के जातीय भेद पर व्यंग्य करते हुए आज भी जमे बैठे हैं। मराठी और अन्य दक्षिणी भाषाओं के अक्षरों की ध्वनियाँ जब लैटिन और स्लाव परिवार की भाषाओं में जहाँ-तहाँ मिल जाती हैं, तब उनके अक्षर, भेद की खाइयों से बँटे हुए पंडितों से कहते हैं कि तुम अब भी निरक्षर हो।

इसके बाद शब्दों की बारी आती है। जातीय, भौगोलिक और धार्मिक सीमाओं को ये भी नहीं मानते। दो जातियों में युद्ध होता है परन्तु इनका आयात-निर्यात जारी रहता है। हेलेनिक जातियों के शब्दकोश में ग्रीस के प्राचीन निवासियों के सैकड़ों शब्द घुस गये। वेदों और 'ज़ेंदावेस्ता' के शब्दों में जितनी मित्रता है, उतनी मित्रता आज इन ग्रन्थों के पूजने वालों में नहीं है। प्राचीन तमिल, स्लाव भाषायें, हाई जर्मन—यह एक ऐसा ताना-बाना है जिसमें भाषा-शास्त्री फँसकर रह जाते हैं, परन्तु शब्द अदृश्य सूत्रों के सहारे एक भाषा से दूसरी भाषा तक बराबर दौड़ा करते हैं। भाषाओं के इस ताने-बाने पर शब्दों को इधर से उधर भेजने वाली शक्ति न तो किसी एक भाषा, जाति या धर्म की है न किसी एक मनुष्य की। इस शक्ति को यदि कोई नाम दिया जा सकता है तो वह है मानवता का इतिहास।

मनुष्य की भेद-सीमाओं को शब्दों से अधिक तोड़ने वाली एक दूसरी शक्ति है—विचार। भिन्न-भिन्न साहित्यों के उद्यान में घूमने वाला सहृदय पाठक चित्र-विचित्र शब्दों के झुरमुट में परिचित विचारों को बैठा देखकर आश्चर्य में पड़ जाता है। सचमुच विचारों के पंख हैं। उन्हें सम्प्रदाय, नस्ल और धर्म के जाल में फँसने की बार-बार कोशिश की जाती है, लेकिन शक्तिशाली विचार इस जाल को लेकर भले ही उड़ जायें, उसमें बँधे हुए नहीं रह पाते। कबीर ने जब काशी के किसी आचार्य को चुनौती दी थी, 'मैं जुलहा तू कासी का पंडित, बूझौं तोर गियाना"—तब उनका अर्थ यही रहा होगा कि आचार्य की पुस्तकों में ही विचारों का कोश नहीं है। उस तक जुलाहे की भी पहुँच है और जुलाहा जिन विचारों को दे रहा है, शायद उन तक आचार्य अपना शास्त्रीय जाल लिए हुए भी नहीं पहुँच पाते।

शब्द के लिए कहा जाता है कि वह आकाशतत्त्व का गुण है। किसी प्रकार की सीमाओं में न बँधकर वह एक देश से दूसरे देश तक मानो आकाशमार्ग से पहुँच

जाता है, परन्तु प्रत्येक शब्द अर्थ का संस्कार लिए होता है। शब्द और अर्थ की भिन्नता जितनी देखने में मालूम होती है, उतनी हकीकत में नहीं है। गोस्वामी जी ने बहुत पहले लिख दिया था—'गिरा अरथ जल बीचि सम, कहियत भिन्न न भिन्न।' इस कारण शब्दों के साथ-साथ उनके अर्थ भी एक भाषा और देश की सीमा से निकलकर दूसरी सीमा में पहुँच जायें तो कोई आश्चर्य नहीं। मनुष्य के हृदय में जो संकल्प और विचार उठते हैं, वे सामाजिक विकास की अलग-अलग मंजिलों से जुड़े होते हैं। इन मंजिलों में समानता होने से विचारों में भी समानता होती है। इसीलिए एक से ही विचार भिन्न देशों और भाषाओं के मनुष्यों में बराबर पाये जाते हैं। इसलिए उन्हें व्यक्त करने के लिए जो शब्द लिए जाते हैं, उनके अलग-अलग होते हुए भी विचार-तत्व में समानता पैदा हो जाती है। मोटे तौर से इंगलैंड और हिन्दुस्तान के रहस्यवादी कवियों के विचारों में बहुत बड़ी समानता है। इसी तरह यूरोप के और हिन्दुस्तान के संत कवियों, रोमांटिक कवियों और दरबारी कवियों में विचारों की बहुत बड़ी समानता है। इसका कारण वे मिली-जुली सामाजिक परिस्थितियाँ हैं जिनके भौतिक आधार से विचार पर भरते हैं।

आज हमारे देश में धर्म के आधार पर दो राष्ट्रों की कल्पना का ज़ोरों से प्रतिपादन हो रहा है। कुछ दिन पहले तक यह अवैज्ञानिक, बुद्धि-विरोधी बात केवल जिन्ना साहब और उनके अनुयायी कहते थे, लेकिन अब उनके अनुयायियों की संख्या हिन्दू साम्प्रदायिकों के कारण बहुत बढ़ गई है। हिन्दू संस्कृति और हिन्दू राष्ट्र का नारा लगाने वाले संस्कृति और साहित्य की व्यापकता, विचारों के परस्पर आदान-प्रदान और साहित्य-क्षेत्र में जातीय विद्वेष के निषेध को भूल जाते हैं। यदि हम यह मान लें कि हिन्दू और मुसलमान एक-दूसरे के इतने विरोधी हैं कि भाषा, साहित्य और संस्कृति की भूमि पर कभी उनका एका हो ही नहीं सकता, तो हमें अपने साहित्य और भाषा को समझने के लिए बहुत-सी नयी-नयी पहेलियों का सामना करना पड़ेगा।

पहले शब्दों को लीजिए। बंगला, मराठी, तमिल, तेलगु आदि भाषायें बोलने वाले हिन्दुओं और मुसलमानों के शब्द कितने फ़ीसदी एक ही हैं, यह जरा हिसाब लगाकर देखिये। इन भाषाओं के अलावा हिन्दी और उर्दू में कितने शब्द समान रूप से व्यवहार में आते हैं, यह भी सोचिये। पंडित लोग चाहे जितनी कोशिश करें कि म्लेच्छों के मुँह से निकले हुए शब्दों को अपनी जिह्वा से स्पर्श न करेंगे, लेकिन हिन्दी-उर्दू शब्द ऐसे मुँहजोर हैं कि काफ़िरों और म्लेच्छों, दोनों के ही मुँह लगने से बाज़ नहीं आते। यदि कोई तरकीब हो तो इन्हें गंगा में डुबो-कर या आग में जलाकर शुद्ध कर लिया जाय, लेकिन ऐसा कोई आविष्कार न होने से शुद्ध हिन्दू-संस्कृति के हिमायतियों को बार-बार अपना मुख अशुद्ध करना

पड़ता है। यही नहीं, दिन पर दिन इन अशुद्ध शब्दों की संख्या बढ़ती जाती है। संस्कृत के सैकड़ों तत्सम और तद्भव शब्द पिछले दस वर्षों में यवनों की भाषा में प्रयुक्त होने लगे हैं। कृष्णचन्द्र, सज्जाद ज़हीर, कैफ़ी आजमी, अली सरदार जाफ़री, मजाज़, लतीफुद्दीन अहमद, सागर निज़ामी आदि-आदि उर्दू के लेखकों की रचनायें पढ़िये तो पता चलेगा कि उन्होंने बहुत-से ऐसे शब्दों को जुठार दिया है जिन्हें हम अभी तक हिन्दू-राष्ट्र की ही सम्पत्ति समझते थे। इस काम में सागर निज़ामी सबसे आगे बढ़े हुए नज़र आते हैं। कुछ लीगी मुसलमान हिन्दुस्तान के लिए अपनी वफादारी का ऐलान तो अब करने लगे हैं, लेकिन सागर निज़ामी ने युद्ध के पहले ही अपनी रचनाओं में बार-बार अपनी हिन्दुस्तानियत का इज़हार किया था। उन्होंने प्रेम और सौंदर्य के साथ-साथ हिन्दुस्तान, पंडित जवाहरलाल नेहरू, गौतम बुद्ध, श्री कृष्ण आदि पर भी कवितायें लिखी थीं। कुछ लोग कहते हैं कि ब्रजभाषा साहित्य में तो ज़रूर हिन्दू और मुसलमान लेखकों के विचार मिलते-जुलते हैं लेकिन आगे चलकर यह मेल-जोल बिल्कुल टूट गया। इसमें सन्देह नहीं कि जैसे-जैसे अँग्रेज़ी साम्राज्य का शिकंजा कसता गया, वैसे-वैसे आपस की खाई भी गहरी होती गई, लेकिन ऐसे लेखकों की भी काफ़ी बढ़ी हुई संख्या रही है जो इस खाई को पाटकर एक दूसरे के नज़दीक पहुँचने की बराबर कोशिश करते रहे हैं। यह कोई कम महत्त्व की बात नहीं है कि श्री मैथिलीशरण गुप्त ने हसन और हुसेन पर कविता लिखी, प्रेमचन्द ने कर्बला पर नाटक लिखा, सागर निज़ामी ने राम और कृष्ण पर कवितायें लिखीं। सागर ने श्रीकृष्ण से कहा है—

प्रेम और प्रीति की रीति को जगाओ फिर।

लेकिन हम लोग भरसक कोशिश कर रहे हैं कि प्रेम और प्रीति की यह रीति बिल्कुल मिट जाय। 'प्रेम' और 'प्रीति,—इन शब्दों को सागर ने जूठा कर दिया है; इसलिए हिन्दी शब्द सागर से इन्हें निकाल दें तो कैसा हो?

अमीर खुसरो की तरह कहने को तबियत होती है कि हे पंडित और मौलवी, साहित्य को भी हिन्दू और मुसलमान समझने वालों, 'तू बूझ पहेली मेरी'। कहा जाता है कि शब्दों में बहुत बड़ी समानता होते हुए भी छन्द, कल्पना, विचार इतने अलग-अलग हैं कि वे कहीं एक-दूसरे को छूते हुए नहीं दिखाई देते। सुनिये—

ज़िन्दगी दौड़ी नयी संसार में
खून में सबके रवानी और है;

ग्रौर हैं लेकिन हमारी क़िस्मतें
ग्राज भी ग्रपनी कहानी ग्रौर है।

बताइये हिन्दू ने लिखी है या मुसलमान ने? शायद ग्राप कहें कि हिन्दू ने लिखी होगी तो मुसलमानों के साथ रहकर वह ग्राधा मुसलमान हो गया होगा। समझ-बूझकर बात कीजिएगा, क्योंकि इन पंक्तियों का लिखने वाला ग्रच्छा-खासा, लम्बा-चौड़ा ग्रादमी है। बहुत लोग उसे राष्ट्रीय कवि भी मानते हैं। उसका नाम है 'दिनकर'। ग्रौर सुनिए—

जीवन की कुटिया में हूँ, मैं बुझा हुग्रा सा दीपक,
ग्राशा के मन्दिर में हूँ मैं बुझा हुग्रा सा दीपक।

या—

जीवन क्या है एक रसीला ग्रौर ग्रमर संगीत,
प्रेमनगर में नहीं पुजारी मर जाने की रीत,
झाँझ की लय पर धरती नाचे ग्रौर झूमे ग्राकाश,
ताल पै मेरे घुँघरू की तिरलोक में होवे रास,
मेरे मद के ग्रागे पुजारी दुनिया का क्या मोल,
पट मन्दिर के खोल।

ऐसी पंक्तियों को सुनकर मुस्लिम राष्ट्र के हिमायती 'सागर' को ग्राधा काफिर कह बैठते हैं। इससे जाहिर है कि हिन्दू ग्रौर मुस्लिम राष्ट्रों के समर्थक ग्रापस की उन तमाम मिली-जुली चीजों को भूल जाते हैं जो हमें एक-दूसरे के नजदीक लाने वाली हैं।

कुछ लोग कहते हैं कि हिन्दुस्तान तो ग्रब बँट गया, वह फिर एक होगा यह सपना देखना मूर्खता है। इस तरह की बातें ग्रक्सर वही लोग करते हैं जो खुले या छिपे तौर से हिन्दू-मुस्लिम राष्ट्रों के हिमायती हैं। एक बहुत बड़े पैमाने पर ग्राबादी की ग्रदला-बदली हो रही है हालाँकि एक सूबा बंगाल भी है जहाँ ग्रभी इस हद तक नौबत नहीं ग्राई। ग्राबादी की ग्रदला-बदली को साहित्य ग्रौर भाषा के क्षेत्र से लागू करें तो हमें सैंकड़ों शब्द, छन्द ग्रौर विचार भी ग्रपने यहाँ से निकालकर दूसरी जगह भेज देने होंगे। ग्राबादी की ग्रदला-बदली में तो जिन्दा ग्रादमियों का ही सवाल है; रास्ते में जाते हुए शरणार्थियों पर हमला करके इस समस्या को ग्रौर भी ग्रासान कर दिया जाता है। लेकिन साहित्य क्षेत्र में जिन्दा ग्रादमियों से भी ज्यादा मुसीबत का सवाल उन शब्दों का है जो मरकर भी ग्रभी तक जिन्दा हैं। कोई शासन-व्यवस्था यह ताब नहीं रखती कि शब्दों ग्रौर विचारों

की अदला-बदली को पूरा कर सके।

ब्रजभाषा साहित्य में यह कठिनाई सबसे ज्यादा है। ब्रज के कुञ्जों पर सूरदास और नन्ददास के साथ-साथ आलम और रसखान ने भी कब्जा जमा रखा है। कोई बैठा हुआ वहाँ की काँकरी चुन रहा है तो कोई लकुटी और कामरिया पर तीनों लोक का राज-पाट निछावर करने को तैयार है। व्रज के कुंजों को छोड़ भी दें तो आकाश के बादलों को, पवन-पुरवाई को कैसे बाँधा जायगा? ये बादल हिन्दू-मुसलमान कवियों के साहित्य में समान रूप गरजते और बरसते हैं; बिजली की चमक से अक्सर एक ही तरह प्रकाश भी फैलता है। 'सावन आवन कहिगे स्याम सुजान। अजहुँ न आये सजनी तरफत प्रान'। रहीम की इस बात को उनसे पहले और बाद के न जाने कितने हिन्दू कवियों ने कितनी तरह से दुहराया है। तिथि-त्योहारों तक पर इन विदेशियों ने अधिकार जमाने में आगा-पीछा नहीं किया। खेलत फाग सुहाग भरी, अनुरागहिं लालन को धरिकैं—यह रसखान महाशय हैं। उधर कविवर बोधा सुभान के आनन पर सारे जहान के रूप को कुर्बान करने पर तुले हुए हैं। कवि मुबारक ने तो हमारे पवित्र देवता कामदेव से उर्दू लिखवा डाली है। संस्कृत लिखना भूलकर खुशनवीस मदन मुन्शी ने नारी के मस्तक रूपी काँच पर लट रूपी काफ़ लिख दिया है—

अलक मुबारक तिय बदन, लटक परी यों साफ़।
खुशनवीस मुन्सी मदन, लिख्यो काँच पर काफ़॥

भक्तवर गोस्वामी तुलसीदास मस्जिद में सोने से भी परहेज़ नहीं करते—

माँगि कै खैबो, मसीत को सोइबो, लेबे को एक न देबे को दोऊ।

छन्दों में और भी मुसीबत है। दोहा, बरवै, कवित्त, सवैया, चौपाई—कोई ऐसा छन्द नहीं है जिसे मध्यकाल के हिन्दू और मुसलमान कवि समान रूप से व्यवहार में न लाये हों। वर्तमान काल में हिन्दी के पचीसों कवियों ने उर्दू की बहरों में कविता लिखी है और इसी तरह उर्दू के पचीसों कवियों ने हिन्दी गीतों की धुन को अपनाया है। छन्द से आगे बढ़ें तो उपन्यास क्षेत्र में हिन्दू और मुसलमान पात्र साथ-साथ चलते-फिरते नज़र आते हैं। खास तौर से प्रेमचन्द के उपन्यासों में उन्हें एक-दूसरे से अलग करना बड़ा मुश्किल है। प्रेमाश्रम के कादिर मियाँ ने आखीर तक विद्रोही किसान का साथ न छोड़ा। उस आलोचक की कलम बहुत तेज़ होनी चाहिए जो हिन्दी साहित्य से निकालकर इन पात्रों को पाकिस्तानी साहित्य में भेज सके। प्रेमचन्द्र के बाद यह चीज़ कृष्णचन्द्र की कहानियों में नजर आती है। दुर्भाग्य से ये महाशय हिन्दू हैं लेकिन उर्दू लिखते हैं और हिन्दू-मुसलमानों का खयाल न करके दोनों को अपनी कहानियों में साथ-साथ घुमाते हैं। उपेन्द्रनाथ 'अश्क' ने इस्लामी उपनाम रख

लिया है क्योंकि अश्क मुसलमानों के ही बहते हैं, हिन्दू तो केवल अश्रुपात करते हैं। उपनामों के सिलसिले में एक बात और याद आ गयी। 'आज़ाद' एक ऐसा उपनाम है जो मौलाना अबुलकलाम से लेकर करीब-करीब हर शहर के एक न एक राजनीतिक कार्यकर्ता या लेखक के साथ जुड़ा रहता है। इस तरह के शब्दों के बारे में निपटारा कर देना होगा कि ये हिन्दी के हैं या उर्दू के; और उपनाम के लिए इन्हें हिन्दू ही इस्तेमाल कर सकते हैं या मुसलमान भी।

अक्षर, शब्द, छन्द, भाव और विचार—ये सब यही कहते हैं कि हमारी एकता का आधार बहुत ही विस्तृत और व्यापक है। दुनिया की भाषाएँ एक-दूसरी के नज़दीक आ रही हैं। उनके साहित्य तो अब भी एक-दूसरे के बहुत नज़दीक पहुँच गये हैं। हिन्दी और उर्दू तो एक-दूसरे के इतना नज़दीक हैं जितनी नज़दीक दुनिया की कोई दो भाषायें नहीं हैं। इसीलिए अक्सर यह विवाद चल पड़ता है कि ये दो भाषायें हैं भी या नहीं। इनका नया साहित्य एक ही तरह की परिस्थितियों से प्रभावित हो करके मिलते-जुलते विचारों और भावों की सृष्टि कर रहा है। हिन्दी या उर्दू का वह कथा-साहित्य अपूर्ण होगा जिसमें केवल हिन्दू या केवल मुस्लिम पात्र हों। इसीलिए साहित्य की भविष्यवाणी है कि हमारा देश फिर एक होगा। धर्म के आधार पर न दो राष्ट्र बन सकते हैं और न दो भाषाएँ और संस्कृतियाँ बन सकती हैं। संस्कृति, भाषा और राष्ट्र इनका एक-दूसरे से अभिन्न सम्बन्ध है, परन्तु इनका आधार धर्म या सम्प्रदाय नहीं है। चीनी और जापानी दोनों बौद्ध हैं; जर्मन और अंग्रेज़ दोनों ईसाई हैं। लेकिन इनकी संस्कृतियाँ, इनके राष्ट्र और इनकी भाषायें भिन्न हैं। दुनिया में कोशिश यह हो रही है कि इन भाषाओं, संस्कृतियों और राष्ट्रों की सीमाओं को भी ऐसा अभेद्य न बनाया जाय कि बाहर से आदान-प्रदान बिल्कुल बन्द हो जाय। यानी दुनिया के एक बहुत बड़े जनसमूह की गति सांस्कृतिक आदान-प्रदान की ओर है। यह जनसमूह अपनी संस्कृति और राष्ट्रीयता से पीछे हटकर मत या नस्ल के आधार पर राष्ट्र बनाने की तरफ नहीं बढ़ रहा। वह इससे काफी आगे बढ़ रहा है और जहाँ है, उससे भी आगे बढ़ना चाहता है। साहित्य उसकी इस प्रगति का द्योतक है। साहित्य इस प्रगति में सहायक भी है। हमारे साहित्य की तमाम परम्परा इस बात के विरुद्ध है कि हम उदार मानवीय संस्कृति की ओर न बढ़कर मत और नस्ल के संकुचित आधार पर राष्ट्र या साहित्य का निर्माण करें। संसार के सभी बड़े महान् साहित्यकारों का मूल संदेश यही है कि हमारी मनुष्यता का पूर्ण विकास हो। साहित्य इस विकास का सबसे मुखर रूप है और इसीलिए उसकी यह भविष्यवाणी है कि मानव-समाज को ज्यादा दिन तक ऐसी सीमाओं में नहीं बाँधा जा सकता जो एक समुदाय को दूसरे से लड़ाती रहें। अंत में सबको एक होना पड़ेगा। भारतवर्ष के लोग, जिनका देश संसार की अनेक नस्लों, धर्मों

श्रौर सम्प्रदायों के मिलने का केन्द्र रहा है, इस सम्बन्ध में महाकवि रवीन्द्रनाथ की भविष्यवाणी सुनकर आश्वस्त हो सकते हैं—

मा'र अभिषेके ऐसो ऐसो त्वरा
मंगलघट होयेनि जे भरा,
सबार परशे पवित्र करा
तीर्थ नीरे ।
आजि भारतेर महामानवेर
सागर तीरे

1947

शेली और रवीन्द्रनाथ

उन्नीसवीं शताब्दी के आरम्भ में शेली ने जिस नवीन सौन्दर्य को, जिस नये संगीत का स्वर-परिधान पहनाकर, अपनी कविता में जन्म दिया था, उसी का आभास रवीन्द्रनाथ की युवाकाल की कविताओं में बंग-भाषा-भाषियों को मिला। इसीलिए वह बंगाल के शेली कहलाये। उनकी कविता का मूल स्रोत रोमाण्टिसिज़्म (Romanticism) है। संसार से उचाट, अतीत से सहानुभूति एवं सच्चे सौन्दर्य की खोज, प्रकृति में किसी रहस्यमयी महाशक्ति के दर्शन, किसी दूर अज्ञात कल्पना-लोक की अपने ही भीतर सृष्टि आदि बातें दोनों कवियों में समान रूप से पायी जाती हैं। दोनों ने भाषा को बहुत कुछ नवीन रूप दिया, नये-नये छन्दों की सृष्टि की। शेली की कविता और साधारणतः तत्कालीन रोमाण्टिक कविता अपने बाह्य आकार-प्रकार से सुगठित न होने के लिए बदनाम है। कवि के भाव-प्रवाह ने अधिकांशतः एक ऐसी उच्छृंखल गति धारण की कि कलाकारों को उसमें बहुत-कुछ असंस्कृत, दुरूह तथा कला-हीन मिला। कविता का बाँध तोड़ते समय कवि स्वयं उस निर्बाध धारा में बहुत दूर तक दिशा-ज्ञान-हीन होकर बहता चला गया। रवीन्द्रनाथ में आकार-प्रकार-सम्बन्धी कलात्मक भ्रान्तियाँ शेली से बहुत कम हैं। कविता की बाह्य निर्माण-कला को ध्यान में रखते हुए वह एक 'क्लासिकल' कवि कहे जा सकते हैं।

(1) प्रकृति : रोमाण्टिक कविता का एक विषेष भाग प्रकृति से सम्बन्धित है। दोनों कवियों ने क्रमशः बंगाल तथा इटली के नदी, तालाब, वन, पर्वत, समुद्र, आकाश, सन्ध्या, प्रभात, ऋतु आदि का वर्णन किया है। कभी वे प्रकृति से तटस्थ रहकर उसे दर्शक-मात्र बनकर देखते हैं; एक वैज्ञानिक की भाँति उसके रूप का चित्रण करते हैं। कभी उसको चेतन मानकर उसे अपनी सुख-दुःख की बातें सुनाते हैं किंवा वही अपने परिवर्तित दृश्यों द्वारा नाना भाव प्रकट करती है। उनकी प्रकृति इस लोक की क्षुद्र सीमाओं से बँधी नहीं है। उनकी कल्पना समस्त सृष्टि में विचरण करने के लिए स्वतन्त्र है। रवीन्द्रनाथ देखते हैं—

"महाकाश-भरा

ए असीम जगत् जनता,
ए निबिड़ आलो अन्धकार,
कोटि छायापथ, मायापथ,
दुर्गम उदय-अस्ताचल ।"

इसी भाँति शेली पृथ्वी, आकाश, नक्षत्र, जन्म और मरण के गीत गाता है—

"I sang of the dancing stars,
I sang of the daedal Earth,
And of Heaven—and the giant wars,
And Love, and Death, and Birth,—"

प्रकृति से उनके घनिष्ठ सम्बन्ध का एक मुख्य कारण यह है कि उसके द्वारा ही पहले वे संसार का रहस्य भेद सके। यद्यपि वर्ड्स्वर्थ की भाँति उनका कहना यह नहीं है कि प्रकृति को छोड़कर अन्यत्र ज्ञान-ज्ञाप्ति दुर्लभ है, प्रत्युत् रवीन्द्रनाथ अपने ही भीतर आत्म-दर्शन पर बार-बार ज़ोर देते हैं, तो भी पहले-पहल ज्ञानालोक मनुष्य से दूर उन्हें प्रकृति के सम्मुख मिला।

शेली को प्रकृति में इस अमर सौन्दर्य के अनेक बार दर्शन होते हैं। रवीन्द्रनाथ की उपास्य देवी नाना वेश धारण करके उन्हें प्रकृति में दर्शन देती है। दोनों ने प्राकृतिक दृश्यों के सुन्दर-सुन्दर रूपक बाँधे हैं; प्राकृतिक वस्तुओं का, उपमाओं में, दोनों की कविता में प्रचुर प्रयोग है। प्रकृति की अनेकरूपता और उसके रंगों में उनकी कविता रँगी हुई है।

(2) नारी-सौन्दर्य : सौन्दर्योपासक इन दो कवियों ने नारी को नाना रंगों के आवरण पहनाकर उसे अनेक कोणों से देखा है। प्लैटो के सौन्दर्य-सिद्धान्तों को मानने वाले शेली के लिए अलौकिक सौन्दर्य के दर्शन करने के लिए पहले नारी-रूप की उपासना अपेक्षित है। जो ज्ञानालोक सुन्दर और अमर है, उसकी क्षणिक आभा नारी में दिखाई देती है। मनुष्य उसके रूप को पूजकर क्रमशः पार्थिव से अपार्थिव सौन्दर्य तक पहुँच सकेगा। "प्रोमीथियस" के लिए "एशिया" उसके जीवन का आलोक एवं अदृश्य सौन्दर्य की छाया है—

"Asia thou light of life,
Shadow of beauty unbeheld;"

रवीन्द्रनाथ की प्रेयसी उनके जीवन का आलोक ही नहीं है, उसके बाहु-बन्धन में उनके जीवन और मरण दोनों बँधे हैं।

"तुमि मोर जीवन-मरण
बाँधियाछो दु-टि बाहु दिया।"

निरावरणा इस नारी को वे उसके नग्न सौन्दर्य की आभा में ही भासमान देखना चाहते हैं—"फेलो गो बसन फेलो—घुचाम्रो अंचल, पोरो शुधु सौन्दर्जेर नग्न आवरण, सुर-बालिकार वेश किरण बसन।"

("बिबसना"—"कड़ि ओ, कोमल"।)

इसी भाँति शेली उसे अपने ही आनन्द के स्वर्गीय प्रकाश से समावेष्टित देखता है—

"Thou art folded, thou art lying
In the light which is undying
Of thing own joy, and
heaven's smile divine!"

नारी के सौन्दर्य का रहस्य उसे और भी सुन्दर बना देता है। वृन्तहीन पुष्प के समान अपने रूप में जैसे वह आप विकसित हो उठी हो। आकाश और पवन तक इस रहस्यमयी की पूजा करते हैं, उसे प्यार करते हैं। "एशिया" से उसकी सखी पूछती है—

"Feelest thou not
The inanimate winds enamoured of thee?"

"उर्वशी" की तन-गन्ध-वहन करनेवाली अन्ध वायु चारों ओर घूमती है। अन्यत्र जब "विजयिनी" सरोवर से नहाकर निकलती है तो आकाश और पवन सेवक की भाँति उसकी परिचर्या करते हैं—

"घिरि तार चारिपाश
निखिल बातास आर अनन्त आकाश
जेनो एक ठाँइ एसे आग्रहे सन्नत
सर्वांग चुम्बिल तार,—"

यह नारी स्वयं भी प्रकृति के नाना वेशों में दर्शन देती है।

(3) प्रेम : जिस तरह ये कवि पार्थिव से अपार्थिव सौन्दर्य पाना चाहते हैं, वैसे ही मानो वासना से प्रेम। रवीन्द्रनाथ की प्राथमिक कविताओं में प्रेम से अधिक वासना ही मिलती है। "निर्झरेर स्वप्न-भंग" में जब रहस्य-अवगुण्ठन छिन्न होता है, उस काल—

"प्राणेर बासना प्राणेर आवेग
रुधिया राखिते नारि।"

प्राणों की वासना, प्राणों के आवेग को वह रोक नहीं सकते। इसी वासना के आकर्षण से प्राण-पक्षी रोने लगता है।

"प्राण पाखी काँदे एइ
बासनार टाने।"

शेली अपने आवेग को सँभाल नहीं पाता, वह आवेग उसे मृत-तुल्य बना देता है—

"My heart in its thirst is a dying flower,"
तथा "I faint, I perish with my love!"

क्या पुरुष, क्या स्त्री, क्या प्रकृति, सभी अपना आवेग सँभाल नहीं पाते। बकुल फूल "विवश" होकर जल में गिरते हैं—

"विबश होये बकुल फूल
खसिया पड़े नीरे।"

मध्याह्न की ज्योति वन की गोद में मूर्छित पड़ी है—

मध्यान्हेर ज्योति
मूर्च्छित बनेर कोले,"

पुष्प-गन्ध से विह्वल वायु सरसी के वक्ष पर सुदीर्घ निःश्वास छोड़ती गिर पड़ती है—

"बहु बन गन्ध बहे
अकस्मात् श्रान्त वायु उत्तप्त आग्रहे
लुटाये पड़िते छिल सुदीर्घ निश्वासे
मुग्ध सरसीर बक्षे स्निग्ध बाहुपाशे।"

इसी भाँति पुरुष का अंग-प्रत्यंग प्रिया के अंकों से मिलने के लिए विकल है। यद्यपि प्राणों का मिलन हो चुका है, तथापि अभी देह का मिलन बाकी है। "प्रति अंग काँदे तव प्रति अंग तरे, प्राणेर मिलन माँगे देहेर मिलन। हृदये आच्छन्न देह हृदयेर भरे, मुरछि पड़िते चाय तब देह परे।"

अब शेली के आवेग की विवशता, मिठास और उसकी मूर्च्छना देखिये। दैहिक मिलन उसके अस्तित्व को प्रिया के अस्तित्व में मिला देगा—

"And I will recline on thy marble neck
Till I mingle into thee."

ग्रानन्द इतना ग्रधिक हो सकता है कि हृदय उसे सहन न करके वेदना से कराह उठे,—

"So sweet that joy is almost pain."

ग्राँखें ग्रपने इस ग्रानन्द को स्वयं न देखें—

"Let eyes not see their own delight."

इसी भाँति हवायें ग्रपने संगीत पर मुग्ध होकर जान देती हैं—

"Winds that die
On the bosom of their own harmony.".

वसन्त के दिनों में उनके पंख फूलों की सुगन्ध से भर गये हैं-

"The noontide plumes of summer winds
Satiate with sweet flowers."

ग्रौर भी

"The wandering airs they faint
On the dark, the silent stream—"

फूलों पर मूर्च्छित मध्याह्न-ज्योति—

"And noon lay heavy on flower and tree,"

यही वासना कवि को प्रेम-तत्त्व की ग्रोर ले ग्राती है। वह पार्थिव में ग्रपार्थिव, देह में विदेह के दर्शन करता है। रवीन्द्रनाथ को प्रेयसी की ग्राँखों में काँपते हुए उसके प्राण दिखाई देते हैं—

"ग्रामा-पाने चाहिया, तोमार ग्राँखिते कांपित प्राण खानि।"

इसी भाँति शेली की प्रिया के ग्रधर वह बात नहीं कह सकते, जिसे उसकी ग्रात्म-प्रकाश-दीप्त ग्राँखें कह देती हैं—

"And the tremulous lips dare not speak
What is told by the soul-felt eye."

जब मिलन होता है तो संसार जैसे लुप्त हो जाता है, मिलने वालों की एक ही सत्ता रह जाती है—

"बिजन बिश्वेर माझे, मिलन श्मशाने,
निब्बापित सूर्ज्यालोक लुप्त चराचर,
लाज-मुक्त बास-मुक्त दुटि नग्न प्राणे,
तोमाते आमाते होइ असीम सुन्दर,
(पूर्ण मिलन—कड़ि ओ' कोमल)।

इसी तरह शेली में मिलन होने पर दोनों की एक आशा, एक जीवन, एक मरण होता है।

(4) विषाद: रोमांटिक कवि की एक अन्य विशेषता है, उसका दर्द। संसार के दुख उसे दुखी करते हैं। यहाँ स्थिरता किसे है? जिसे हम प्यार करते हैं, जिसकी सुन्दरता हमें मुग्ध करती है। दो दिन बाद उसका भी सभी के समान मरण होता है। शेली ने मृत्यु से उत्पन्न दुःख को बड़े ही करुण शब्दों में व्यक्त किया है। मनुष्य मृत्यु से कुछ भी नहीं बचा सकता।

"What can hide man from mutability?"

संसार में जो कुछ भी सुन्दर है, जो कुछ भी कल्याणकर है, कब्र उसे अपने भीतर छिपा लेती है—

"The grave hides all things beautiful and good."

रवीन्द्रनाथ भी इस मृत्यु का स्मरण करके एक बार कह उठते हैं—

"तुइ जाबि, गान जाबे, एक साथ भेसे जाबे
तुइ, आर तोर गान गुलि!"

तू जायगा और तेरे ये गीत जायँगे, दोनों एक साथ काल-स्रोत में बह जायँगे। इस मायामय संसार में चिरदिन कुछ भी न रहेगा।

"एइ मायामय भबे चिरदिन किछु र'बे ना।"

जब तक मनुष्य जीता है, हृदय में आशा-निराशा का तुमुल युद्ध मचा रहता है—

"We look before and after
And pine for what is not."

मृत्यु में ही हृदय की इस उथल-पुथल का अंत होगा—

"Doubtless there is a place of peace
Where my weak heart and all its throbs will cease."

रवीन्द्रनाथ कहते हैं, यह जलती वासना, यह रोना-धोना व्यर्थ है—

"वृथा ए क्रंदन !
वृथा ए अनल-भरा दुरन्त बासना !"

वह कभी शांत न होगी, अपनी आँखों के पानी में उसे डुबा दो।

"निबाओ बासनाबह्नि नयनेर नीरे।"

(5) अतीत : उनके विषाद का एक और कारण है, उनका वर्तमान से असन्तोष। शेली ने अपने समय के सामाजिक और राजनीतिक नियमों का एवं प्रचलित धार्मिक रूढ़ियों का कठोर से कठोर भाषा में खण्डन किया है। राजाओं और पुजारियों के शीघ्र नाश होने की उसने भविष्यवाणी की है; सभी प्रकार के बन्धनों के छिन्न होने पर वह मनुष्यों को मुक्त देखना चाहता है। दोनों ही कवि वर्तमान को छोड़कर अतीत में अपना प्रिय वातावरण खोजते हैं। शेली ग्रीक और रोमन धर्म-कथाओं को अपनी कविता का आधार बनाता है; उनके देवी-देवताओं की उपासना में अपने गीत गाता है। सामयिक कविता उसकी रुचि के इतना अनुकूल नहीं होती जितना पुरातन। रवींद्रनाथ अपनी भाषा के कवियों में वैष्णव कवियों को ही पहले अधिक पढ़ते हैं। उनकी भाषा और छन्दों पर वैष्णव कविता की छाप दिखाई देती हैं। संस्कृत कवियों में कालिदास के वह अनन्य भक्त हैं। उनकी कृतियों पर तथा स्वयं कालिदास पर उनकी अनेक कल्पनायें हैं। संस्कृत पौराणिक कथाओं का आधार लेकर उन्होंने बहुत रचनायें की हैं। इसी भाँति जातक कथाओं एवं पंजाब और महाराष्ट्र के इतिहास का भी अपनी कविता में उन्होंने आधार लिया है। समय की दूरी के कारण अतीत जिस पर भी अपनी सुनहली सन्ध्या की-सी झिलमिल ज्योति डालता है, वह उनके लिए एक आकर्षण की वस्तु बन जाता है। आधुनिक सभ्यता को उसके नगर, उसके लौह, काष्ठ और प्रस्तर वापस देकर वह अपने पुराने तपोवन, सामगान और संध्या-स्नान चाहते हैं—

"दाओ फिरे से अरण्य, लाओ ए नगर,
लहो जतो लौह लोष्ट्र काष्ठ औ' प्रस्तर,
हे नव सभ्यता, हे निष्ठुर सर्वग्रासी,
दाओ सेइ तपोबन पुण्यच्छायाराशि,
ग्लानिहीन दिन गुलि,—सेइ संध्यास्नान,
सेइ गोचारन, सेइ शांत सामगान," इत्यादि।

उनकी कविता प्राचीन भारत के स्वर्ण-स्वप्नों से भरी पड़ी है।

(7) रहस्यवाद : मृत्यु से उत्पन्न विषाद पर ऊपर लिखा जा चुका है। कवि इस दु:ख को तब भूल जाता है जब वह भावी जीवन की ओर देखता है। मनुष्य का जीवन इसी जन्म से आरम्भ नहीं होता, न उसका इसी मृत्यु से अंत होता है। जन्म-जन्मांतरों के पश्चात् क्रमशः पूर्णता की ओर उन्नति करता हुआ वह उस अमर जीवन से मिल जाता है, जो पूर्ण है, सुन्दर तथा सत्य है। यह संसार बंधन है; मनुष्य अपने जिस सांसारिक जीवन को जीवन कहता है, वह जीवन नहीं। शेली की (Pantheistic) भावना यहाँ कहीं-कहीं रवीन्द्रनाथ से बिलकुल मिल जाती है। मनुष्य मरने पर प्रकृति के अनन्त जीवन से मिल जाता है। कीट्स की मृत्यु पर लिखते हुए वह कहता है—

"He is made one with nature; there is heard
His voice in all her music, from the moan
Of thunder, to the song of night's sweet bird";

इसी भाँति रवीन्द्रनाथ का बालक प्रकृति-तत्त्वों से मिलकर अपनी माँ से अनेक खेल खेलता है।

"हावार संगे हावा हो'ये
जाबो मा तोर बुके ब'ये,
घ'र्ने आगाय पार्बि ना तो हाते ?
जलेर मध्ये होबो मा ढेउ
जानते आमाय पार्बे ना केउ,
स्नानेर बेला खेल्बो तोमार साथे।"

संसार के छाया-पट परिवर्तित हुआ करते हैं, एक अमर जीवन की ज्योतिमात्र सदा जाग्रत रहती है।

"The One remains, the many change and pass;
Heaven's light for ever shines, Earth's shadows fly;"

शेली के लिए संसार की आत्मा स्नेहपूर्ण, सुन्दर और सदा प्रकाशमान है। यह प्रेम और सौन्दर्य की ज्योति संसार का जीवन है। जिस पर उसका पूर्ण प्रकाश पड़ता है, उसके पार्थिव बन्धन छिन्न हो जाते हैं; उसी में वह मिल जाता है। रवीन्द्रनाथ के जीवन-देवता प्रेम और सौन्दर्य की पूर्णता हैं। जन्म-जन्मान्तर से वह उनसे मिलने के लिए व्याकुल हैं। वही नहीं, समस्त संसार उसी पूर्णता से मिलने के लिए गतिमान है। जब तक वह मिलन न होगा, तब तक स्थिरता भी न होगी।

(7) शब्द-चित्र : दोनों कवि कुशल चित्रकार हैं। शेली की कल्पना पार्थिव आकार-प्रकार से कम बँधती है। सुन्दर वस्तु के रूप में, उसकी ज्योति में जैसे उसकी दृष्टि बँध जाती हो, किंवा स्थूल को छोड़कर वह जैसे सूक्ष्म सौन्दर्य को ही व्यक्त करना चाहे; इस कारण उसके चित्र अपने बाह्य आकार में उतने स्पष्ट नहीं उतरते जितने रवीन्द्रनाथ के। बाह्य सौन्दर्य से आकृष्ट होकर वह उसे देर तक देखते हैं, अनेक कोणों से देखकर उसकी रेखा-रेखा का सु-विस्तार वर्णन करते हैं। सुन्दरियाँ उनके सामने विभिन्न वेशों में, विभिन्न हावभावों के साथ आती हैं, तरह-तरह के पोज़ करती हैं, कवि मुग्ध होकर उनके सजीव चित्र उतारता जाता है। दोनों कवियों में समानता चित्र को प्रकाश से आवेष्टित करने, उसके अंगों में रंग भरने में है। दोनों ही रंगों को प्यार करते हैं, चित्र पर प्रकाश और छाया का खेल देखना चाहते हैं। शेली की सुन्दरी सन्ध्या के पीत आलोक में हाथ बाँधे आँखें खोले लेटी है :

"With open eyes and folded hands she lay,
Pale in the light of the declining day."

स्नान करके आयी हुई "बिजयिनी" पर मध्याह्न का आलोक पड़ता है—

"तारि शिखरे शिखरे
पड़िल मध्याह्न रौद्र—ललाटे अधरे
उरु परे कटितटे स्तनाग्रचूड़ाय
बाहुजुगे,—सिक्त देहे रेखाय रेखाय
झलके झलके।"

नग्न सौन्दर्य की उपासना पर ऊपर भी कहा जा चुका है। पूर्णिमा रजनी ज्योत्स्ना-मग्न अपनी नग्नता में कितनी सुन्दर है—

"बिमल गगना, बिभोर नगना,
पूरनिमा निशि, जोछना-मगना;"

शेली नग्ना नव-विवाहिता को अपने ही सौन्दर्य पर विह्वल देखता है—

"A naked bride
Glowing at once with love and loveliness
Blushes and trembles at her own excess."

रंगों की समानता देखिये। रवीन्द्रनाथ का निर्झर

"रामधनू आंका पाखा उड़ाइला,
रबिर किरणें हासि छड़ाइया;"—बहता है।

शेली की निर्झरिणी Arethusa भी अपने इन्द्र धनुष के केश उड़ाती बहती है—

"She leapt down the rocks,
With her rainbow locks,
Streaming among the streams; —"

दोनों कवियों की दृष्टि अत्यन्त पैनी है। जो सब देख सकते हैं, उसका तो वे चित्र खींचते ही हैं, जहाँ केवल कवि-दृष्टि पहुँच सकती है, उस अदृश्य को भी वे अपने शब्दों में साकार कर दिखाते हैं। शेली समुद्र-तल के नीचे उसकी शक्तियों को रत्न-माणिक्यों के सिंहासनों पर बैठा देखता है।

रवीन्द्रनाथ समुद्र जल में उर्वशी के मणि-दीप्त कक्ष में उसके प्रवाल-पालंक तथा उसके मानिक-मुक्ताओं के साथ खेलने की सुन्दर कल्पना करते हैं—

"आंधार पाथारतले कार घरे बसिया एकेला
मानिक मुकुता ल'ये करे छिले शैशबेर खेला।
मनिदीप-दीप्तकक्षे समुद्रेर कल्लोल-संगीते
अकलंक हास्यमुखे प्रवाल-पालंके घुमाइते
कार अंकटिते ?"

कविता, संध्या, वर्षा, वेदना, रात्रि, मृत्यु आदि के भी उन्होंने सुन्दर चित्र बनाये हैं। शेली के पास जब वेदना आती है तो एक सुगठित आकार में, कवि उसे पास बिठाता है, उससे बातचीत करता है, उससे चुम्बन मांगता है—

"Kiss me; —oh! thy lips are cold:
Round my neck thine arms enfold—
They are soft, but chill and dead;
And thy tears upon my head
Burn like points of frozen lead."

रवीन्द्रनाथ की कविता-कामिनी के चुम्बन अधिक सरस हैं—

"उज्ज्वल रक्तिम वर्ण सुधापूर्ण सुख
रेखो ओष्ठाधरपुटे, भक्त भृंग तरे
सम्पूर्ण चुम्बन एक, हासि स्तरे स्तरे
सरल सुन्दर;"

इन कवियों की कल्पना की समानता उनके चित्रों की समानता में अनेक

स्थलों पर प्रकट होती है। रवीन्द्रनाथ के अवाक् तारे रात भर जल के तारों की ओर देखते रहते हैं—

"आकाशेर तारा अवाक् होबे
सारारटि रजनी चाहिए रोबे
जलेर तारार पाने।"

शेली के तारे भी—

"The sharp stars pierce winter's crystal air
And gaze npon themselves within the sea."

(8) विश्व और देश : समस्त सृष्टि को अपना क्रीड़ा-क्षेत्र बनाने वाली यह महती कल्पना देश काल के बंधनों से बंधकर नहीं रह सकती। उन्हें तोड़कर इन कवियों ने मनुष्य-मात्र की समानता, एकता तथा बंधुत्व के गीत गाये हैं। जाति-पाँति, धर्म-सम्प्रदाय, देश-विदेश आदि मनुष्य को अपने भाई मनुष्य से दूर नहीं रख सकते। मनुष्यता का स्नेह सूत्र उन्हें एक साथ बाँध लेगा।

जिसे हम जीवन कहते हैं, जिसे हम संसार कहते हैं, वह वास्तविक जीवन नहीं। सत्य पर माया का आवरण पड़ा है, उसके दूर होने पर ही सच्ची मनुष्यता देख पड़ेगी। इसीलिए क्षुद्र भेद-भावों को भूलकर रवीन्द्रनाथ संसार के सभी मनुष्यों को एक स्नेह-मिलन में सम्मिलित होने के लिए बुलाते हैं—

"एसो हे आर्ज्ज, एसो अनार्ज्ज,
हिन्दु मुसलमान
एसो एसो आज तुमि इंराज,
एसो एसो खृष्ठान।
एसो ब्राह्मण, शुचि कर मन
धरो हात सबाकार,
एसो हे पतित, होक् अपनीत
सब अपमान-भार।"

(9) मानवता : विश्व या देश में फैले हुए अत्याचार और दासत्व से भी उन्होंने आँखें नहीं फेर लीं। शेली ने अपने देश के स्वेच्छाचारी शासन की कठोर शब्दों में आलोचना की है। वहाँ के राजनीतिक कार्यकर्ताओं के प्रति कटु से कटु शब्दों का प्रयोग किया है। वैसी तीव्रता रवीन्द्रनाथ में नहीं मिलती। शेली का जन्म एक स्वतंत्र देश में हुआ था, रवीन्द्रनाथ का एक परतन्त्र देश में हुआ है। उनकी कविता में अपने देश के प्रति दर्द हो, उसकी मुक्ति से वह स्वप्न

देखें, यह स्वाभाविक है। किन्तु शेली की सहृदयता देखते ही बनती है। उसे अवनति के दुःस्वप्न में मग्न समस्त पूर्व के प्रति सहानुभूति है—

"Darkness has dawned in the East
On the noon of time;
The death-birds descend to their feast,
From the hungry clime."

परतन्त्र ग्रीस को वह अपना देश समझकर उसकी मुक्ति के लिए अपनी शक्तियों का पूर्ण प्रयोग करता है। ग्रीस दास नहीं रहेगा, उसकी पुरानी सभ्यता एक बार और जागेगी, पहले से भी शुचितर रूप में। यही सभ्यता, यही जागरण संसार से अत्याचार-अनाचार दूर करके स्नेह और विश्व बन्धुत्व का पथ प्रशस्त करेगा।

"Another Athens shall arise,
And to remoter time
Bequetah, like sunset to the skies,
The splendour of its prime;
And leave, if nought so bright may live,
All earth can take or heaven can give."

संसार में घृणा, द्वेष, ईर्ष्या का बहुत दिनों तक राज्य रहा; क्या वह सदा ही बना रहेगा? संसार की इन भीषण लड़ाइयों का क्या कहीं अन्त है—

"Oh, Cease! must hate and death return
Cease! must men kill and die?
Cease! drain not to its dregs the urn
Of bitter prophecy."

इस पैशाचिक युद्ध के तुमुल घोष को भेदकर रवीन्द्रनाथ अपने देश में "विश्व-देव" की वाणी ऊपर उठते हुए देखते हैं—

"डुबाये धरार रण-हुंकार
भेदि' बणिकेर् धन-झंकार
महाकाश, तले उठे ओंकार
कोनो बाधा नाहि मानि।"

शेली के ग्रीस की भाँति रवीन्द्रनाथ के भारतवर्ष में भी सभ्यता का शंख

बजेगा—

> "नयन मुदिया भावी काल-पाने
> चाहिनु, शुनिनु निमेषे
> तब मंगल बिजय शंख
> बाजिछे श्रामार स्वदेशे ।"

भावी के इस ग्रनागत स्वप्न के ये दोनों कवि द्रष्टा हैं, वे चाहते हैं कि उनकी वाणी में वह शक्ति हो जो संसार को शीघ्र से शीघ्र उस सुन्दर महास्वप्न की ग्रोर ले चले ।

रवीन्द्रनाथ·—

> "ग्रामार जीबने लभिया जीवन
> जागो रे सकल देश !"

इन दोनों ही कवियों ने पूर्व ग्रौर पश्चिम के भेद-भाव को नहीं माना । प्रत्युत् रवीन्द्रनाथ की कविता में पाश्चात्य के प्रति ऐसा कोई स्नेह ग्रथवा हार्दिक ग्राकर्षण नहीं प्रकट होता, जैसा शेली की कविता के प्राच्य के प्रति । ग्रपनी कविता में वह भारतवर्ष का कितनी बार जिक्र करता है । काश्मीर की घाटियों, हिमालय की उपत्यकाग्रों, यहाँ के फूलों की सुगंध से उसकी कल्पना ग्रपरिचित नहीं ।

1934

कवि निराला

जिन लोगों का साहित्य से कुछ भी संबंध नहीं, केवल दूर से, या व्यक्तिगत रूप से निराला को जानते हैं, उनको भी कहते सुना है, निराला की बात ही निराली है। जो थोड़ा-बहुत उसके साहित्य को जानते हैं, हृदय में सहानुभूति रखते हैं, सरासर ही उसकी कृतियों को ऊटपटांग नहीं कहना चाहते, वे भी कहते हैं, निराला निराला ही है। निराला कवि का उपनाम है परंतु इतना उसके जीवन और उसकी कृतियों पर लागू होता है कि बहुत सोचने-समझने के बाद एक शब्द में ही उसके साहित्य का परिचय देना हो तो हम निराला से अधिक व्यापक दूसरा शब्द नहीं चुन सकते। निराला वह जो युग की साधारणता के विपरीत विचित्र लगे; और सार्वभौम सार्वकालिक निराला वह जो किसी भी देश, किसी भी काल के नितांत अनुकूल न हो सके। ब्रजभाषा काल में निराला की कल्पना कठिन है; आधुनिक युग के वह कितना विपरीत रहा है, यह उसका तीव्र विरोध देखकर कुछ समझा जा सकता है। और आने वाले युग में, राजनीति को लिए हुए साहित्य के अन्तरंग घोर संघर्ष में, निराला को कोई साहित्य सिंहासन पर बिठाएगा, यह भी कल्पना में नहीं आता। फिर भी उसके लिए हर युग में गुंजाइश है, हर युग उसमें कुछ समानता पा सकता है क्योंकि निराला एक विरोधाभास, पैराडाक्स है, उसमें विरोधी धाराएँ दूर-दूर से आकर टकराई हैं, वह नया भी है पुराना भी, भूतकाल का है और भविष्य का भी, उसी के शब्दों में 'है है, नहीं नहीं'। उसके साहित्य में इतने संवादी और विवादी स्वर लगते हैं कि उनका प्रभाव हमारे ऊपर विचित्र पड़ता है; वे एक में बँधे हुए हैं, उसकी साहित्यिकता के बल पर, कोमल और कर्कश सभी स्वर एक ऐसे संगीत में बँधे हैं जो राग विशेष कहकर निर्धारित नहीं किया जा सकता।

हजारीप्रसाद द्विवेदी ने अपने किसी लेख में लिखा था, निराला सभी क्षेत्रों में चैलेंज देता है। उसकी प्राथमिक कविताओं में चैलेंज स्पष्ट है; और अत्यन्त स्थूल रूप से छंदों में। वर्णिक और मात्रिक, गेय और पाठ्य वृत्तों में उसने अनेक

कविताएँ लिखीं परन्तु हिंदी पाठकों ने यह चैलेंज स्वीकार न किया, प्रत्युत यही कहा, उसे छंद लिखना न आता था। निराला का दावा था, मुक्त कविता के लिए मुक्त छंद की आवश्यकता है; तर्क कुछ इस रूप में दिया गया जैसे छंद की मुक्ति से ही कविता मुक्त हो जायगी। 'शिवाजी का पत्र' मुक्त ही नहीं उच्छृंखल भी है। गति के साथ विचारों का भी बंधन उसमें नहीं है। केवल अपने धारा-वाहिक वक्तृत्व के ओज पर ही बढ़ता चला जाता है, और कुछ लोगों को, जिन्हें 'परिमल' में अन्यत्र कुछ भी रस नहीं मिलता, अवश्य प्रभावित करता है। 'जागो फिर एक बार' के दूसरे भाग में यह ओज सुसंगठित हो गया है, प्रवाह जारी है। उसी कविता के पहले खंड में माधुर्य केस ाथ छंद की मंद गति सहज ही बँध गई है। और 'जुही की कली' और 'शेफाली' में वही छंद इतने प्रशांत भावावेश का परिचायक है कि छंद के नियम-भंग का सवाल ही नहीं उठता। मुक्त होते हुए भी छंद गति के इतने सुकोमल प्रायः अस्पृश्य तंतुओं से बँधा हुआ है कि उसे मुक्त कहना अन्याय जान पड़ता है। मुक्त छंद के भी अपने नियम होते हैं, साधारण छंदों के नियमों से कठिनतर क्योंकि उनकी व्याख्या सहज नहीं,—यह इन कविताओं से सिद्ध है। और ये कविताएँ वर्णिक हैं। मात्रिक मुक्त छंद में लिखी हुई कविताएँ गाई जा सकती हैं। विदेशी संगीत का आभास देते हुए कवि उन्हें गाता भी है। इसके बाद वे कवितायें हैं जो छन्द के साधारण नियमों के अनुसार लिखी गई हैं; 'देख चुका जो जो आये थे, चले गए' इत्यादि परिमल के वे मुक्तक जिनकी सरल भाव-व्यंजना कवि की बाद की कृतियों में बहुत कम आ पाई है। उच्छृंखलता, मुक्ति में बंधन, और बन्धन में मुक्ति,—'परिमल' के छंदों का यही इन्द्रजाल है। यह छन्द-वैचित्र्य कवि के निराला-तत्त्व का परि-चायक है।

यही हाल भावना में है। आलोक और अंधकार दोनों तक कवि की कल्पना पेंगें भरती है। अचल का चंचल क्षुद्र 'प्रपात' अन्धकार से निकलता और प्रकाश की ओर जाता रवीन्द्रनाथ के 'निर्झरेर स्वप्नभंग' की याद दिलाता है। इसकी गति अधिक नम्र है; जहाँ रवीन्द्रनाथ के पर्वतचय ढह जाते हैं, वहाँ निराला का प्रपात केवल पत्थर से टकराता है, मुस्कराता है और अजान की ओर इशारा करके आगे बढ़ जाता है। और दूसरी ओर बादल है, जिसके लिए, 'अन्धकार—घन अन्धकार ही क्रीड़ा का आगार' है। इसी शून्य में बादल की सारी क्रियाएँ समाप्त हो जाती हैं; न कहीं आना है न जाना है। इन दो चरम स्वरों के बीच 'परिमल' का संगीत निहित है। प्रार्थना के करुण रोदन से लेकर विद्रोह के उदात्त चीत्कार तक सभी कुछ यहाँ सुनने को मिलता है और अपने पौरुष से कवि ने इन स्वरों के झंझावात पर विजय पाई है। अपने बादल की ही तरह

'मुक्त ! तुम्हारे मुक्तकंठ में
स्वरारोह, अवरोह, विधान,
मधुर मंद, उठ पुनः पुनः ध्वनि
छा लेती है गगन, श्याम कानन,
सुरभित उद्यान।'

'गीतिका' के अनेक गीतों में इस अंधकार-तत्त्व का निदर्शन हुआ है। 'कौन तम के पार' गीतिका का शायद सबसे जटिल गीत है; जटिलता का एक कारण हो सकता है, कवि थोड़े में बहुत ज्यादा कहना चाहता है, यह भी हो सकता है कि उसके मानसिक द्वन्द्व में यह भाव स्वयं कवि के लिए बहुत स्पष्ट न हो पाया हो। किन्तु इस गीत के भीतर एक ऐसी शक्ति का परिचय मिलता है जो अस्पष्ट होने पर भी अपनी तरफ पाठक को बरबस खींचती है। हिरैक्लिटस, बुद्ध या बर्गसन की भाँति सभी तत्त्व यहाँ चल रूप में देखे गए हैं। विश्व एक स्रोत कहा गया है जिसका प्रवाह यह आकाश ही है। इसी प्रवाह में चर-अचर, जल और जग, दोनों आ जाते हैं। समस्या यही है, किसे चर कहा जाय, किसे अचर। और इसी प्रवाह में प्रवाहित मनुष्य है, एक सरोवर के समान, जहाँ लहरें बाल हैं, कमल मुख है, किरण से वह खुलता है, आनन्द का भौंरा उस पर गूँजता है; किन्तु संध्या होते ही इस कमल को खिलाने वाला सूर्य निशा के हृदय पर विश्राम करता है, तब सार उसका उदय था, या उसका अस्त ? प्रकाश सार है या अंधकार ? तमोगुण से सत्य का विरोध है किन्तु बिना तम के सतोगुण की कल्पना भी असंभव है। इसीलिए कवि पूछता है 'कौन तम के पार !' शून्य में ही विश्व का आदि है और अवसान ! 'डूबा रवि अस्ताचल' गीत में वह अंधकार की देवी का आह्वान करता है। चारों ओर स्तब्ध अंधकार छाया हुआ है, उसी में 'तारक शतलोक-हार' और विश्व का 'कारुणिक मंगल' भी डूब गए हैं। तभी तमसावृता मृत्यु की देवी को वह जीवन-फल-दंशन के लिए बुलाता है।

'वही नील-ज्योति-वसन
पहन, नील नयन-हसन,
आओ छबि, मृत्यु-दशन
करो दंश जीवन-फल।'

ऐसे गीतों में एक प्रकार की जीवन से विरक्ति है; एक ऐसी निराशा है जो जितना ही शब्दों के नीचे मुँदी हुई है, उतना ही गम्भीर है। इस निराशा में रोमांटिक निराशा की, सांसारिक सुख से अनिच्छा आदि की झलक नहीं है। निराला की निराशा दार्शनिक और युक्ति-पूर्ण है, इसे तर्क से आशावाद में परि-

णत नहीं किया जा सकता। केवल कवि की आत्मा के सोते हुए शक्ति-केन्द्रों में जब स्फुरण होता है, तब वह इस अंधकार को छिन्न-भिन्न करने के लिए आतुर हो जाता है। तम और आलोक, अस्ति और नास्ति में तुमुल संघर्ष मच जाता है और वह अपने क्लेश की एक झलक हमें किसी गीत में दे देता है।

'प्रात तव द्वार पर,
आया जननि, नैश अंध पथ पार कर।'

रात्रि भर वह अंधकारमय पथ में चला है, प्रातःकाल इष्ट की देहरी पर पहुँचा है, उसकी वाणी में थकान है परन्तु विजयोल्लास भी।

'लगे जो उपल पद, हुए उत्पल ज्ञात,
कंटक चुभे जागरण बने अवदात,
स्मृति में रहा पार करता हुआ रात,
अवसन्न भी हूँ प्रसन्न मैं प्राप्तवर—
प्रात तव द्वार पर।'

पैरों में पत्थर लगे, वे कमल से जान पड़े; उपल ही साधना के बल से जैसे खिलकर उत्पल बन गए हों। काँटे चुभे, वे नींद को दूर करते रहे। इस प्रकार वह स्मृति में संस्कारों के कंटकित मार्ग को पार करता रहा है। इस समय जर्जर, उसका शरीर अवसन्न हो गया है, फिर भी वह प्रसन्न है। यहाँ हम एक संघर्ष का चित्र देखते हैं, और इसमें कवि अपनी पूरी शक्ति से एक विरोधी तत्त्व को परास्त करने में लगा है। हम यहाँ इस अद्भुत क्रियाशीलता की झलक भर पाते हैं, किन्तु यही द्वन्द्व निराला की इस युग की दो महत्तम कृतियों का कारण है, 'तुलसीदास' और 'राम की शक्ति-पूजा' का।

'तुलसीदास' कविता पहले लिखी गई थी, उसमें कवि ने अपना पूरा द्वन्द्व तुलसीदास पर आरोपित करके उसका विशद चित्रण किया है। भक्त कवि तुलसीदास के लिए यह संघर्ष, विजय-पराजय, तत्त्वों की क्रियाशीलता सत्य हो या न हो, निराला के लिए अवश्य है। तुलसीदास में निराला ने अपनी प्रतिच्छाया देखी है, पुरातन कवि की मनोभूमि को उसने अपने संघर्ष का रंगमंच बनाया है। तुलसीदास भारत की सभ्यता के सूत्रधार हैं; और जो कुछ है वह विरोधी, तमोगुणपूर्ण है। तुलसीदास इसी विरोधी तत्त्व से युद्ध करते अन्त में 'अस्ति' को लिए हुए विजयी होते हैं। अनेक मानसिक भूमियों पर वे विचरते हैं, विचित्र समस्याओं से उलझते और उन्हें सुलझाते हैं और अन्त में अपनी पूरी शक्ति के साथ वह बन्धनों को तोड़ देते हैं। उनकी मुक्ति ही, भारत की, विश्व की मुक्ति है।

तुलसीदास के बाद तुलसी के चरित नायक राम में कवि इसी द्वन्द्व को आरोपित करता है। राम-रावण का संग्राम छिड़ा हुआ है, कई दिन बीत गए हैं परन्तु विजय निश्चित नहीं हुई। एक दिन की घटना का वर्णन है, राम युद्ध से थके हुए अपनी सेना के साथ अपने खेमे की ओर चलते हैं, संशय से वह विकल हो गये हैं और रावण-विजय अब पूर्व की भाँति एक निर्धारित वस्तु नहीं जान पड़ती। गरजता सागर, अमावस की काली रात और पर्वत के सानु की प्राकृतिक सेटिंग में राम को चिन्तामग्न हम देखते हैं। यहाँ पुरुष और प्रकृति सभी अपने तत्त्वों के अनुकूल एक भयानक युद्ध में लगे हुए हैं। रावण तमोगुण का प्रतीक है; आकाश-तत्त्व से उसकी मैत्री है। आकाश में शिव का वास होने से शिव उसके इष्टदेव हैं। शिव की संगिनी शक्ति भी स्वभावत: रावण के साथ है। इसी कारण राम की पराजय होती है। 'लांछन को ले जैसे शशांक नभ में अशंक',— यह देवी रावण को गोद में लिए राम के सभी ज्योति:पुञ्ज अस्त्रों को अपने ऊपर ले लेती है। जांबवान के कहने से राम शक्ति की नवीन कल्पना करके उसकी पूजा में लीन होते हैं और अन्त में योग द्वारा शक्ति उनके वश में होती है। निराला की परुषता, उसका ओज यहाँ विरोधी तत्त्वों के पारस्परिक संघर्ष में खूब स्पष्ट देखने को मिलता है। निराला में जो अंश शक्ति का उपासक है, उसने यहाँ अपनी पूर्ण व्यञ्जना पाई है। आकाश का उल्लास, रावण का अट्टहास, समुद्र का आंदोलन, अमानिशा का अंधकार उगलना और इन सब पर राम की अर्चना महावीर का विजयी होकर, आकाशवासी शंकर को भी त्रस्त करना आदि वर्णन हिंदी ही नहीं, कविता के लिए नवीन हैं। शेक्सपियर में 'किंग लियर' के तीसरे अंक में झंझा का प्रचंड कोप और लियर की विकलता, 'पैराडाइज़ लॉस्ट' में सैटन की पहली बार नरक के अंधकार-आलोक को देखना, दान्ते के इनफ़र्नो के पीड़ित जनसमुदाय, वहाँ के तूफ़ान, वहाँ का रुदन,— सभी अपनी विशेषताएँ लिये हुए हैं, परन्तु 'राम की शक्ति-पूजा' की प्राकृतिक सेटिंग इन सबसे भिन्न है, वेदनापूर्ण नहीं परन्तु सर्वाधिक ओजपूर्ण। इस ओज का रहस्य निराला की प्रतीक-व्यञ्जना है। रावण, अंधकार, आकाश सभी एक साथ क्रिया-शील हैं; रहस्यवादियों ने एक ही आलोकमय जीवन में विश्व को डूबा हुआ देखा था, परन्तु तमोगुण को इस प्रकार प्रकृति और मानव में फैला हुआ युद्धोन्मुख, शक्तिपूर्ण और क्रियाशील उन्होंने नहीं देखा। 'राम की शक्ति-पूजा' हिंदी की श्रेष्ठ 'हीरोइक पोएम' है।

'तुलसीदास' में सतोगुणी तत्त्व का वर्णन अधिक ओजपूर्ण हुआ है; 'राम की शक्ति-पूजा' में अन्धकार का। यही कवि का निरालापन है; कभी आलोक कभी अन्धकार, वह दोनों को चित्रित करता है, कभी किसी को घटाकर कभी बढ़ा कर।

निराला एक नए युग की भावना लेकर आया है; ब्रजभाषा के स्कूल से बहुत-सी बातों में वह भिन्न है। 'गीतिका' की भूमिका में उसने पुराने गीतों से असंतोष प्रकट किया है। फिर भी आलंकारिकता में वह अपनी 'वन-बेला' या 'सम्राट् अष्टम एडवर्ड के प्रति' कविताओं द्वारा ब्रजभाषा की अलंकारप्रियता को मात देता है। शब्दों के आवर्त रखने का उसे मर्ज़-सा है, अधिकांश वे सुन्दर होते हैं, कभी-कभी भोंडे भी। रोमांटिक कवियों के बे सिर-पैर के भावावेश में वह विश्वास नहीं करता, फिर भी 'राम की शक्ति पूजा', 'जागो फिर एक बार' आदि में उसकी कविता स्वत: प्रवाहित जान पड़ती है। केवल मैदान में सर् सर् करती गंगा की भाँति नहीं वरन् पहाड़ों के बीच टकराती, घनी अँधेरी घाटियों में पत्थरों को काटती, बहाती, वह तुमुल शब्द करती चलती है। शक्ति की एक अजस्र धारा-सी, विरोधों का नाश करती, वह बहाई हुई नदी नहीं लगती। यह सब भी उसी पैराडॉक्स का एक अंग है।

भाषा में वह सरल से सरल और कठिन से कठिन शब्दों का प्रयोग करता है। कभी माधुर्य की पुरानी कल्पना से प्रभावित जान पड़ता है,

'चलो मंजु गुञ्जर धर
नूपुर शिंजित चरण'

—लिखता है, कभी सीधे शब्दों के प्रयोग द्वारा वह एक कर्कश आधुनिकता का आभास देता है। कभी उसके स्वर लम्बे खिंचे हुए प्राफेट के से आते हैं—

'बुझे तृष्णाशा, विषानल, झरे भाषा अमृत निर्झर।' कभी छोटी पद योजना, पढ़ना मुश्किल कर देती है,—

'मैं लिखती, सब कहते,
तुम सहते प्रिय सहते !'

उसके भीतर परुषता है, मृदुलता भी, पुरुषत्व भी, स्त्रीत्व भी, व्यंग्य भी, गंभीर उपासना भी, आस्तिक भी, नास्तिक भी···

हिंदी आलोचक कभी हाथी की टाँग देखकर उसी को हाथी कहने लगते हैं, कभी उसकी पूँछ को ही; कोई-कोई गोबर पर पैर पड़ने से त्राहि-त्राहि करने लगते हैं। उसके संघर्षपूर्ण ड्रैमेटिक व्यक्तित्व पर लोगों की कम नज़र जाती है। बिना इस आंतरिक संघर्ष के कोई महती साहित्यिक कृति क्या देगा? जो एक का होकर रहेगा, वह विश्व का व्यापक चित्रण क्या करेगा? भावुक कवि छोटी-छोटी 'लिरिक्स' लिख सकते हैं; वे निराला की 'हीरोइक पोएम्स' नहीं लिख सकते। उसकी 'लिरिक्स' के घात-प्रतिघातों को भी वे नहीं पा सकते। पो आदि ने सौंदर्य में मनुष्य को आश्चर्य में डाल देने वाली कोई वस्तु देखी है; इस

'सर्प्राइज़' को निरालापन कह सकते हैं। सभी कवि निराले होते हैं, क्योंकि अपनी मौलिक प्रतिभा से वे विश्व को कुछ नया देते हैं। कवि निराला के खान-पान, रहन-सहन की बातों से लेकर सूक्ष्मतम स्पष्ट-अस्पष्ट विचार-भावना-धाराओं में निरालापन है, उसके व्यक्तित्व के अणु-अणु में व्याप्त है; इसीलिए उसके काव्य-साहित्य का एक शब्द में निराला कहकर परिचय दे सकते हैं। निराला कहकर मुँह मटकाने के लिए नहीं, वरन् उसकी श्रेष्ठ कवि-प्रतिभा को स्वीकार करने के लिए।

1938

निराला और मुक्तछंद

'मुक्तछंद' में एक विरोधाभास है। यदि वह मुक्त है, तो फिर छंद क्यों ? वास्तव में छंद का अर्थ ही बन्धन है—'बन्धनमय छन्दों की छोटी राह'। परन्तु जैसे छन्द की सीमाओं में भी कवि गति-लय में स्वेच्छाचारी होता है, वैसे ही मुक्त-छंद की 'मुक्ति' भी निरपेक्ष नहीं है, वरन् गति-लय की सीमाओं से बँधी है। मुक्तछन्द में लिखी हुई कविता 'कविता' है या नहीं, यह अब विवाद का विषय नहीं रह गया। परन्तु मुक्तछन्द और साधारण छंदों में किसका प्रयोग अधिक वांछनीय है और मुक्तछंद और अमुक्त को सापेक्षता की सीमा में बाँधने वाले कौन से नियम हैं, यह विषय विवादास्पद है और उस पर अभी यथेष्ट चर्चा नहीं हुई।

छायावादी युग के आरम्भ से मुक्तछंद का प्रचार हुआ है। उस समय से लेकर लगभग दस-पन्द्रह साल तक इस विषय पर जो विवाद चला, वह विवाद न होकर वितंडावाद बन गया। विरोधी अधिक थे और वे इस विषय पर गम्भीरता से कुछ सोचने और कहने के लिए तैयार न थे। इसकी नकल करना आसान था और हास्यरस के लिए बहुत से जोकरों को यह बहुत सस्ता बाजा मिल गया था। एक ध्यान देने की बात है कि कवित्त-सवैया और समस्या-पूर्ति वाला सम्प्रदाय इसका सबसे कट्टर विरोधी था। वह छायावादियों पर जहाँ यह दोष लगाता था कि वे अलंकार-शास्त्र नहीं जानते, वहाँ पिंगल-सम्बन्धी 'अज्ञान' भी उसे एक अच्छा अस्त्र मिल जाता था। उस समय मुक्तछंद ने कवित्त-सवैया और समस्यापूर्ति के मोर्चे को तोड़ने में अग्रदल का काम किया, यह उसका ऐतिहासिक महत्त्व है और इसके लिए हमें उसका कृतज्ञ होना चाहिए।

यह स्वाभाविक था कि उस समय उसकी सापेक्ष मुक्ति के नियमों की ओर लोगों का ध्यान न जाय। वरन् इसके आचार्य निरालाजी की अनेक उक्तियों से किसी हद तक एक भ्रांत धारणा की भी पुष्टि हुई। निरालाजी ने रीतिकालीन साहित्य की विचार-भूमि से जो स्वाधीनता प्राप्त की, उसे उन्होंने 'छंद' मात्र के साथ जोड़ दिया। उनका कहना था कि मुक्त भावना का वाहक छंद भी मुक्त

होना चाहिए। जैसे सन्' 24 की इस कविता में—

'ग्राज नहीं है मुझे ग्रौर कुछ चाह,
ग्रर्धविकच इस हृदयकमल में ग्रा तू
प्रिये, छोड़कर बंधनमय छंदों की छोटी राह !'

'छंदों की छोटी राह' में तिरस्कार का भाव स्पष्ट है। इसके दस-बारह साल बाद 'माधुरी' में ग्रपने गीतों की चर्चा करते हुए उन्होंने लिखा था—'भावों की मुक्ति छन्द की भी मुक्ति चाहती है। यहाँ भाषा, भाव ग्रौर छन्द तीनों स्वतंत्र हैं।' ग्रौर 'परिमल' की भूमिका में भी—'मनुष्यों की मुक्ति कर्मों की बन्धन से छुटकारा पाना है, ग्रौर कविता की मुक्ति छन्दों के शासन से ग्रलग हो जाना।' तब क्या 'तुलसीदास' ग्रौर 'राम की शक्ति-पूजा' के भाव बंधन में हैं ग्रथवा स्वयं बंधनहीन होने पर भी वे छंद की सीमाग्रों के भीतर मुक्ति के लिए छटपटा रहे हैं ?

'खिच गये दृगों में सीता के राममय नयन'

या

'माता कहती थीं मुझे सदा राजीवनयन'

इन पंक्तियों के भाव किस प्रकार पराधीन हैं ? यदि स्वाधीन हैं तो वे छंद को तोड़ने की विकलता किस प्रकार विज्ञापित कर रहे हैं ?

प्रवाह में स्वाधीनता हो सकती है परन्तु उसका भावों की स्वाधीनता से कोई ग्रगोचर सम्बन्ध नहीं है। निरालाजी ने 'पन्तजी ग्रौर पल्लव' में मैथिलीशरण जी गुप्त के 'वीरांगना काव्य' के ग्रतुकांत छन्द का जिक्र करते हुए लिखा था—'गुप्तजी के छन्द में नियम थे। मैंने देखा, उन नियमों के कारण, उस ग्रनुवाद में बहाव कम था—उनके बाँध को तोड़कर स्वच्छंद गति से चलने का प्रयास कर रहा हो—वे नियम मेरी ग्रात्मा को ग्रसह्य हो रहे थे—कुछ ग्रक्षरों के उच्चारण से जिह्वा नाराज़ हो रही थी।' पन्द्रह वर्णों की पंक्ति में प्रवाह ग्रचानक रुक जाता है, परन्तु सोलह वर्णों की पंक्ति में यह बात नहीं होती। सदोष छंद को छोड़ने का ग्रर्थ यह नहीं है कि मुक्तछंद के बिना प्रवाह की रक्षा ही नहीं हो सकती।

निराला जी ने मुक्तछन्द से ग्रोजगुण की विशेष मैत्री कल्पित की है।

'बन्द हो जाएँगे ये सारे कोमल छन्द,
सिन्धुराग का होगा तब ग्रालाप,'—

श्रौर 'पंतजी श्रौर पल्लव' में—'वह कविता की स्त्री-सुकुमारता नहीं, कवित्व का पुरुष-गर्व है।' मुक्तछंद श्रौर पुरुषत्व का कोई भी प्राकृतिक संबंध नहीं है, न नियमित छन्दों श्रौर स्त्री-सुकुमारता का। 'राम की शक्ति-पूजा' का स्मरण करते ही (श्रौर 'जुही की कली' का भी!) इस उक्ति का कल्पित 'आधार स्पष्ट हो जाता है।

यह कहा जा सकता है कि गति श्रौर प्रवाह के लिए जितना विस्तार मुक्त-छन्द में सम्भव है, उतना साधारण छन्दों में नहीं है। यह बात सिद्धांतरूप में भले ही मान ली जाय, व्यवहार में इसका उलटा ही दिखाई देता है। मुक्तछन्द की गति श्रधिक सीमित, उसका प्रवाह श्रधिक संकुचित होता है। निरालाजी के मुक्तछन्द की किन्हीं भी पंक्तियों का स्मरण कीजिये श्रौर इन पंक्तियों से उनकी तुलना कीजिए—

'बहती जातीं साथ तुम्हारे स्मृतियाँ कितनी,
दग्ध-चिता के कितने हाहाकार!
नश्वरता की—थीं सजीव जो—कृतियाँ कितनी,
श्रबलाश्रों की कितनी करुण पुकार।'

श्रौर भी—

'गरज-गरज घन श्रन्धकार में गा श्रपने संगीत
बन्धु, वे बाधा बन्ध-विहीन।
श्राँखों में नवजीवन की तू श्रंजन लगा पुनीत,
बिखर झर जाने दे प्राचीन।'

इन पंक्तियों का प्रसार दर्शनीय है। प्रवाह की गम्भीरता, नाद-सौंदर्य, भाव की 'मुक्ति' श्रौर छन्द की 'मुक्ति' निम्नलिखित पंक्तियों से श्रधिक मुक्तछंद में नहीं प्रकट हुई,—

'है श्रमानिशा, उगलता गगन घन श्रंधकार,
खो रहा दिशा का ज्ञान, स्तब्ध है पवनचार,
श्रप्रतिहत गरज रहा पीछे श्रम्बुधि विशाल,
भूधर ज्यों ध्यान-मग्न, केवल जलती मशाल।'

इसका यह श्रर्थ नहीं है कि नियमित छन्दों में ही कोई ऐसा गुण है जिससे यह ध्वनि-सौन्दर्य उत्पन्न होता है। सारी बात तो कवि-कौशल की है।

मुक्तछन्द को नियमों से परे मानते हुए भी निरालाजी उसके 'प्रवाह' को स्वीकार ही नहीं करते, वरन् उसे मुक्तछन्द की सफलता के लिए श्रावश्यक भी

समझते हैं। मुक्तछन्द में लिखी हुई कविताओं की चर्चा करते हुए 'परिमल' की भूमिका में उन्होंने लिखा था—'उनमें नियम कोई नहीं। केवल प्रवाह कवित्तछन्द का-सा जान पड़ता है। मुक्तछन्द का समर्थक उसका प्रवाह ही है। वही उसे छन्द सिद्ध करता है, और उसका नियम-राहित्य उसकी मुक्ति।' उसी भूमिका में 'जुही की कली' से पहली पाँच पंक्तियों का उद्धरण देकर कहते हैं—'तमाम लड़ियों की गति कवित्तछन्द की है' और 'हिन्दी में मुक्तकाव्य कवित्तछन्द की बुनियाद पर सफल हो सकता है।' यह काफी बड़ा बन्धन है, उसके पाश ढीले ही क्यों न हों। कवित्त की भूमि निश्चित कर देने के बाद उसके प्रवाह पर यह बन्धन लग जाता है कि वह उस गति से विद्रोह नहीं कर सकता। 'जिस तरह ब्रह्म मुक्त स्वभाव है, वैसे ही यह छन्द भी'—यह कहना इस नियमित प्रवाह से मेल नहीं खाता। 'पन्तजी और पल्लव' में उन्होंने कवित्त और मुक्तछन्द के संबंध पर विस्तार से प्रकाश डाला है।

मुक्तछंद की पंक्तियों को सुगठित बनाने के लिए ध्वनिसाम्य का आधार लिया जाता है। निरालाजी ने इसका विशेष उपयोग किया है।

'जागो फिर एक बार!
प्यारे जगाते हुए हारे सब तारे तुम्हें
अरुण-पंख तरुण-किरण
खड़ी खेल रही द्वार!'

'प्यारे, हारे, तारे' 'अरुण, तरुण' शब्द पंक्तियों के सुगठित होने में सहायक होते हैं।

ऐसे ही—

समर में अमर कर प्राण,
गान गाये महासिंधु से;
सिंधुनद तीरवासी,
सैन्धव तुरंगों पर,
चतुरंग चमूसंग;
सवा-सवा लाख पर,
एक को चढ़ाऊँगा,
गोविंदसिंह निज
नाम जब कहाऊँगा।'
किसने सुनाया यह,

वीरजन मोहन अति,
दुर्जय संग्राम राग,
फाग था खेला रण बारहों महीनों में ?—
शेरों की माद में,
आया है आज स्यार—
जागो फिर एक बार !'

इस बंद में ध्वनि के सहज सानुप्रास आवर्त दर्शनीय हैं। उनके साथ निरालाजी ने 'चढ़ाऊँगा', 'कहाऊँगा' की तुकांत कड़ियाँ भी मिला दी हैं। अंत में 'स्यार' और 'बार' की तुकों वाली पंक्तियों से बंद समाप्त होता है। तमाम पंक्तियों में आंतरिक संगठन के साथ पूरे बंद में तारतम्य और सम्बद्धता है। बंद के पश्चात् पूरी कविता में यह तारतम्य विद्यमान है। हर बंद के बाद 'जागो फिर एक बार' की ध्वनि नवयुग के वैतालिक के स्वर की तरह हृदय पर एक विचित्र मोहक प्रभाव डालती है। निरालाजी जिस पुरुषत्व के उपासक हैं, उसकी अभिव्यक्ति अनूठी हुई है।

मुक्तछंदों में भावों के कितने प्रकार, शब्दों की कितनी वृत्तियाँ, कितने गुण प्रकट हो सकते हैं, यह कवि के कौशल पर निर्भर है। निरालाजी ने कहा है कि मुक्तछंद का प्रयोग ओजगुण के लिए होता है; परंतु इन पंक्तियों की कोमलता की तुलना के लिए अन्य पंक्तियाँ ढूँढ़ने पर ही मिलेंगी—

'पिउ रव पपीहे प्रिय बोल रहे,
सेज पर विरह-विदग्धा वधू;
याद कर बीती बातें, रातें मन-मिलन की,
मूँद रही पलकें चारु,
नयन जल ढल गये,
लघुतर कर व्यथा-भार—
जागो फिर एक बार !'

पहली पंक्ति में 'प', 'र' की आवृत्ति, 'बातें', 'रातें' का ध्वनिसाम्य, 'जल-ढल' की सजल ध्वनि, 'पलकें चारु' का चित्र-सौष्ठव—सब कुछ कितना स्वाभाविक है, परन्तु इसके पीछे किस कोटि का कौशल छिपा है! क्या गद्य के टुकड़े पढ़ने से यही आनन्द उत्पन्न हो सकता है? निरालाजी ने अनुप्रासों का भोंड़ा प्रयोग नहीं किया, परन्तु अनुप्रासों से जितना प्रेम उन्हें है, उतना और किसी छायावादी कवि को नहीं है। चतुर कलाकार की भाँति उन्होंने उनका उपयोग पंक्तियों के सुगठन और सम्बद्धता के लिए किया है। 'शेफालिका' में 'पल्लव-

पर्यंक पर', 'व्याकुल विकास', 'नक्षत्रदीप कक्ष', 'सुरभिमय समीर लोक' आदि और इस तरह के सैकड़ों उदाहरण उनकी रचनाओं से दिये जा सकते हैं। पुनः ध्वनि के आवर्त, जैसे लोक के बाद शोक, 'आली शेफाली' आदि उनके बायें हाथ का खेल हैं। इस कला के निरालाजी अद्वितीय आचार्य हैं। उनके अनुकरण पर जिन नये कवियों ने मुक्तछंद में रचनाएँ की हैं, उनमें से कुछ ने निरालाजी के कौशल को नहीं अपनाया; वे मुक्ति-सिद्धांत से ऐसे प्रभावित हुए कि ध्वनि-चमत्कार और श्रवण-सुखद प्रवाह से ही हाथ धो बैठे हैं।

निरालाजी जिसे मुक्तछंद कहते हैं, वह वर्णिक ही होता है; मात्रिक छंदों के आधार पर जिस मुक्तछंद की सृष्टि हुई है, उसे वे गीति-काव्य की संज्ञा देते हैं। परन्तु आजकल 'मुक्तछंद' का प्रयोग वर्णिक और मात्रिक—दोनों ही प्रकार के मुक्तछंद के लिए होता है। अन्तर केवल इतना है कि यह गेय भी होता है। निरालाजी एक विशेष प्रकार के संगीत में उसकी बंदिश करते हैं। वर्णिक मुक्त-छंद में अनुप्रासों और ध्वनि के आवर्तों का प्रयोग कुछ कम होता है, परन्तु होता अवश्य है। निरालाजी के मात्रिक मुक्तछंद का आधार 16 मात्रावाला छंद रहता है। मात्राओं की कमी को थोड़ा-बहुत स्वर के विस्तार से पूरा कर लेने पर उसे तिताले में बाँधा जा सकता है। शायद इसीलिए निरालाजी उसे पूर्ण मुक्तछंद नहीं मानते।

मुक्तछंद में कविता करना चाहिए या नहीं, इस प्रश्न का हाँ-ना में उत्तर नहीं दिया जा सकता। यदि कहा जाय कि छंदबद्ध पंक्तियाँ याद हो जाती हैं तो मुक्तछंद के प्रेमी अपने अनुभव से यह तर्क काटने के लिए तैयार हो जायँगे। एक बात निश्चित है कि मुक्तछंद में सफलता पाना प्रतिभाशाली कवि के लिए ही सम्भव है। सोहनलाल द्विवेदी ने मुक्तछंद को सुगठित बनाने के लिए जिन तरकीबों से काम लिया है, वे इतनी सस्ती हैं कि मुक्तछंद की पैरोडी मालूम होती हैं। अनधिकार चेष्टा से मुक्तछंद बहुत जल्दी बकवास में बदल जाता है। उसमें गति और प्रवाह का आनंद नहीं रहता। यदि कोई तुकों की कठिनाई से मुक्तछंद को अपनाये तो उसे बाज़ आना चाहिए। आजकल मुक्तछंद में जो रचनाएँ होती हैं, उनमें प्रवाह की धीरता-गंभीरता के स्थान में पंगुता, गतिहीनता अधिक रहती है। प्रभाकर माचवे के मुक्तछंद में गद्यात्मकता सीमा लाँघ गई है।

परंतु जिसे भी शब्दों के माधुर्य की पहचान होगी, कड़ियों को मिलाकर प्रवाह पैदा करने का कौशल आता होगा, वह अवश्य मुक्तछंद में सफलता प्राप्त करेगा। उसकी कविताएँ गायी न जायँ, यह दूसरी बात है; उनके पढ़नेवालों की कमी न होगी। केदारनाथ अग्रवाल की कविताओं में शब्दों की यह पहचान मिलती है। ध्वनि की गंभीरता नहीं है परंतु तरलता और प्रवाह अवश्य है। गिरिजाकुमार माथुर ने मात्रिक मुक्तछंद में उच्च कोटि का ध्वनि-सौन्दर्य उत्पन्न किया है। यह

सब स्वीकार करते हुए कहना पड़ता है कि छंदों में लिखी हुई कविताओं को और गीतों को जनता जिस तरह अपनाती है, उस तरह मुक्तछंद को नहीं अपनाती। यदि हम कविता को एक सामाजिक क्रिया समझें—कविता लिखने को और उसे एक साथ मिलकर पढ़ने को भी, तो हमें मुक्तछंद का मोह कम करना होगा। मुक्तछंद को दस-पाँच आदमी एक साथ मिलकर नहीं पढ़ सकते। वह एक आदमी के पढ़ने की चीज़ है, चाहे उसे सुननेवाले सैकड़ों हों। नाट्य होने पर मुक्तछंद का यह अकेलापन दूर हो जाता है। अकेलेपन के इस अभियोग के अलावा उस पर और कोई अभियोग नहीं लगाया जा सकता। निरालाजी की सामाजिकता का यह पुष्ट प्रमाण है कि उन्होंने मुक्तछंद की सृष्टि रंगमंच के लिए की थी और वहाँ उसका उपयोग भी किया था।

1944

राम की शक्ति-पूजा

'राम की शक्ति-पूजा' पाश्चात्य महाकाव्यों का अधिक स्मरण दिलाती है, प्राच्यों का कम। उन महाकाव्यों में उसका सान्निध्य सबसे अधिक 'Paradise Lost' से है। छंद का गठन, भाषा का ओजपूर्ण किन्तु अत्यन्त संयमित प्रवाह, साथ ही भावों की असाधारण गरिमा,—ये गुण हमें मिल्टन के काव्य में मिलते हैं। 'राम की शक्ति-पूजा' महाकाव्य नहीं है, खण्डकाव्य भी नहीं, वह एक लम्बी कविता है, परन्तु उसमें ये सभी गुण वर्तमान हैं। अन्तर दोनों के बाह्य परिमाण का है; और इस बात को अनेक आलोचकों ने स्वीकार किया है कि मिल्टन का महाकाव्य अपने सभी अंशों में, समुचित संगठित महान् नहीं है। पौराणिक उपाख्यान को जिस प्रकार कवि ने काव्य में कल्पना द्वारा सजीव किया है, वह बहुत कुछ पाश्चात्य Epics के अनुकूल हुआ है। कवि ने थोड़े में अपने पात्रों का चित्रण किया है किन्तु वे अपनी छाप हृदय पर किसी Epic के ही पात्रों की तरह डालते हैं। राम, महावीर, विभीषण आदि पर आदिकवि से लेकर आज के कवियों तक, न जाने कितना लिखा गया, फिर भी उनके भीतर से कवि ने जिन प्रतीकों की व्यंजना की है, वह तात्विक और आधुनिक दृष्टिकोण की सूचक है। संकेत व्यंजनाओं से यह कविता गुँथी हुई है और इन्हीं से हम उसके मूल अर्थ तक पहुँचते हैं; प्रतीकवाद का उथला रूप इसमें कहीं भी नहीं है। इस प्रकार की प्रतीक व्यंजना का मिल्टन में अभाव है; छन्द और भाषा का संगठन इस प्रकार हमारे पुराने काव्यों में नहीं किया गया; इस कविता के चारित्रिक घात-प्रतिघात ऐसी मानसिक,—यदि उसे मानसिक कहा जा सके—भूमि पर होते हैं जहाँ बहुत कम कवियों की पहुँच है; इसीलिए यह कविता पुरातन और आधुनिक काव्य में अद्वितीय है, जिसका अर्थ यह नहीं कि वह सर्वोत्कृष्ट है। वह नवीन है, किसी भी महाकाव्य-सी मूल्यवान, और वह हिन्दी की सम्पत्ति है।

आरम्भ इन पंक्तियों से होता है—

रवि हुआ अस्त; ज्योति के पत्र में लिखा अमर
रह गया राम-रावण का अपराजेय समर
आज का······

कवि का ध्येय राम-रावण का युद्ध वर्णन नहीं है, इसलिए वह सूर्य को अस्त करके पहले ही बता देता है कि आज का युद्ध समाप्त हो चुका है। ऊपर की पंक्तियों के बाद युद्ध का वर्णन चलता है किन्तु वह चित्र का पश्चाद्भाग सज्जित करने के लिए; कवि का वह मूल विषय नहीं। कुछ-कुछ इसी प्रकार मिल्टन ने भी खुदा और शैतान के युद्ध का वर्णन किया है, संकेत व्यंजना का ऊपर की दो पंक्तियाँ सुन्दर उदाहरण हैं। दिन समाप्त हो चुका है परन्तु जो घटनाएँ उस काल में घटित हुई हैं, वे जैसे उसी दिन के ज्योति पत्र पर अंकित कहीं सुरक्षित हैं। कवि ऐसा आभास देता है कि ये घटनाएँ क्षणिक नहीं, उनकी महत्ता अनन्त है और वे अनन्त काल तक रहेंगी। साथ ही 'अपराजेय समर' से हमें युद्ध के अनिश्चित परिणाम का बोध होता है; राम की मनोभूमि पर जो संग्राम होनेवाला है, हम कुछ-कुछ उसके लिए तैयार हो जाते हैं।

दूसरे पैरा में दोनों सेनाओं का अपने-अपने शिविरों की ओर लौटना वर्णित है। रावण की सेना की प्रसन्नता और राम की सेना का विषाद आगामी घटनाओं के लिए और भूमि तैयार करते हैं। युद्ध का परिणाम अनिश्चित अवश्य रहा है परन्तु जयाकांक्षी राम के लिए वह पराजय के समान है। प्रथम दो पंक्तियों में राक्षस सेना की प्रसन्नता का वर्णन इस प्रकार है—

'लौटे युगदल, राक्षस-पदतल पृथ्वी टलमल,
बिंध महोल्लास से बार-बार आकाश विकल।'

राक्षसों के अत्याचार से पृथ्वी त्रस्त है, यह ध्वनि पहली पंक्ति की, स्पष्ट है। दूसरी में उल्लास और आधिक्य से आकाश का विकल होना, अपनी सांकेतिकता में, और भी सुन्दर है। राक्षसों का उल्लास आकाश के उल्लास से कुछ सामंजस्य खाता दिखाई पड़ता है; आकाशतत्त्व और राक्षसों के किसी भीतरी सम्बन्ध की ओर कवि यहाँ इंगित करता दिखाई देता है। अन्धकार, आकाश, तमोगुण, राक्षस—ये सब अविभक्त, प्रायः एक ही संज्ञा के सूचक, इस कविता में आते हैं। यह अधिक स्पष्ट हो जाता है, जब हम आगे पढ़ते हैं—

'रावण-महिमा श्याम विभावरी अंधकार···'

रावण और भयानक रात्रि, जो राम को घेरे हुए हैं, एक ही हैं। आकाश में

शिव का वास है और वह रावण के इष्टदेव हैं, इसलिए आकाशतत्त्व से रावण का गहन सम्बन्ध है। कवि ने आगे कहा है—

'यह महाकाश, है जहाँ वास शिव का निर्मल'

इसलिए रावण की विजय पर आकाश का उल्लसित होना अत्यन्त स्वाभाविक है—

'विध महोल्लास मे बार-बार आकाश विकल।'

यहीं कवि हमें बता देता है कि यह राम-रावण का, दो व्यक्तियों का, संग्राम नहीं है; यह उन आदि-शक्तियों का संघर्ष है जो विश्व में सतत क्रियाशील रहती हैं। राम-रावण किन शक्तियों के प्रतीक हैं, यह कवि ने कहा नहीं है, उनकी ओर संकेतमात्र किया है। चरित्रों की मानवीयता सुरक्षित रहती है। राम अपनी वानर-सेना के साथ अपने शिविर की ओर चलते हैं। जटा-मुकुट खुल गया है और उनकी पीठ, बाहुओं और छाती पर फैल गया है। और यहाँ भी एक ज़बर्दस्त संकेत देखकर हम सिहर उठते हैं—

'उतरा ज्यों दुर्गम पर्वत पर नैशांधकार,
चमकती दूर ताराएँ ज्यों हों कहीं पार।'

इस अंधकार, रावण की महिमा, ने राम को आक्रांत कर लिया है, आशा की तारिकाएँ अपनी क्षीण ज्योति में बहुत दूर पर टिमटिमाती दिखाई देती हैं। राम जहाँ अपने सेनानियों के साथ बैठते हैं, वहां भी एक पर्वत है; उसे भी रावण की महिमा, श्यामा विभावरी इसी प्रकार आक्रांत किए हैं।

अगला, इस कविता का एक अत्यन्त सुन्दर पैराग्राफ है। राम के मानसिक संघर्ष के लिए कवि ने जो प्रकृति की सेटिंग दी है वह अत्यन्त ओजपूर्ण, साथ ही सांकेतिक है।

'है अमा निशा; उगलता गगन घन अन्धकार;
खो रहा दिशा का ज्ञान; स्तब्ध है पवन-चार;
अप्रतिहत गरज रहा पीछे, अम्बुधि विशाल;
भूधर ज्यों ध्यानमग्न; केवल जलती मशाल।'

अन्धकार का आधिक्य इससे द्योतित है कि आकाश ही उसे उगलता दिखाई देता है। मिल्टन के Hell की palpable darkness इससे अधिक तामसी नहीं है। यहाँ अन्धकार एक तत्त्व के रूप में क्रियाशील है; उसका सम्बन्ध आकाश से है और आकाश का शिव से, रावण से। राम के चारों ओर यह चातुर्दिक्

प्रवाह; अन्धकार जितना चित्ररूप में सुन्दर है, उतना ही अपनी सांकेतिकता में सार्थक और उपयुक्त। दिशाओं का इस समय ज्ञान नहीं; जड़ शक्तियों ने चेतन को परास्त कर रखा है; पवन भी स्तब्ध है; शायद उसका सम्बन्ध हनुमान से है, इसलिए पीछे अप्रतिहत रूप से विशाल समुद्र गर्जन कर रहा है; अन्धकार के साथ मिलकर, वह राम को आक्रान्त करने में लगा हुआ है। पर्वत जैसे ध्यानमग्न, इन क्रियाओं से उदासीन, चुपचाप खड़ा है। सिर्फ एक मशाल जल रही है।

'केवल जलती मशाल।'

'केवल' का प्रयोग बहुत ही प्रभावोत्पादक हुआ है। इस अन्धकार और समुद्र की उच्छृंखल क्रीड़ाओं के बीच सिर्फ एक मशाल जल रही है। हमें इसी से भावी विजय के लिए आशा मिलती है और हम धैर्य के साथ राम का दैन्य देखने के लिए प्रस्तुत होते हैं।

एक ओर राम की अपराजिता शक्ति, दूसरी ओर वैसे ही रावण का प्रतिरोध, रामचन्द्र मन-ही-मन विकल हो उठते हैं—

'स्थिर राघवेन्द्र को हिला रहा फिर फिर संशय,
रह-रह उठता जग जीवन में रावण-जय-भय;
जो हुआ नहीं आज तक हृदय दमनीय श्रान्त,
एक भी अयुत लक्ष में रहा जो दुराक्रांत,
कल लड़ने को हो रहा विकल वह बार-बार,
असमर्थ मानता मन उद्यत हो हार-हार······'

इसी समय राम को सीता का स्मरण होता है। यह राम की निर्बल मानसिक अवस्था का द्योतक है, कवि ने इंगित से इसे भी आगे स्पष्ट कर दिया है। क्षण-भर के लिए हम जनक की वाटिका में पहुँच जाते हैं और राम और सीता का—

'नयनों का—नयनों से गोपन-प्रिय संभाषण'

देखने लगते हैं। कवि ने राम की इस चारित्रिक निर्बलता को बड़े सुन्दर ढंग से निबाहा है। राम इस दृश्य में इतने तन्मय हो जाते हैं कि आवेश में उनका हाथ फिर धनुष उठाने के लिए बढ़ जाता है। राम की इस क्रिया का कवि ने मार्मिकता से उल्लेख किया है—

'पुलकित तन, क्षण भर भूला मन, लहरा समस्त,
हर धनुर्भंग को पुनर्वार ज्यों उठा हस्त······'

इस आवेश से एक दूसरी भावना का जन्म होता है; वह रावण-विजय की

बात फिर सोचने लगते हैं। भावनाओं का यह सान्निध्य दिखाकर कवि अपनी मनोवैज्ञानिक सूझ का परिचय दिया है। समर में अपना पराक्रम-प्रदर्शन और आज का रावण-विरोध स्मरण करके राम की आँखों से दो बूंद आँसू गिर पड़ते हैं। यहाँ का चित्रण कविता के सर्वोत्कृष्ट प्रभावोत्पादक स्थलों में से एक है—

'वे आये याद दिव्य शर अगणित मन्त्र-पूत,
फड़का पर नभ को उड़े सकल ज्यों देवदूत,
देखते राम जल रहे शलभ ज्यों रजनीचर,
ताड़का, सुबाहु, विराध, शिरात्रय, दूषण खर;
फिर देखी भीमा मूर्ति आज रण देखी जो
आच्छादित किए हुए सम्मुख समग्र नभ को,
ज्योतिर्मय अस्त्र सकल बुझ-बुझकर हुए क्षीण—
पा महानिलय उस तन में क्षण में हुए लीन;
लख शंकाकुल हो गए अतुल-बल शेष-नयन—
खिंच गए दृगों में सीता के राममय नयन,
फिर सुना-हँस रहा अट्टहास रावण खलखल
भावित नयनों से सजल गिरे दो मुक्ता दल।'

आकाश की ओर उड़ते प्रज्वलित बाण चित्र में वैसे ही सुन्दर हैं जैसे वे राम की शक्ति के परिचायक। परन्तु आगे जिस भीमा मूर्ति का वर्णन है, उसके आगे ये कुछ भी नहीं जँचते। बाणों के तेज को स्वीकार करके कवि ने इस मूर्ति की ही अनन्त तेजस्विता को अधिक स्पष्ट किया है। वह सामने सारे आकाश को, रावण के सहायक शम्भु के वास को, ढाँपे हुए राम के सारे अस्त्रों को अपने ऊपर ही रोप लेती है। इस महाशक्ति में बाणों की क्षुद्र शक्तियाँ बुझ-बुझकर लीन हो जाती हैं। राम की निर्बलता, सीता का ध्यान, उन्हें फिर दबा लेता है। उनकी आँखों में सीता के नेत्र, जिनमें राम का चित्र स्वयं अंकित है, खिंच जाते हैं। कम-से-कम शब्दों में अधिक-से-अधिक व्यंजना का यह एक ऐसा उत्कृष्ट उदाहरण है, जैसा और साहित्यों में खोजने पर मुश्किल से ही मिलेगा। सीता की राम-दर्शन की लालसा और वैसी ही राम की वियोग-व्यथा, कवि का चित्र सूक्ष्म, साथ ही भावुकतापूर्ण है। राम की इस निर्बलता के ही समय रावण का हँसना सुनाई देता है। Dramatic Contrast का यह सुन्दर उदाहरण है। रावण का विजय-मद और राम की पराभव-दीनता, दोनों की ही तुलना बड़े प्रभावपूर्ण ढंग से की गई है।

हनुमान भक्तिपूर्वक राम की क्रियाएँ देख रहे थे। उनके चरण अस्ति, नास्ति के दो रूप एक ही पुरुष में अपना तादात्म्य प्रदर्शित करते उन्हें दिखाई देते हैं।

पहले भक्त को यह भान नहीं होता कि उसके भगवान रो रहे हैं; वह उन अश्रु-विन्दुओं को आकाश की तारिकाएँ या दो हीरे समझता है। परन्तु जब उसकी समझ में असली बात आ जाती है तब उसकी शक्ति हठात् प्रबल वेग से स्पंदित हो उठती है।

'ये अश्रु राम के आते ही मन में विचार,
उद्वेल हो उठा शक्ति-खेल सागर अपार,
हो श्वसित पवन-उनचास पिता-पक्ष से तुमुल
एकत्र वक्ष पर बहा वाष्प को उड़ा अतुल
शत घूर्णावर्त, तरंग भंग उठते पहाड़,
जल, राशि-राशि जल पर चढ़ता खाता पछाड़,
तोड़ता बंध प्रतिसंध धरा, हो स्फीत वक्ष
दिग्विजय अर्थ प्रतिपल समर्थ बढ़ता समक्ष
शस वायु वेग बल, डुबा, अतल में देशभाव,
जलराशि विपुल मथ मिला अनिल में महाराव
वज्रांग तेजघन बना पवन को, महाकाश
पहुँचा, एकादश रुद्र क्षुब्ध कर अट्टहास।'

रावण के अट्टहास का उत्तर राम की ओर से दिया गया। राक्षसपति के इष्टदेव भी इस शक्ति के सम्मुख सिहर उठे। राम से प्रबल राम की अर्चना सिद्ध हुई, और हनुमान की सभी क्रियाएँ बैठे-बैठे होती हैं। बाह्य और आंतरिक संसार का भेद हम भूल जाते हैं। शक्ति-सागर एक हनुमान के भीतर उद्वेल होता है, दूसरा सागर लंका के चारों ओर का है, जिसे वायु के थपेड़ों ने विचलित कर दिया है। जल और वायु, प्रकृति के आदि तत्त्वों के संघर्ष के भीतर से हम हनुमान की शक्ति को आकाश की ओर बढ़ते देखते हैं। क्या हनुमान ने पहले सीता से कहा था कि वह उन्हें अकेले राम के पास ले जाने में समर्थ है? आज वह रावण की विजय में फिर समर्थ दिखाई देते हैं, रावण की ही नहीं, रावण के इष्ट देव शंकर की भी। हनुमान के इस वेग का समकक्षी वर्णन अन्यत्र मिलना दुर्लभ है। आधुनिक हिन्दी कविता के अत्यन्त ओजपूर्ण स्थलों में से यह एक है। इससे ओज में कम परन्तु अधिक सुचारु रूप से निबाह हुआ कवि की अन्य कृति 'तुलसीदास' का अन्तिम भाग है। तुलसीदास की मुक्ति के साथ कवि तत्कालीन और पुरातन भारत की भी मुक्ति की ओर इंगित करता है। यहाँ हनुमान की शक्ति, इस क्रियाशीलता के बाद, उन्हीं में फिर निहित हो जाती है। कपि को समस्त आकाश ग्रसता देखकर शिव क्षण-भर को विचलित हो उठते हैं। रावण-महिमा की गहन रात्रि इस राम-अर्चना के

तेज के सम्मुख फटने लगती है। देवी से प्रार्थना करके उसे अंजना-रूप में कपि के पास भेजकर वे कपि को शान्त करते हैं।

इसके बाद विभीषण की वक्तृता है। अपने सामन्तों से घिरे राम बरबस मिल्टन के शैतान की याद दिलाते हैं; यहाँ के तर्क-वितर्क भी कुछ-कुछ Paradise Lost की दूसरी पुस्तक के वाद-विवाद से मिलते-जुलते हैं।

विभीषण को कवि ने वालमीकि के अनुरूप अधिक, तुलसीदास के कम, चित्रित किया है। 'रावणो लोकरावणः' से मेल खाते पद यहाँ भी आते हैं—

'रावण, रावण, लम्पट, खल, कल्मष गताचार······।'

वालमीकि रामायण में विभीषण की राम-भक्ति के भीतर हम उसकी राज्य-लोलुपता देखते हैं, वही निर्बलता यहाँ भी अंकित की गयी है। विभीषण के पास राम को उत्साहित करने के लिए इससे बढ़िया दूसरी तरकीब नहीं कि वह उन्हें सीता के दुःख की याद दिलाए और उन पर व्यंग्य करे कि उन्होंने उसे लंका का राज्य खूब दिया।

'मैं बना किन्तु लंकापति,
धिक्, राघव, धिक्, धिक्।'

इस एक पंक्ति के व्यंग्य द्वारा कवि विभीषण की सारी निर्बलता स्पष्ट कर देता है।

राम पर इन ओज-भरे शब्दों का कोई प्रभाव नहीं पड़ता। उनकी विरक्ति बहुत ही गहरी है; वे शब्द सुनते हैं पर उनके अर्थ तक पहुँचने की चेष्टा नहीं करते। कवि ने राम की निराशा का सुन्दर चित्रण किया है।

'बोले रघुमणि—'मित्रवर, विजय होगी न समर,
यह नहीं रहा नर-वानर का राक्षस से रण,
उतरीं पा महाशक्ति रावण से आमंत्रण;
अन्याय जिधर है उधर शक्ति।' कहते छल-छल
हो गए नयन, कुछ बूंद पुनः ढलके दृग जल;'

राम की निराशा फिर हमें वालमीकि का स्मरण कराती है, अत्यन्त मानवी और नाटकीय चरित्र-विकास की कसौटी पर निखरी हुई। तुलसीदास में राम जहाँ निराश होते हैं वहाँ भी जैसे स्वतः नहीं, प्रकट, केवल दर्शकों के लिए; और कवि-सूत्रधार तुलसीदास उसका अर्थ समझाते चलते हैं। पहली बार उनके आँसू गिरने पर हनुमान का पौरुष जागा था; इस बार लक्ष्मण की बारी है। थोड़े से शब्दों में,—'चमका लक्ष्मण तेजः प्रचंड'—कवि लक्ष्मण के चरित्र की झाँकी हमें

दिखा देता है। चरित्र-चित्रण की पटुता यहीं दर्शनीय है। यह लक्ष्मण हमारे कितने परिचित जान पड़ते हैं। और भक्त हनुमान—

'धँस गया धरा में कपि गह युग पद मसकदण्ड'

जाम्बवान सब बातें समझते हुए स्थिर हैं; सुग्रीव घाव-सा खाए अत्यन्त व्याकुल हैं और विभीषण मन ही मन सोचते हैं कि आगे अब और कौन-सा पांसा फेंका जाय। इस प्रकार—

'मौन में रहा सुस्पंदित वातावरण विषम।'

एक ही पुरुष की बात का अनेक पर जो भिन्न प्रभाव पड़ता है, कवि ने थोड़े में, उनकी चारित्रिक विशेषताओं को झलकाते हुए दिखा दिया है। कवि जहाँ चित्र-सौन्दर्य में समुद्र के तूफान और हवा के झकोरों को एक में मिलाकर प्रलय का-सा दृश्य उपस्थित कर देता है, वहीं वह छोटे-छोटे मनोवैज्ञानिक तथ्यों की ओर इंगित करने में भी नहीं चूकता। वह प्रकृति और मनुष्य के मन में होने-वाले संघर्ष को, क्या छोटे क्या बड़े परिमाण में, समान सफलता के साथ चित्रित कर सकता है। इस उबा देनेवाली शान्ति का वर्णन पढ़कर हम क्षण-भर को भूल जाते हैं कि अभी जल और वायु अपनी असंयमित क्रीड़ाओं में लगे हुए थे।

आगे राम युद्ध का वर्णन करते हैं। एक बार कवि यह दिखा चुका है कि राम के बाण देवी ने अपने ऊपर सहते हुए रावण की रक्षा की थी। यह उसी का और सविस्तार वर्णन है। शक्ति की इस कल्पना में ओज है, साथ ही राम की पराजय में एक बहुत ही मार्मिक वेदना। कविता भर में मुझे यह सबसे दोषहीन पैराग्राफ लगा, इसलिए इसे पूरा उद्धृत करता हूँ। कवि अपनी पूर्ण प्रौढ़ता में यहाँ दिखाई देता है; भाषा और भाव पर अद्भुत आधिपत्य है।

निज सहज रूप में संयत हो जानकी-प्राण
बोले—'आया न समझ में यह दैवी विधान;
रावण, अधर्मरत भी, अपना, मैं हुआ अपर—
यह रहा शक्ति का खेल समर, शंकर, शंकर!
करता मैं योजित बार-बार शर निकर निशित
हो सकती जिनसे यह संसृति संपूर्ण विजित,
जो तेज:पुंज सृष्टि की रक्षा का विचार
है जिनमें निहित पतनघातक संस्कृति अपार—
शत-शुद्ध बोध सूक्ष्मातिसूक्ष्म मन का विवेक,
जिनमें है क्षात्र-धर्म का धृत पूर्णाभिषेक

जो हुए प्रजापतियों से संयम से रक्षित
वे शर हो गए आज रण में श्रीहत खण्डित !
देखा है महाशक्ति रावण को लिए अंक,
लाञ्छन को ले जैसे शशांक नभ में अशंक;
हत मन्त्रपूत शर संवृत करतीं बार-बार,
निष्फल होते लक्ष्य पर क्षिप्र वार पर वार !
विचलित लख कपिदल क्रुद्ध युद्ध को मैं ज्यों-ज्यों
झक-झक झलकती वन्हि वामा के दृग त्यों-त्यों
पश्चात्, देखने लगीं मुझे, बँध गए हस्त,
फिर खिंचा न धनु, मुक्त ज्यों बँधा मैं, हुआ त्रस्त !

संग्राम के पूर्व राम ने भी शंकर की उपासना की थी परन्तु उन्होंने राम का साथ न देकर रावण का ही साथ दिया। शक्ति की उपासना अभी राम द्वारा पूर्ण रूप से नहीं सधी। बार-बार बाण बरसाने पर भी वे श्रीहत खण्डित हो जाते हैं। और इन बाणों में पतन-घातक संस्कृति है; राम विध्वंस के साथ पालन करना भी जानते हैं। बाणों का मंत्र पढ़कर चलाया जाना पुराण-प्रसिद्ध है परन्तु उनके भीतर विनाश और निर्माण देखना मौलिक और आधुनिक है। ऐसे ही स्थत इस कविता को पुरानी कथाओं के अनुवर्त्तन मात्र से भिन्न, एक मौलिक कृति के रूप में हमारे सामने रखते हैं। महाशक्ति का रावण को अंक में लेना जैसे चन्द्रमा अपने अंक में कलंक धारण करता है, दोनों के वैचित्र्य से एक अपूर्व चित्र तैयार करता है।

जाम्बवान सब बातें समझते हुए अभी तक चुप थे, अपना मौका देखकर अब राम को शक्ति की नए रूप से पूजा करने की मंत्रणा देते हैं। अनुभवी सेनानी की भाँति वे राम की अनुपस्थिति में आगे का कार्यक्रम निश्चित करते हैं और राम को साधना के लिए छुट्टी देते हैं। राम जाम्बवान की बात मान लेते हैं और प्रकृति में देवी की कल्पना करके पुलकित होते, उसका मर्म दूसरों को भी समझाते हैं। हनुमान इसके बाद पूजा के फूल लाने चल देते हैं।

भोर होते ही राम आसन पर बैठ जाते हैं; दूर पर युद्ध का कोलाहल सुनाई पड़ता है परन्तु वे चुपचाप अपने ध्यान में लीन बैठे रहते हैं। एक दिन पूजा में बीत जाता है और उनकी साधना गहन होती जाती है। पाँच दिन बीतते हैं और किसी योगी की भाँति उनका मन एक चक्र से दूसरे चक्र पर चढ़ने लगता है।

चढ़ षष्ठ दिवस आज्ञा पर हुआ समाहित मन,
प्रति जप से खिंच-खिंच होने लगा महाकर्षण।

छह दिन पार होने पर अन्तिम चक्र रह जाता है और राम के पास कमल भी एक रह जाता है। दुर्गा इसी समय आधी रात को छिपकर वह कमल चुरा ले जाती है। कमल न मिलने पर अपनी स्वाभाविक निराशा से वह विकल हो उठते हैं।

धिक् जीवन में जो पाता ही आया विरोध,
धिक् साधन जिसके लिए सदा ही किया शोध!
जानकी हाय! उद्धार प्रिया का न हो सका!

लेकिन राम फिर सँभलते हैं और सोचते हैं—

कहती थीं माता मुझे सदा राजीवनयन
दो नील कमल हैं शेष अभी, यह पुरश्चरण
पूरा करता हूँ देकर, मातः एक नयन।

इस विपत्ति के समय माता का स्मरण होना और फिर नयन-राजीव से देवी की अर्चना के लिए सन्नद्ध होना—यहाँ राम की बालसुलभ सरलता और साहस अत्यन्त करुण हैं। अनेक पौराणिक कथाओं में जैसे भगवान् ठीक मौके पर आकर भक्त को मरने से बचा लेते हैं, वैसे ही यहाँ देवी राम को यह अन्तिम कमल समर्पित करने से रोक लेती हैं—

साधु-साधु साधक धीर, धर्म-धन-धन्य राम!
कह लिया भगवती ने राघव का हस्त थाम।

देवी अपने पूर्ण रूप में प्रकट होती हैं और राम के मुख में लीन हो जाती हैं—

होगी जय, होगी जय, हे पुरुषोत्तम नवीन!
कह महाशक्ति राम के वदन में हुई लीन!

इस प्रकार संशय से आरम्भ करके निराशा के बीच होते हुए, विजय की पूर्ण आशा में इस कविता की समाप्ति होती है।

'राम की शक्ति-पूजा' और 'तुलसीदास' निश्चय ही निराला जी की आज तक की कृतियों में महत्तम हैं। एक तरह से वे बिलकुल नई हैं जिनकी तुलना उनके गीतों और मुक्तकों से करनी भी न चाहिए, परन्तु इन्हें पढ़ते हमें अनुभव होता है कि कवि की प्रतिभा अपने पूर्ण विकास के लिए गीतों और मुक्तकों से अधिक परिणाम चाहती है। भावों की गुत्थियाँ उलझाता सुलझाता हुआ वह बड़ी-बड़ी इमारतें तैयार कर सकता है। जिस तरह के भाव हमें इन दो कविताओं में मिलते हैं, उस तरह के भावों के लिए हम व्यर्थ ही उनकी पहली कविताओं में खोज कर

सकते हैं। एक नई बात चरित्र-चित्रण की है जिसकी झलक मात्र 'पंचवटी-प्रसंग' में मिलती है। उसके साथ इन दो में से किसी की भी तुलना करने पर कवि की प्रौढ़ता समझ में आ जाती है। रहस्यवाद में जो कुछ भी अत्यन्त ओजपूर्ण है, वह इन कविताओं में समाहित हैं। युद्ध की आकांक्षा, संघर्ष से प्रेम, विजय का उल्लास, ये ही इन कविताओं की मौलिकता हैं। रहस्यवाद और निराशा का समवन्य यहाँ आँधी के आगे रुई की तरह उड़ जाता है। यहाँ की मानसिक क्रियाएँ बड़ी ही गतिशील और वेगवान होती हैं परन्तु उस सतह पर, जो मनुष्य के विकास में जो सबसे ऊपर की होती है। और फिर भी ये कविताएँ साहित्य में नई, कवि के लिए भी नई हैं। अब भी अधिक विकास की गुंजाइश है। 'यहाँ तक ही, इसके आगे नहीं'—इनकी पूर्णता के लिए नहीं कहा जा सकता जैसे कवि की कुछ अन्य छोटे परिमाण वाली कृतियों के विषय में कहा जा सकता है। इसी राम की शक्ति-पूजा में Bathos का एक उत्कृष्ट उदाहरण मिल सकता है—

फिर मधुर दृष्टि से प्रिय कपि को खींचते हुए
बोले प्रियतर स्वर से अन्तर सींचते हुए—

इनसे अधिक नीरस और हल्की पंक्तियों की एक सुन्दर कविता में कल्पना करना मेरे लिए दुष्कर है। परन्तु वे क्षम्य हैं, इसलिए कि वे कविताएँ निराला की हैं। क्या शेक्सपियर के साधारण पात्र कभी-कभी हास्यास्पद आलंकारिकता के साथ नहीं बोलते ? अनुभव की हमें यहाँ एक नई भूमि मिलती है, भाषा और भावों का गठन और ओज अधिकांश स्थलों पर अनुपम है और हमारे लिए यह काफी है। शब्दों के प्रास देते हुए कवि ने जो अपनी पंक्तियों की गति में भंग दिए हैं, वे पढ़ने में बड़े सुखद लगते हैं —

वारित-सौमित्रि-भल्लपति-अगणित मल्लरोध,
बिंध महोल्लास से बार-बार आकाश विकल—

आदि पंक्तियों में शब्दों के आवर्त्त दर्शनीय हैं और उनके पाठ-सुख को बढ़ाते हैं। तुलसीदास के आवर्त्त मधुर होते हैं और कला की सूक्ष्मता प्रदर्शित करते हैं। निरालाजी के ध्वनि-आवर्त्त अधिक ओजपूर्ण और स्वर-सौन्दर्य के लिए होते हैं। परन्तु पंक्ति में इस प्रकार का भंग आवर्त्तों द्वारा ही नहीं, और सूक्ष्म रूप से, स्वर और व्यंजनों की सजावट से भी किया जाता है —

हर धनुर्भंग को पुनर्वार ज्यों उठा हस्त;
वे आए याद दिव्य शर अगणित-मंत्र पूत;
लांछन को ले जैसे शशांक नभ में अशंक —

आदि पंक्तियों में स्वर का उत्थान स्वर-व्यंजनों की कुशल मैत्री पर निर्भर है। पर छंद-सौन्दर्य की बहुत तरकीबें हैं; उनका परिगणन सम्भव नहीं।

पंक्तियाँ जैसे—

झकझक झलकती वह्नि बामा के दृग त्यों-त्यों—

अत्यन्त प्रभावपूर्ण हैं किन्तु उनके स्वर-विस्तार की व्याख्या करना उतना ही कठिन है, शायद व्यर्थ भी। कवि अपनी कला को भूल जाता है, शब्द भावावेश में आप निकलते हैं, तर्क उनकी पहले सिद्धि नहीं करता। जहाँ उदात्त स्वर की ऐसी प्रधानता है, वहाँ निम्न पर्दों पर की गई स्वरों की मैत्री भी हृदय पर अपनी छाप छोड़े बिना नहीं रहती।

कहती थीं माता मुझे सदा राजीवनयन !

आदि पंक्तियाँ अपनी कोमलता में यथास्थान बीच-बीच में अलग ही सजी हुई हैं। क्या भाव, क्या छंद, दोनों के उत्थान-पतन और मैत्री अद्भुत हैं। चरित्र-चित्रण की लघुता और साथ ही कथा का सुगठन इस कविता के लिए हिन्दी की सर्वोत्कृष्ट कविताओं में से होने का दावा करते हैं।

1938

"अनामिका" और "तुलसीदास"

हिन्दी में साहित्य-प्रकाशन का ढंग कुछ ऐसा है कि जब कविता की पुस्तकें छपती हैं तब वे एक दम ही नवीन नहीं रहतीं। इसका कारण यह है कि कविताएँ अधिकांश मासिक पत्रों आदि में पहले से छप जाती हैं, फिर इन पत्रों से छप कर उनका पुस्तकों में समावेश होता है और तब वे काव्य के पाठकों के लिए नवीन नहीं रहतीं। हाल में निरालाजी की दो नई पुस्तकें लीडर प्रेस से प्रकाशित हुई हैं, 'अनामिका' और 'तुलसीदास'। यदि ये पहले-पहल यहीं से प्रकाश में आई होतीं तो निश्चय वह हमारे साहित्य की एक विशेष घटना होती। 'अनामिका' में कुछ 'मतवाला' काल की और कुछ बाद की कविताएँ संगृहीत हैं। पत्रों के ढेरों से निकलकर एक साथ पुस्तक-रूप में अब ये हमारे और निकट आ गई हैं। 'तुलसीदास' उनकी लम्बी कविता 'सुधा' में कई वर्ष हुए क्रमशः छपी थी। पुस्तक-रूप में अब वह भी सुलभ हुई है।

नई और पुरानी कविताओं के एकत्र होने से 'अनामिका' में स्वभावतः विचित्रता आ गई है! निराला के कई कंठस्वर एक साथ यहाँ सुनने को मिलते हैं। 'खँडहर के प्रति' में एक नवयुवक कवि का रोमांटिक रूप देखने को मिलता है; इसी तरह 'दिल्ली' अपने गत गौरव के स्वप्न के कारण उसे आकर्षित करती है। 'परिमल' संग्रह में ऐसी कविताएँ छोड़ दी गई थीं; यहाँ प्रकाशित होने से वे कवि के विकास पर नया प्रकाश डालती हैं। 'परिमल' में सस्ती नवयुवकोचित रोमांटिक भावना खोजने से ही मिलती है; यहाँ वह पहले की कविताओं में प्रचुरमात्रा में विद्यमान है।

एक दूसरी बात जो इन पहले की रचनाओं में हमें आकर्षित करती है, वह भाषा का ओजपूर्ण मुक्त प्रवाह है। यहाँ पर कवि ने अपनी विशिष्ट भाषा की रचना नहीं की है, जो भाषा उसे प्रचलित मिली है, उसी में अपने पुरुषार्थ से उसने नया जीवन डाला है। छंद ज्यादातर मुक्त हैं और उनकी रचना में वह संयम नहीं दिखाई देता जो 'परिमल' की इस प्रकार की कविताओं की विशेषता

है। इन कविताओं में कवि का वह विकासोन्मुख रूप मिलता है जो बाधाओं और साथ-साथ कला की बारीकियों की चिन्ता न करता हुआ अपनी प्रतिभा की खोज में चलता है। यह स्पष्ट दिखाई देता है कि साहित्य के अध्ययन का यहाँ प्रभाव नहीं है, न पुरानी साहित्यिक रूढ़ियों के ही सम्पर्क में वह आया है; यदि निराला जी के लिए इस शब्द का प्रयोग किया जा सके तो कहेंगे कि इन कविताओं में उनका अल्हड़पन है।

पुरानी कविताओं के अतिरिक्त बाद की अनेक रचनाएँ यहाँ ऐसी हैं जो इस पुस्तक के महत्त्व का कारण हैं। इनमें से एक 'राम की शक्ति-पूजा' है जो 'तुलसीदास' को छोड़कर उनकी श्रेष्ठ कृति है। यह एक लम्बी कविता के रूप में है जिसमें किसी पुरानी घटना को लेकर पात्रों को एक नये मनोवैज्ञानिक दृष्टि-कोण से चित्रित किया गया है। इसका उल्लेख 'रूपाभ' में प्रकाशित एक दूसरे लेख में कर चुका हूँ। 'सरोजस्मृति' अपने ढंग की अनूठी कविता है; इसे 'एलेजी' कह सकते हैं परन्तु उस प्रकार की कविताओं की यथार्थ से दूर रहने वाली रूढ़िप्रियता इसमें नहीं आ पाई। इसका भाव-चित्रण जितना मर्मस्पर्शी है, उतना ही संयत भी। वह दिन दूर दिखाई देता है जब कोई अन्य कविता इससे हिन्दी की श्रेष्ठ 'एलेजी' होने का दावा छीन लेगी।

'सम्राट् एडवर्ड अष्टम् के प्रति', 'बनबेला' और 'नरगिस' दूसरे ढंग की रचनाएँ हैं। इनमें कवि की अलंकारप्रियता दर्शनीय है जो 'मतवाला' काल की कविताओं के स्वच्छ भाव-प्रवाह के प्रतिकूल है। 'सम्राट्' वाली कविता में सानु-प्रास मात्रिक मुक्त छंद का प्रयोग हुआ है; आलंकारिकता के होते हुए भी ओज पूर्ण मात्रा में विद्यमान है और यह विशेषता हमें 'तुलसीदास' की याद दिलाती है। 'बनबेला' में अलंकारप्रियता अपनी सीमा को पहुँच गई है; यहाँ तक कि जब 'बनबेला' एक लम्बे मुखबंध के बाद अतल की अतुलवास लिए ऊपर उठती है तो हम भी एक सुख की साँस छोड़ देते हैं। 'नरगिस' में इसी वृत्ति को खूब दबाकर रखा गया है और इसलिए प्रकृति चित्रण में वह निरालाजी की श्रेष्ठ कविताओं में अपना स्थान बनाती है।

'तट पर उपवन सुरम्य, मैं मौन मन
बैठा देखता हूँ तारतम्य विश्व का सघन,
जाह्नवी को घेर कर आप उठे ज्यों कगार
त्योंही नभ और पृथ्वी लिए ज्योत्स्ना ज्योतिर्धार,
सूक्ष्मतम होता हुआ जैसे तत्त्व ऊपर को
गया श्रेष्ठ मान लिया लोगों ने महाम्बर को

स्वर्ग त्यों धारा से श्रेष्ठ, बड़ी देह से कल्पना,
श्रेष्ठ सृष्टि स्वर्ग की है खड़ी सशरीर ज्योत्स्ना ।'

छन्द की धीमी गति उस मानसिक स्थिति को चित्रित करने के लिए उपयुक्त है जहाँ विचारों को प्राकृतिक सौंदर्य से प्रभावित होने के लिए छोड़ दिया जाता है और वे अपनी गतिविधि उसी सौंदर्य के इंगितों पर ही निश्चित करते हैं। भाषा की प्रौढ़ता 'बिश्व का तारतम्य सघन' आदि में देखने को मिलती है; अर्थ के अतिरिक्त संकेत की मात्रा शब्दों में पूर्णरूप से भर गई है।

और इन्हीं के साथ निराला-तत्त्व की निर्देशक 'तोड़ती पत्थर', 'खुला आसमान', 'ठूँठ' आदि कविताएँ हैं जहाँ मानों अपने ही शब्द-माधुर्य को कवि चुनौती देकर कहता है, मैं 'दन्त कटाकटेति' भी लिख सकता हूँ।

'लोग गाँव-गाँव को चले,
कोई बाज़ार कोई बरगद के पेड़ के तले
जाँघिया-लँगोटा ले, सँभले,
तगड़े-तगड़े सीधे नौजवान।'

फिर भी युग की प्रगति देखते ऐसा जान पड़ता है कि नौजवानों को यह कर्कशता और भाषा का यह ठेठपन ही आगे अधिक प्रभावित करेगा।

'अनामिका' में कुछ छोटी कवितायें और गीत हैं, 'अपराजिता', 'किसान की नई बहू की आँखें', 'कहा जो न कहो', 'बादल गरजो' आदि जो उनके गीति-काव्य का निखरा सौंदर्य लिए हुए हैं। जो प्रतिभा 'राम की शक्ति-पूजा' सी कविता का बन्धान बाँध सकती है, वह इन छोटी-छोटी रचनाओं में भी अपना लाघव प्रदर्शित करती है। खेल-खेल में जैसे किसी कारीगर ने एक महल बनाते हुए स्वांतः-सुखाय कुछ खिलौने भी बना डाले हों जो छोटे होने से दृष्टि द्वारा शीघ्रता से ग्रहण किये जा सकते हैं और सुन्दर भी लगते हैं।

'तुलसीदास' में हम एक नए धरातल पर आते हैं। पहले-पहल इसकी भाषा-क्लिष्टता ही पाठक का ध्यान खींचती है। कहाँ गोस्वामी तुलसीदास की सरल ललित पदावली और कहाँ यह 'प्रभापूर्य' और 'सांस्कृतिक सूर्य'? भाषा को इतना ज्यादा क्यों तोड़ा-मरोड़ा गया है? पहले तो भाषा की दृष्टि से स्वयं गोस्वामी तुलसीदास सर्वत्र ही ललित और सरल नहीं हैं; 'विनय पत्रिका' में अनेक स्थानों पर उन्होंने संस्कृत-बहुल और समासयुक्त पदों की रचना की है; दूसरे निरालाजी ने जिन मनोभावों को यहाँ चित्रित करने का प्रयत्न किया है, वे हिन्दी के लिए नवीन थे, इसलिए उनके लिए भाषा भी बहुत कुछ अपनी गढ़नी पड़ी है। तुलसीदास में उन्होंने जिस व्यक्ति की कल्पना की है वह निराला

के अधिक निकट है, तुलसीदास के कम। फिर भी वह नितांत काल्पनिक नहीं है। रामचरितमानस में कवि को जो शान्ति मिली है, वह अवश्य ही एक भयानक संघर्ष के बाद मिली होगी। निरालाजी ने इसी संघर्ष की कल्पना की है। भावों का द्वन्द्व एक ऐसी सतह पर होता है जिससे हम प्रायः अपरिचित हैं। 'तुलसीदास' का युद्ध उनके पुराने संस्कारों से है और उस समय की दासता को अपनाने वाली संस्कृति से। इस तरह तुलसीदास एक विद्रोही के रूप में आते हैं। पहले वे विरोधियों पर विजयी होना चाहते हैं कि रत्नावली का ध्यान उन्हें अपने मोह में बाँध लेता है। घटनाचक्र में यही रत्नावली उनकी दबी हुई प्रतिभा के मोक्ष का कारण होती है। कविता के सबसे ओजपूर्ण स्थल वे हैं जहाँ कवि अपने संस्कारों से युद्ध करता हुआ अन्त में मोहित हो जाता है और बाद में जहाँ उसे रत्नावली का निष्काम अग्निशिखा की भाँति योगिनी का रूप देखने को मिलता है। अन्त में विदा होते समय तुलसीदास को वह शांति मिलती है जिससे हठात् भास होने लगता है कि अब ये रामचरितमानस अवश्य लिखेंगे। निरालाजी और तुलसीदास में एक सांस्कृतिक सामीप्य है, एक की अनुभूति में दूसरा सहज बँधा चला आता है। केवल निराशा में अन्य विरोधी तत्त्व इतने ज्यादा समाहित हैं कि उनका व्यक्तित्व उनके नायक से कहीं अधिक वैचित्र्यपूर्ण है। अवश्य ही गोस्वामी तुलसीदास के भक्त उनके लिए भी इस वैचित्र्य का दावा पेश न करेंगे; तुलसीदास महात्मा हैं, निराला में मनुष्यता अपने तीनों गुणों के साथ वर्तमान है और इसलिए वह हमारे अधिक निकट हैं।

जो लोग जनप्रियता को काव्य-सौष्ठव की कसौटी मानते हैं, उन्हें 'तुलसीदास' से निराश होना पड़ेगा। यह कविता जनप्रिय न होगी, यह आँख मूँदकर कहा जा सकता है; उसी प्रकार यह भी कि हिंदी कविता में वह निराला की कीर्ति का कारण एक अमर रचना के रूप में रहेगी। भारतीय स्तूपकला के किसी सुन्दर नमूने की भाँति लोग इसके वेश-विन्यास और अलंकृत वैचित्र्य को देखेंगे और वापस चले जाएँगे; उसमें रहेंगे नहीं; और संसार के काव्य साहित्य में ऐसे भव्य प्रासादों के अनेक उदाहरण मौजूद हैं। दोनों पुस्तकों की छपाई और सजावट सुन्दर है; निरालाजी के कुछ दिन पहले के विरोध को देखते हुए उनकी पुस्तकों का यह नख-शिख भी उनके प्रति बढ़ते हुए आदर का चिह्न जान पड़ता है।

1940

नज़रुल इस्लाम

रवीन्द्रनाथ ठाकुर के नाम के बाद हिंदी भाषी बंगला कवियों में नज़रुल इस्लाम के नाम से ही अधिक परिचित हैं। उनके 'विद्रोही' की आरम्भ की पंक्तियाँ,

'बोलो बीर,
बोलो उन्नत मम शिर !
शिर नेहारि आमारि नतशिर ओह् शिखर हिमाद्रिर !'

पूरी कविता पढ़ने के पहले ही कई बार सुनने को मिली थी और बंगाल में शायद ही कोई शिक्षित व्यक्ति हो जो उससे अपरिचित हो। इसकी लोकप्रियता का कारण यही था कि उसमें बंगाल के आतंकवादी चरित्र को एक अभीष्ट व्यंजना मिली थी। इस भावुकता का संबंध उस रहस्यवाद से न था जिसकी एकांत साधना रवीन्द्रनाथ की गीतांजलि में स्फुरित हुई है; उस प्रेम की भावुकता से भी नहीं जो बंगला रेकार्डों में सुनने को मिलती है, यद्यपि नज़रुल इस्लाम का इन दोनों से भी यथेष्ट संबंध रहा है, वरन् यह वह भावुकता है जो बंगाल के विप्लवकारियों के त्याग, निष्ठा और सेवापरायणता में प्रकट हुई थी। बंगला साहित्य में, जहाँ एक ओर प्रेमियों का करुण रुदन और गरम उसाँसें हैं, वहाँ दूसरी ओर त्याग की उनकी उदात्त भावना भी है जो प्राण देने से भी तृप्त नहीं होती। भद्रलोक के चरित्र की ये दोनों विशेषताएँ कवि नज़रुल में है। अपनी भाषा भी कवि ने बहुत कुछ आप गढ़ी है, जो बंगाल के साधारण जनों की, वहाँ के मुसलमानों की भी, भाषा से भिन्न है। उर्दू के नये वृत्तों का बंगला में उन्होंने प्रयोग किया है जैसे माइकेल मधुसूदन दत्त ने अँग्रेज़ी के रूपों को अपनाया था।

नज़रुल जनसमुदाय के कवि हैं जिस प्रकार बंगाल का कोई और सामयिक कवि नहीं है और जनसमुदाय में भी वह युवकों के और युवकों में छात्रवर्ग के

कवि हैं। भावुक युवकों में जो असहिष्णु उद्वेग और प्राणदान करके शीघ्र से शीघ्र कार्य समाप्त करने की आकांक्षा रहती है, उसे कवि ने भली-भाँति अपनी कविता में व्यक्त किया है। 'छात्र-दलेर गान' में स्वभावतः उसी भावुकता को स्थान मिला है, जिसके लिए 'विद्रोही' प्रसिद्ध है। भूल करने के लिए, प्राणदान करने के लिए, यहाँ तीव्र पिपासा है; आखिर युगों से बुद्धिमान लोग अपनी राजनीति बघारते आ रहे हैं; कब तक उनका आसरा देखा जाए? 'छात्र-दलेर गान' में यही असहिष्णुता है, किसी भी प्रकार लक्ष्यसिद्धि की कामना, जीवन की सार्थकता, यौवन की सम्पूर्णता इसमें है कि अपना रक्त बहाकर लक्ष्य को दूसरों के लिए सुलभ कर दिया जाय।

'सबाइ जखन बुद्धि जोगाय
आमरा करि भूल।
सावधानीरा बाँध बाँधे सब
आमरा भाँङि कूल।
दारुन राते आमरा तरुन
रक्ते करि पथ प्रिछल!
आमरा छात्रदल।।'

रक्त से पथ पिच्छल करने की भावना नज़रुल में सर्वत्र विद्यमान है और इसीलिए उनके विद्रोह में भूल करना, विचार के आगे भावना का श्रेय देना अनिवार्य है। 'विद्रोही' में अनेक उपमानों द्वारा उन्होंने यही उच्छृंखल विद्रोह व्यंजित किया है। युवक के लिए कर्म नशा है, किसके लिए हम जूझ रहे हैं, जूझने पर उसका क्या परिणाम होगा, इन सब बातों की उतनी चिन्ता नहीं है। इसीलिए यह विद्रोही 'दुर्विनीत', 'नृशंस', 'उच्छृंखल', 'महामारी' आदि भी है; उसे ध्वंस से अधिक मोह है, सृजन से कम। नज़रुल की कविता की तह में जो जीवन-दर्शन मिलता है, वह अराजकता की ओर ले जानेवाला है; और ऐसी अराजकता, जैसा कि नेता लोग बार-बार समझा चुके हैं, जो किसी जाति के राजनीतिक जीवन के बचपन को सूचित करती है। नज़रुल की कविता बंगाल के राजनीतिक जीवन के यौवन की कविता है। फिर भी वह विकासपथ की एक मंज़िल है और इसके बाद वह कविता आनी चाहिए जो विचारों से अधिक पूर्ण, भावुकता की मात्रा कम करती हुई युग की प्रमुख क्रांतिकारी वृत्तियों को व्यंजित कर सके।

'साम्यवादी', 'ईश्वर', 'मानुष', 'नारी', 'कुलि-मजुर' आदि नज़रुल की अन्य कवितायें हैं जहाँ साम्यवाद के आधुनिक विचारों का प्रतिपादन किया गया है, परंतु इनमें कवि की प्रतिभा का स्फुरण नहीं हो पाया। विचार की गरिमा भी

इनमें नहीं है, जो इन्हें साधारणता की सतह से ऊपर उठाकर कविता का रूप देती। इसका कारण यह है कि नज़रुल के कवि को अराजकता से सहज सहानुभूति है; लिखने को वह साम्यवाद पर भी कवितायें लिखता है, परंतु यहाँ उद्भ्रांति, उद्वेग, रक्तपात की गुंजाइश कम है। उसकी भावुकता ठंढी ही पड़ी रहती है; सिद्धांत उसमें लौ नहीं उठा सकते।

नज़रुल की प्रेम-सम्बन्धी कविताओं में एक निराश प्रेमी का चित्र हमें मिलता है जो पहले-पहल उद्धत विद्रोही के चित्र से बिल्कुल उलटा जान पड़ता है, जब तक हम यह नहीं समझते कि इस निराश प्रेम के कारण ही वह विद्रोह इतना उद्धत दिखाई देता था।

'विद्रोही' के कुछ उपमान चित्र पहले विचित्र मालूम होते हैं। वह कुमारी की बन्धन-हीन वेणी है, षोड़शी के हृदय-कमल का उद्दाम प्रेम है, कुमारी का प्रथम थर-थर स्पर्श है आदि। साथ ही वह उदासी से उन्मन मन है, पथिक की वंचित व्यथा है, अभिमानी हृदय की कायरता भी है। और कविता के इसी बंद के अंत में वह कहता है—

'आमि तुरीयानन्दे छुटे चलि ए कि उन्माद, आमि उन्माद! आमि सहसा आमारे चिनेछि, आमार खुलिया गियाछे सब बाँध!'

वंचित की व्यथा और कातरता इस तुरीयानन्द और उन्माद को प्रेरणा देती है; इसीलिए मर-मिटने की साध सबसे आगे है। बिना मिटे अभिमानी हृदय की वह व्यथा मिट नहीं सकती। 'अभिशाप' में कवि अपनी प्रिया से कहता है कि वह उसका मूल्य उसकी मृत्यु के बाद ही पहचान सकेगी और तब व्यर्थ ही उसकी याद करके आँसू बहाएगी। मरु, कानन, गिरि वह खोजेगी परंतु अपने प्रेमी को वह तब न पा सकेगी। 'व्यथा-निशीथ' में वह अपनी वेदना छिपा न सकने के कारण अकेले बिस्तर पर पड़ा आँसू बहाता है।

'मम व्यर्थ जीवन-वेदना
एइ निशीथे लुकाते नारि।
ताइ गोपने एकाकी शयने
शुधु नयने उथले बारि।'

हिन्दी की कुछ कहानियों में जहाँ क्रांतिकारियों का जीवन अंकित किया गया है, बहुधा निराश प्रेम का भी उल्लेख किया गया है। नज़रुल इस्लाम की कविताओं में यह निराश प्रेम पहले एक बाहरी वस्तु-सा मालूम होता है; वास्तव में अराजक विद्रोही और निराश प्रेमी दोनों एक ही व्यक्तित्व के अंग हैं।

बंगला का आधुनिक काव्ययुग रवींद्रनाथ का युग है। शायद ही किसी कवि

पर उनका प्रभाव न पड़ा हो; यह प्रभाव नज़रुल इस्लाम पर भी है। रहस्यवाद को नज़रुल ने कहीं-कहीं अपनी प्रतिभा से अराजक बना दिया है जैसे 'आज सृष्टि सुखेर उल्लासे' में हँसी, रोना, मुक्ति और बन्धन सब साथ ही साथ आते हैं। अन्यत्र, दूर के बंधु का स्वर सुनने में कवि का आवेग मंद पड़ जाता है और कविता निर्जीव-सी रह जाती है। 'दूरेर बंधु' में जब कवि पूछता है,

'बंधु आमार ! थेके थेके कोन सुदुरेर निजन पुरे
डाक दिये जाओ व्यथार सुरे ?'

तब वह अपने विद्रोही व्यक्तित्व की वास्तविकता से दूर रूढ़ि का अनुक्रमण करता ही रह जाता है।

वृत्तों में, छन्दों के गठन में, कविता की विभिन्न व्यंजनाप्रणालियों में नज़रुल इस्लाम ने नये-नये प्रयोग किये हैं। यह प्रसिद्ध है कि बंगला में उन्होंने उर्दू की ग़ज़लों का प्रचार किया है। उनके गीत रिकार्डों में भी लोकप्रिय हुए हैं। गीतों में थोड़ा-सा विदेशीपन का भले आकर्षण हो, परंतु अन्य बंगाली गीतों से उनमें कोई विशेष मौलिकता नहीं है। इनका विषय अधिकतर निराश प्रेम है, केवल गुल और बुलबुल का यत्र-तत्र अधिक समावेश हुआ है। पहले की कविताओं में उपमान-चित्रों का जो निरालापन है, वह उर्दू के रूढ़िचित्रों के चुलबुलेपन में खो गया है। 'सिन्धु' शीर्षक कविता उन्होंने 'ओड' के रूप में लिखी है, इसका रूप कुछ-कुछ रवींद्रनाथ के 'वैसाख', 'शाहजहाँ' आदि से मिलता है। अपनी भावुकता को समेटकर कवि ने उसे एक संयमित साँचे में ढालने की कोशिश की है, परंतु उस साँचे का दर्शन करते ही वह भावुकता न जाने कहाँ काफ़ूर हो जाती है। न छोटे-छोटे गीतों में, न लम्बी कविताओं में, प्रत्युत् कोरसों में, लिरिक कविताओं में नज़रुल इस्लाम को सर्वाधिक सफलता मिली है। 'विद्रोही' लम्बी कविता है और कुछ अंशों को छोड़कर पूर्ण सफल नहीं कही जा सकती। कवि के लिए अधिक विस्तार होने से उसकी भावुकता का दम भर जाता है; संकोच होने पर उसके पर भी नहीं फैल पाते। कविता इतनी लम्बी हो कि उठान के साथ आवेग का पतन हुए बिना वह अन्त तक निभ जाय, जैसे 'छात्रदलेर गान' अथवा 'बिदाय बेलाय'। नज़रुल की कविताओं का प्रारम्भ बहुधा बड़ा ही प्रभावोत्पादक होता है; इतना कि अंत तक उस प्रभाव को निभाना कठिन होता है। इनके प्रारम्भ में किसी चित्र या भाव का अचानक कवि को चंचल कर देना ख़ूब व्यंजित रहता है। 'संध्यातारा' का आरम्भ इसी प्रकार है—

'घोम्टापरा कादेर घरेर बउ तुमि भाई संध्यातारा ?
तोमार चोखेर दृष्टि जागे हारानो कोन मुखेर पारा।'

इसी तरह 'आज सृष्टि-सुखेर उल्लासे' में,

'आज सृष्टि-सुखेर उल्लासे
मोर मुख हासे मोर चोख हासे मोर टग्बगिये खुन् हासे
आज सृष्टि-सुखेर उल्लासे।'

नज़रुल के अनेक गीतों की विशेषता यह है कि वे एक से अधिक व्यक्तियों द्वारा गाये जाने के लिए हैं, उनका संबंध प्रिय और प्रिया के ही कानों से नहीं है। बँगला में ऐसे गीतों की कमी नहीं है जिनमें प्रेमी-प्रेमिका ही प्रधान हैं और नज़रुल इस्लाम ने स्वयं उनकी संख्यावृद्धि की है। अतः इन कोरस गीतों की अपनी एक अलग महत्ता है। 'छात्रदलेर गान', 'चल् चल् चल्' आदि इसके उदाहरण हैं। कमालपाशा वाली कविता में सैनिकों का लेफ्ट राइट, लेफ्ट राइट, हुर्रे बोलना, उनका विजयोल्लास आदि भी अंकित किया गया है। सर्वत्र समान सफलता कवि को नहीं मिली; रौद्र और वीर से सहसा हास्य की ओर फिसल जाना उसके लिए असाधारण नहीं है। नीचे के एक उदाहरण से जो कमाल वाली कविता से लिया गया है, यह स्पष्ट हो जायगा।

'साब्बास भाइ, साब्बास दिइ, साब्बास तोर शमशेरे!
पाठिये दिलि दुश्मने सब जमघर एकदम-से रे!
बल् देखि भाइ बल् हाँ रे!
दुनिया के डर् करे न तुर्कीर तेज तलोयारे?

(लेफ़्ट राइट लेफ़्ट)

खुब किया भाइ खुब किया!
बुज्दिल ओइ दुश्मन सब बिल्कुल साफ़ हो गिया!
खुब किया भाई खुब किया!
'हुर् रो हो!
हुर् रो हो!
दस्युगुलोय साम्लाते जे एमनि दामाल कामाल चाइ!
कामाल तूने कामाल किया भाइ!
होहो कामाल तूने कामाल किया भाई!

(हवलदार मेजर—साबास् सिपइ लेफ्ट राइट लेफ्ट!)' इत्यादि।

समूह के तुमुलशब्द को व्यंजित करते हुए कवि यथार्थ के इतना निकट पहुँच जाता है कि कविता अपनी भव्यता खोकर छिछली और हास्यमूलक हो जाती है।

नज़रुल इस्लाम की कविता का रहस्य अतिशयोक्ति है, उनकी सबसे सुन्दर पंक्तियों में भाव अतिरंजित होकर आते हैं। विद्रोही का उन्नत शीश, हिमालय

के शिखर के समान, एक उदाहरण है। दूसरा 'चल चल् चल्' में देखिये।

'उषार दुयारे हानि आघात
आमरा आनिब राङा प्रभात,
आमला टुटाब तिमिर रात,
बाधार बिंध्याचल।'

उषा का द्वार तोड़कर रंगीन प्रभात लाना और बाधा के बिंध्याचल को तोड़ना उसी अतिरंजित शैली के अंतर्गत है। इसी प्रकार 'छात्रदलेर गान' में

'दारुन राते आमरा तरुन
रक्ते करि पथ पिछल।'

अतिरंजित भाव-धारा के साथ ये चित्र ऐसे मिल जाते हैं कि उनकी असाधारणता प्रायः छिपी रहती है। केवल जब उनकी भरमार हो जाती है जैसे 'विद्रोही' में, या जब वे भावना-स्रोत के किनारे शिलाखंड-से अलग पड़े हुए दिखाई देते हैं, तब वे अनुपयुक्त-से खटकने लगते हैं। सफल कविताओं में वे स्पष्ट और भाव को उभारने वाले होते हैं। फिर भी नज़रुल की सभी कवितायें इन अतिरंजित चित्रों पर निर्भर नहीं हैं। उनकी जड़ में वह अराजकता और उच्छृंखलता है जो सहज ही ऐसे चित्रों से मैत्री रखती हैं। उनकी कविता का दोष यह है कि बहुधा फैलती चली जाती है। 'विद्रोही' का अंत तब होता है जब पाठक पढ़ते-पढ़ते तंग आ जाता है और चित्रों की असाधारणता उनके बाहुल्य के ही कारण प्रभावहीन हो जाती है। जहाँ आवेग थोड़ा संयमित रहता है और चित्र भाव के अनुकूल ही आ जाते हैं, वहाँ 'कांडारी हुशियार' की भाँति कविता सधी और सफल निकलती है। नज़रुल इस्लाम का ध्येय विचारकों को अपनी मेधा से चमत्कृत करना नहीं रहा है; कविता की सूक्ष्म परख करनेवालों को प्रसन्न करना भी शायद नहीं; उनका ध्येय साधारण जनों के हृदयों को आन्दोलित करना रहा है और इसमें उन्हें यथेष्ट सफलता मिली है। आज का जनसमुदाय दस वर्ष पहले के समुदाय से भिन्न है, इसलिए नज़रुल की कविता आज की कविता कहकर आदर्श रूप में सामने नहीं रखी जा सकती। फिर भी इस दिशा में आगे बढ़ने के इच्छुक कवि यदि उनकी कृतियों का अध्ययन करेंगे तो उन्हें अपने कार्य में सहायता ही मिलेगी और वे लोग भारतीय कविता के विकास-क्रम की भी रक्षा कर सकेंगे।

1938

प्रसाद

प्रसादजी सबसे पहले एक बहुत बड़े विचारक थे, उसके बाद कवि, नाटककार तथा कथाकार। किसी भी छायावादी कवि का दार्शनिक पक्ष इतना सुलझा हुआ नहीं है, जितना प्रसाद का। इंगलैण्ड के रोमान्टिक कवियों के दार्शनिक विचार भी उनकी तुलना में उलझे हुए हैं। यह दुःख की बात है, उन्होंने गद्य कम लिखा, फिर भी जितना लिखा, वह अद्वितीय है। गद्य के सिवा उनके दार्शनिक विचार उनके काव्य, नाटकों आदि में बिखरे हुए मिलते हैं।

उनके दार्शनिक विचारों की सबसे बड़ी विशेषता यह है कि वे धरती को छोड़कर कल्पना के आकाश में उड़ान नहीं भरते। जैसे उनकी कामायनी "जगत की मंगल कामना अकेली" है, वैसे ही उनका दार्शनिक दृष्टिकोण लोकमंगल को कभी भी ओझल नहीं होने देता। आश्चर्य की बात है कि लोकमंगल के ऐसे प्रबल समर्थक होते हुए भी रामचन्द्र शुक्ल ने उनके 'रहस्यवाद' का समर्थन न किया।

जैसे शुक्ल जी ने माना था कि संसार-सागर की रूप-तरंगों से मानव चेतना का निर्माण होता है, वैसे ही प्रसादजी का कहना था,—"सीधी बात तो यह है कि सौन्दर्य-बोध बिना रूप के हो ही नहीं सकता।" (काव्य और कला, पृ० 35) वह उन लोगों में न थे, जो संसार छोड़कर अरूप सौन्दर्य की खोज में मारे-मारे फिरते हैं। वे उन विचारों की आलोचना करते थे, जो संसार को दुःख का कारण मानते थे। सत्य और सौन्दर्य के दर्शन वे इसी संसार में करते थे :

अपने दुख सुख से पुलकित,
यह भूत विश्व सचराचर,
चिति का विराट् वपु मंगल
यह सत्य सतत चिर सुन्दर।

मायावादी विचारक सत्य और सौन्दर्य को इस गतिशील संसार के परे

मानते हैं। उनका ज्ञान मानव-जीवन और मानव-क्रियाओं से परे होता है। वे मानव-भाषा को बार-बार कोसते हैं कि वह उनके अगोचर ज्ञान का वाहन नहीं बन सकती। इनके विपरीत प्रसादजी भाषा और विचारों का अन्योन्याश्रय सम्बन्ध स्वीकार करते हैं। उनका कहना है— "जो कुछ जाना जा सका, वही वाणी है। जो कुछ हम अनुभव करते हैं, वाणी उसका रूप है।" तुलसीदास के समान उनके लिए भी गिरा और अर्थ परस्पर अभिन्न हैं।

मनुष्य का जन्म आनन्द के लिए हुआ है। उसे दुख इसलिए नहीं मिलता कि संसारमात्र दुख का कारण है। मनुष्य दुःख इसलिए नहीं पाता कि उसकी आत्मा के प्रकाश को गोचर सत्ता ने आच्छादित कर लिया है। दुख का कारण दूसरा है। मनुष्य-समाज वर्गों में विभक्त है। अधिकारों के लिए परस्पर संघर्ष होता है। वर्गयुक्त समाज की विशेषता यह है कि लोग कहते कुछ हैं, करते कुछ हैं। वचन और कर्म की एकता दुर्लभ होती है :

ज्ञान दूर कुछ क्रिया भिन्न है
इच्छा क्यों पूरी हो मन की,
एक दूसरे से न मिल सके
यह विडम्बना है जीवन की।

प्रसादजी के दर्शन का आधार ज्ञान और क्रिया की एकता है। उनका ज्ञान निष्क्रिय नहीं है। वह मनुष्य को उचित कर्ममार्ग की ओर प्रेरित करता है। इस कर्ममार्ग का उद्देश्य ऐसे जीवन की प्राप्ति है, जो वर्गों में विभक्त न हो, जिसमें कोई भी मनुष्य अभिशप्त होकर दुखी रहने को बाध्य न हो।

प्रसादजी की शैली में बड़ी सादगी है। इस सादगी के कारण उनके विचारों की गहराई को पहचानना बहुधा कठिन होता है। वे एक वर्गहीन साम्ययुक्त समाज-व्यवस्था के समर्थक थे, इसका स्पष्ट संकेत उनकी रचनाओं में मिलता है। उनका सामाजिक दृष्टिकोण उनके दार्शनिक विचारों का पूरक है। उनका आदर्श यह था :

शापित न यहाँ है कोई
तापित पापी न यहाँ है।
जीवन वसुधा समतल है
समरस है जो कि जहाँ है।

समस्त मानव-समाज धीरे-धीरे इसी आदर्श की ओर बढ़ रहा है।

1960

पंत-काव्य-चर्चा

(1)

चिदंबरा में पंतजी के द्वितीय उत्थान— **युगवाणी** से **अतिमा** तक—की रचनाओं का संकलन है।

कवि द्वारा चुनी हुई कविताएँ एक साथ देखकर पाठकों को प्रसन्नता होगी। आरम्भ में पंतजी ने अपने आलोचकों के आक्षेपों का उत्तर देते हुए, और अपने विकास का परिचय देते हुए, एक सारगर्भित भूमिका (चरणचिह्न) लिखी है।

पंतजी की अनेक बातों से मैं सहमत हूँ। प्रेमचन्द्र के यथार्थवाद की व्यापकता का उल्लेख करते हुए पंतजी ने ठीक लिखा है, "प्रेमचन्द्र का यथार्थ सामाजिक जीवन के साथ संघर्ष करता हुआ, विकासशील, आशा-क्षमतापूर्ण, मनुष्य को आगे बढ़ाने वाला, व्यापक यथार्थ था, जिसमें लोकमांगल्य के नव अंकुरित बीज मिलते हैं।" प्रेमचन्द का यथार्थ ज्यों का त्यों पंतजी के काव्य में भी उतर आये, यह कोई नहीं चाहता, न यह संभव है। पन्तजी का माध्यम दूसरा है, उस माध्यम के अनुरूप यथार्थ के तत्त्व भी बदलें तो आश्चर्य क्या! कवि का काम कथाकार की तरह पात्रों और घटनाओं के चित्रण द्वारा समस्याओं का विवेचन करना नहीं है। फिर भी दृष्टिकोण में मूलभूत समानता हो सकती है। प्रेमचन्द भारतीय रूढ़िवाद के प्रबल विरोधी थे। कविता के माध्यम से, भिन्न संवेदनाओं के साथ, क्या यह विरोध पन्तजी के काव्य में सुलभ है? उनकी अधिकांश रचनाएँ प्रेमचन्दोत्तर काल की हैं। उनमें वैज्ञानिक जीवन-दर्शन अधिक निखरा हुआ होना चाहिए था। पन्तजी का दावा है, "मेरा काव्य प्रथमतः इस युग के महान् संघर्ष का काव्य है।" संभवतः पन्तजी के किसी भी प्रशंसक ने उनके लिए इतना बड़ा दावा नहीं किया। क्या इस दावे से असहमत होने का अर्थ राजनीतिक दलबन्दी और एकांगी आलोचना का शिकार होना है?

पन्तजी का यह तर्क सही है कि युग-संघर्ष को वर्ग-संघर्ष तक ही सीमिति नहीं किया जा सकता, किन्तु यह भी सही है कि वर्ग-संघर्ष के प्रत्यक्ष-अप्रत्यक्ष चित्रण के बिना युग-संघर्ष का चित्रण अधूरा और एकांगी रहेगा। पन्तजी का विचार है कि उनकी काव्यचेतना मध्ययुगीन नैतिक बौद्धिक अंधकार से संघर्ष करती रही है। "वह भावी मानवता के पथ के बहिरंतर के दुर्गम अवरोधों से भी निरन्तर जूझती रही है।" किन्तु इसी भूमिका में पन्तजी ने इस बात की चिंता न करके कि उनकी मान्यताएँ "आधुनिक यथार्थवादियों को स्वप्नकल्पित अति-रंजनाएँ मात्र प्रतीत हो सकती हैं", यह आस्था प्रकट की है कि वे "नवीन मानवता के प्रति श्रद्धा तथा भगवत् करुणा पर विश्वास रखकर अपनी अन्तरतम अनुभूतियों" आदि पर अवलंबित रहेंगे। भगवत् करुणा पर विश्वास रखकर भी अच्छी कविता लिखी जा सकती है। लेकिन पन्तजी भक्त कवि नहीं हैं। उनकी भक्ति-सम्बन्धी पंक्तियाँ, उनकी मार्क्सवाद-सम्बन्धित सूक्तियों की तरह, नीरस और गद्यात्मक ही रहती हैं। फिर यह भगवत्-करुणा पर विश्वास मध्ययुगीन भावना से मूलत: भिन्न है, यह कैसे स्वीकार किया जा सकता है ?

पन्तजी ने अपने अन्य प्राक्कथनों की भाँति यहाँ भी "भौतिक-आध्यात्मिक, दोनों दर्शनों से जीवनोपयोगी तत्त्वों को लेकर, जड़-चेतन सम्बन्धी एकांगी दृष्टि-कोण का परित्याग कर" दो विरोधी दर्शनों के समन्वय का दावा किया है। भौतिकवाद के अनुसार इस तरह का समन्वय सम्भव नहीं है। पन्तजी के काव्य के अध्ययन से भी यही पता चलता है कि समन्वय में भौतिकवाद तिरोहित हो जाता है और अध्यात्मवाद ही बच रहता है।

पन्तजी ने छायावाद, **पल्लव** आदि कृतियों और नयी कविता पर भी अपने विचार प्रकट किये हैं। उनकी धारणा है कि उनके प्रथम उत्थान के "कृतित्व ने छायावाद के बहिरंग को सँवारने तथा उसे कोमल कांत कलेवर की शोभा प्रदान करने के प्रयत्न में हाथ बँटाया है।" पन्तजी छायावाद के प्रमुख कवि हैं और अपने उत्थान के बारे में वे अधिकारी के समान मत दे सकते हैं। विनम्र निवेदन है कि **पल्लव** में एक भूमिका भी है जिसमें रीतिकालीन परम्परा का तीव्र विरोध है, भक्तकवियों की मान्यताओं पर छींटाकशी है, उस भूमिका का लेखक विचारमंथन में भी पड़ा है और **परिवर्तन** जैसी कविताओं में वह संसार और जीवन के प्रति अपनी धारणाएँ भी प्रकट करता है। इसलिए बहिरंग की बात समझ में नहीं आती।

छायावाद को उन्होंने "भारतीय जागरण की चेतना का सर्वात्मवाद मूलक कैशोर समारंभ" माना है। प्रयोगवादी आलोचक छायावाद का खंडन करने के लिए उसमें किशोर भावनाएँ तलाश किया करते हैं। छायावाद की श्रेष्ठ उपलब्धियों की तुलना में प्रसादोत्तर काव्य विविध और महत्त्वपूर्ण होते हुए भी

उसका समकक्ष नहीं है। छायावाद ने सामंतवाद की प्रौढ़ काव्यधारा, रीतिकालीन नायिकाभेद को निर्मूल किया। उसने समाज और विश्व के प्रति एक नया दृष्टिकोण दिया, हमारे सौंदर्य-सम्बन्धी मानदण्डों को बदला। उसमें पलायन और रुदन के साथ क्रांति के आह्वान का स्वर भी था। इस संश्लिष्ट साहित्यिक आंदोलन को कैशोर-समारंभ कहना खतरनाक है।

छायावाद के उत्तरकाल में पन्तजी ने कल्पनालोक से बाहर आने की बात कही। उनके सम्पादन में "रूपाभ" ने हिंदी कविता की यथार्थवादी धारा को प्रोत्साहन दिया जो तब के छायावाद और आज के प्रयोगवाद दोनों से भिन्न थी। नरेन्द्र शर्मा, दिनकर, सुमन, गिरजाकुमार माथुर आदि दूसरी पीढ़ी के कवियों ने इस धारा को प्रशस्त करने में काफी योग दिया। इस विकास को अस्वीकार करना साहित्य के इतिहास को झुठलाना होगा। पन्तजी ने अपने सखा श्री पूरनचंद जोशी और भाई श्री देवीदत्त पंत से मार्क्सवाद कैसे सीखा, इसकी चर्चा करने के बाद लिखा है, "अपने मित्र तथा भाई के सम्पर्क में आकर मैं मार्क्सवाद के गहन कान्तार को अपने ढीठ कल्पना पंखों से, साहसपूर्वक, अत्यन्त उत्साह तथा हर्षानुभूति के साथ पार कर सका (तब जब हिंदी में, संभवतः इस प्रकार की कविता का जन्म भी नहीं हुआ था, जो पीछे प्रगतिशील कविता कहलाई) और कालाकांकर के गाँवों का वातावरण पाकर 'युगवाणी' और 'ग्राम्या' की रचनाओं में अपनी उस नवीन जीवन-दृष्टि की प्रक्रियाओं को उन्मुक्त रूप से वाणी दे सका।" पंतजी का यह दावा बहुत कुछ सही है। मार्क्सवाद का अध्ययन करने वाले और उससे प्रभावित होने वाले कवियों में वह प्रथम और प्रमुख थे। किन्तु निराला जैसे कवि जीवन-संघर्ष के निकट—पंतजी की अपेक्षा बहुत निकट—और मार्क्सवाद से दूर—पंतजी की तुलना में बहुत दूर—रहने पर भी युग की क्रांतिकारी चेतना के अधिक निकट थे। निराला-काव्य में आशा और संघर्ष का उदात्त स्वर सुनाई पड़ता है। बौद्धिक स्तर पर भी पंतजी आरम्भ से ही मार्क्सवाद और गांधीवाद का समन्वय करते रहे थे। उनकी नवीन जीवनदृष्टि उलझी हुई थी। और उसकी प्रक्रियाओं को वे उन्मुक्त रूप से कभी वाणी न दे सके। फिर भी इसमें संदेह नहीं कि पंतजी ने अपने कृतित्व से, सम्पादन से, गद्य रचनाओं से नयी यथार्थवादी धारा को शक्ति-सम्पन्न बनाया। इसलिए आधुनिक हिन्दी कविता के लिए उनका निम्नलिखित दावा आश्चर्यजनक है : "हिन्दी काव्य के राजपथ पर, अभी तक तो छायावाद ही नवीन सौंदर्य मंजरियों का मुकुट लगाए, नवीन प्रकाश दिशा की खोज में, मंद धीर गति से चरण बढ़ा रहा है।" सन् 1959 में छायावादी कविता की तरह यह स्थिति है तो क्या वह "कैशोर समारम्भ" अभी समाप्त नहीं हुआ ? या रूपाभ-काल का नया दृष्टिकोण काव्य में व्यर्थ ही प्रतिफलित हुआ ? अथवा "युग के महान् संघर्ष का

काव्य" छायावाद के अंतर्गत आ जाता है ?

इस तरह की शंकाओं से विचलित न होकर पाठकों को—विशेषकर कवियों को—यह भूमिका पढ़नी चाहिए, **ग्राम्या** से आज तक के पन्त जी के विकास को समझने का प्रयत्न करना चाहिए। नयी कविता के बारे में छायावाद के कुशल शिल्पी की यह धारणा कदापि अमान्य नहीं है, "अभी तक तो उसमें असंपृक्त खंडित बिंबों तथा भग्न प्रतिमाओं के खंडहरों में इधर-उधर क्षण-सौंदर्य की झाँकी के साथ चकाचौंध और कृत्रिम चमत्कार ही अधिक मिलता है।"

पन्तजी अपने मन को टटोलने वाले कवि हैं। वे तीक्ष्ण-बुद्धि आलोचक भी हैं और तर्क द्वारा अपनी धारणाओं का समर्थन करते हैं। उनका मर्मी कवि इस तर्क शृंखला को तोड़कर यथार्थवाद की भूमि पर फिर संचरण न करेगा—इसे उनके काव्य का कोई भी पाठक विश्वासपूर्वक न कह सकेगा।

(2)

सौवर्ण में पंतजी के दो काव्य-रूपक हैं जो अपने संक्षिप्त रूप में आकाशवाणी से प्रसारित किये जा चुके हैं।

आकाश में देव और देवी हिमालय के रूप में यहाँ के अध्यात्मवाद की प्रशस्ति सुनाते हैं। उनके जाने पर स्वर्दूत और स्वर्दूती भूजीवन की ओर दृष्टि निक्षेप करते हैं। नागरिकों का संवाद सुनाई देता है। नारी धरती पर वर्गमुक्त समाज का अभिनन्दन करती है। एक बुद्धिजीवी को मौलिक प्रतिमान संकट में पड़े हुए दिखाई देते हैं। यह महोदय भावावेश में संकटग्रस्त होकर बोलना बन्द कर देते हैं। दूसरे सज्जन उनकी अधूरी बात पूरी करना चाहते हैं तो जनता हास्यध्वनि से उनका अभिनन्दन करती है। एक सज्जन का विचार है कि हमें विशिष्ट मनुष्य चाहिए जो प्रतिभा के पंखों द्वारा मन के अन्तर्नभ में उड़ सके। उनकी समझ में युग का सारा दायित्व उन्हीं के कन्धों पर आ पड़ा है : "गुरुतम युग दायित्व हमारे कृश कन्धों पर आज आ पड़ा।"

एक सज्जन कहते हैं कि संस्कृति जनधरती में नहीं फलती, "वह उगती कुछ बुद्धिजीवियों के मानस में।" स्वर्दूती जनग्रामों में नवजीवन के संचार की ओर संकेत करती है। उसे मानवता कुंठित लगती है। लोग कीचड़ में बिना रीढ़ के कीड़ों जैसे रेंगते दिखाई देते हैं। स्वर्दूत अहिंसक भूमि की प्रशंसा करता है जहाँ आत्मतुष्ट जन तकुओं चरखों से जीवन पट बुनते हैं। औद्योगिक केन्द्रों में विश्व-क्रान्ति के प्रलय वलाहक दिखाई देते हैं। विभिन्न देशों के अधिनायक अपनी स्वार्थपरता छोड़ने को तैयार नहीं हैं। ऐसी स्थिति में पंचशील का पोषक धर्म-

चक्र लेकर जूझेगा। स्वर्दूत महायुद्ध की विभीषिका की ओर संकेत करता है। सारी समस्याएँ "लोकजीवन का प्रतिनिधि" सौवर्ण हल कर देता है। स्वर्दूती उसके लिए कहती है—"कलासृष्टि यह महत् कल्पना जन भविष्य की।"

पंतजी के सामने वर्ग-संघर्ष, महायुद्ध की तैयारियों की वास्तविक समस्याएँ हैं। इन समस्याओं पर जहाँ-तहाँ उन्होंने समर्थ पंक्तियाँ लिखी हैं, व्यक्तिवादियों पर उनका व्यंग्य भी यथेष्ट मार्मिक है। किन्तु वे समस्याओं का गलत विवेचन करते हैं, ह्रास और अभ्युदय की शक्तियों में भेद नहीं करते, इसलिए उनका समाधान भी निस्तेज और काल्पनिक रह जाता है।

दूसरे काव्य-रूपक "स्वप्न और सत्य" में कलाकार का यथार्थवादी मित्र "शोषित कंकालों की भूखी चीत्कारों" की ओर उसका ध्यान आकर्षित करता है लेकिन वह अपनी मातृ प्रकृति को छोड़ नहीं सकता। वह "स्वप्नों की परियों के छायांचल में छिपकर" विश्राम करता है। स्वप्न में वह अनेक छायाएँ देखता है, उनसे संस्कृति के बारे में उपदेश सुनता है। इसके बाद उसे दुर्मुख रणभेरी सुनाई पड़ती है करुण संगीत के साथ—"अन्धकार, घन अन्धकार है, अन्धकार है।" आदि गीत सुनाई पड़ता है। अन्त में—इस गीत के अचानक बाद ही—

"हँसता नव जीवन अरुणोदय।"

"स्वप्न और सत्य" में समस्या का विवेचन और समाधान 'सौवर्ण' से भी अधिक काल्पनिक है। इस काल्पनिकता के कारण पाठक शब्दजाल में उलझ जाता है और अनेक सुन्दर पंक्तियाँ उसकी दृष्टि से ओझल हो जायँगी। इधर की अन्य पुस्तकों की अपेक्षा इन रूपकों में पन्तजी ने विशेषणों का उपयोग कम किया है। शब्द-चयन में अधिक संयम है, अर्थ शब्द के अधिक निकट खिंच आया है। अनेक स्थानों पर सुगठित पंक्तियाँ पुराने पन्तजी की याद दिलाती हैं—

"सत्य भवष्यत् नहीं, भूतमय वर्तमान है,
वही भविष्यत् होगा जिसे बनायेंगे हम!"

अथवा सुन्दर सूक्ति के समान—"महत् भाव ही मौन विभूषण मानव के, मुकुट पुष्प ही पहना सकते तरु शिखरों को।" अथवा ये अत्यन्त ओज [illegible] पंक्तियाँ जैसे पंतजी ने केवल एक बार 'परिवर्तन' में लिखी थीं—

"लौह पगों से हिलहिल उठता त्रस्त धरातल,
प्रतिध्वनित हो रही मृत्यु की चाप दिशा में,
भीषण रण यानों से मंथित उदर गगन का,
उगल रहा संहार अग्नि वमनों का कटु विष,
मृत्यु धूल उड़ रही धरा में विद्युत सक्रिय।"

बहुत कम कवियों ने युद्ध और शान्ति की समस्या पर ऐसी प्रभावशाली पंक्तियाँ लिखी हैं। पन्तजी का दार्शनिक उनके कवि को दबा बैठा था, अब भी दबाये है किन्तु पुराना कवि जोर लगाकर अब भी श्रोताओं को चमत्कृत कर देता है। निस्सन्देह झूठे दर्शन से दबे हुए कवि में बड़ी जान है। वह व्यंग्य का पुट देकर छन्द के ओजपूर्ण प्रवाह से अपनी प्रतीक योजना को अतिशय समृद्ध कर सकता है। सुनिए—

"चट्टानों पर चट्टानें सोईं शतियों की,
जमे फलक पर फलक शवों से श्वेत रक्त के,
अट्टहास भरते जो निःस्वर खीस काढ़ कर
महाकाव्य कंकालों के अवशेष पुरातन।"

बात "युगवाणी" की है लेकिन किस नये ओज के साथ कही गयी है। पंतजी के कवि-जीवन में एक नये मोड़ की अभी और संभावना है।

(3)

वाणी पंतजी का नया कविता-संग्रह है। छायावाद में कल्पना की प्रमुखता रहते हुए भी उसमें यथार्थ जगत् के चित्रण और सामाजिक समस्याओं के विवेचन का नितान्त अभाव न था। उदाहरण के लिए "पल्लव" की रचनाओं में प्रकृति के अनेक यथार्थ और मार्मिक चित्र दिए गए थे। पन्तजी ने "ग्राम्या" में इस प्रवृत्ति को सुरक्षित रखा था और एक सीमा तक उसे विकसित भी किया था। किन्तु छायावाद में आरम्भ से ही इस यथार्थवादी प्रवृत्ति और रहस्यवाद का अन्तर्विरोध विद्यमान था। पन्तजी की रचनाओं में "गाम्या" के बाद यथार्थवादी प्रवृत्ति क्षीण होती गयी और रहस्यवादी धारा प्रबल बन गयी।

"वाणी" की रचनाओं में जहाँ-तहाँ उस क्षीण धारा के दर्शन हो जाते हैं। जैसे "आत्मिका" में पार्वतीय शोभा का वर्णन—

"शृंगनाद कर झरते निर्झर
भारी कौतूहल भर मन में,
दूध फेन के स्रोत उफनते
गिरि के गीत मुखर आँगन में।"

इस तरह की विरल पंक्तियों में भी कवि द्वारा आरोपित कुतूहल अधिक है, प्रकृति का सहज सौन्दर्य कम। पर्वत-प्रदेश से दूर उत्तर प्रदेश के नगरों में जीवन बिताने वाले पन्तजी के कवि को कृत्रिम रहस्यवाद ने बुरी तरह दबा दिया है।

अब जहाँ-तहाँ कुछ पंक्तियों में यथार्थद्रष्टा प्रकृतिप्रेमी कवि की सिसकियाँ ही सुनाई देती हैं।

किसी समय रहस्यवाद ने शास्त्रीय रीति-नीति और धार्मिक कर्मकांड का विरोध किया था। उसने कविता को एक नयी रस-विह्वलता दी थी; भाषा, भावों और छन्दों के संसार में एक स्वतःस्फूर्त माधुर्य बिखेर दिया था। वह बात बहुत पुरानी पड़ गई। आज के रहस्यवादी कवि के पास कुछ घिसे-पिटे नारे रह गए हैं। बौद्धिकता का परम विरोधी होते हुए भी कवि बौद्धिक स्तर पर प्रवचन करता है; सहज अनुभूति के अभाव में वह उन्हीं जीर्ण-शीर्ण वस्त्रों को पहनकर भावशून्य भंगिमाओं की नकल करके मसीहा बनने का अभिनय करता है।

पंतजी बड़ी ऊँचाई से साधारण जनों की दुनिया पर निगाह डालते हैं। वह प्रभु को सूचित करते हैं कि "सूक्ष्म दृष्टि पा तुमसे अनुक्षण" वह "अन्तर्जीवन का विधान" देखते हैं। इस विधान में उन्हें "आनन्द-तरंगित जीवन-सागर" दिखाई देता है जिसे देखने का दावा बीसवीं सदी के अनेक रहस्यवादी कर चुके हैं। ऊँचाई से ही नहीं, वह असीम गहराई से भी संसार को देखने का दावा करते हैं। उनकी घोषणा है—

"ब्रह्मोदधि में लीन,
ब्रह्मस्तर से मैं देख रहा हूँ तत्पर"—

अपनी सम्मति में उन्होंने यह कार्य काफी पहले आरम्भ कर दिया था। किशोर अवस्था में ही—

"उच्च प्रेरणाओं से अविरत
आन्दोलित रहता अन्तस्तल !"

इन उच्च प्रेरणाओं से आन्दोलित होते हुए "कब डूबा मैं ज्योति-सिन्धु में" —इसका पता उन्हें न रहा। पुराने और नये रहस्यवादियों में अन्तर यह है कि पुराने कवि ज्योति-सिन्धु के लिए तड़पा करते थे, उनमें वियोग-व्यथा की तीव्रता रहती थी, मिलन के गीत गाते थे तो उनमें अजब मस्ती होती थी। आज का रहस्यवादी न मस्त है, न विरह-व्यथित; वह ब्रह्मस्तर से बोलने, ज्योति-सिन्धु में डूबने, अन्तरिक्ष में भ्रमण करने आदि की डींग ज्यादा हाँकता है।

वास्तविकता कुछ दूसरी ही है। वह इन पंक्तियों में प्रकट हुई है—

"अविदित पथ, अवचेतन मन-वन,
श्लथ मतिरथ, गतिरोध अति गहन,
युग-तम की पर्वत-बाधाएँ
ढहने दो, ढहने दो !"

आश्चर्य की बात है कि ज्योति-सिन्धु में डूब चुकने के बाद भी पथ अविदित बना हुआ है। किन्तु अक्षमता की स्वीकारोक्ति कवि की गर्वोक्तियों से अधिक मार्मिक है।

अणुबम और महायुद्ध की तैयारियों के इस युग में पन्तजी मानव-संस्कृति के संकट के प्रति अचेत नहीं हैं। विज्ञान का अमृत गरल बन गया है, यंत्रसुलभ काम-धेनु के प्रति मानव-तृष्णा फल खोले खड़ी है। पन्तजी ने यह नहीं बताया कि विज्ञान के अमृत को गरल किसने बनाया है ? वह यह नहीं कहते कि उपनिवेशों को गुलाम बनाए रखने के लिए, स्वाधीन देशों की स्वाधीनता का अपहरण करने के लिए, हथियारबन्दी से मुनाफा कमाने के लिए, समाजवादी राष्ट्रों का नाश करने के लिए, अपने ही देशों में मजदूरवर्ग, गरीबों, बेकारों का असन्तोष दबाने के लिए साम्राज्यवाद युद्ध की तैयारी करता है, विज्ञान के साधनों का उपयोग मानवता के नाश के लिए करता है। पन्तजी विज्ञान को ही दोषी ठहराते हैं, आज के संकट के लिए साम्राज्यवाद नहीं, विज्ञान उत्तरदायी है। उनकी राय में विज्ञान ने देश को जीत लिया है; अब ज्ञान मृत्यु को जीतेगा। ज्ञान-विज्ञान में ऐसा कोई अभेद्य अन्तर्विरोध नहीं है। हिंसा और युद्ध का विरोध करने वालों में संसार के सैकड़ों प्रसिद्ध वैज्ञानिक हैं। पन्तजी की धारणा है कि वैज्ञानिक सत्य असत्य है; उनका कल्पित रहस्यवादी सत्य ही परम सत्य है।

किन्तु यदि संसार में अक्षय, अनन्त आनन्द तरंगित है, तो युद्ध और मृत्यु से भय क्यों ? जो मिटेगा, वह तो भौतिक जगत् होगा, अध्यात्मजगत् तो चिरंतन चेतना से चिर-प्रकाशित रहेगा !

पन्तजी जनता को बुलाकर कहते हैं.

"मैं अभिषेक तुम्हारा करता हूँ।"

राग, द्वेष, भय, क्लेश से पीडित मानवता से वे कहते हैं,

"दीक्षा लो, हे दीक्षा,
कवि, द्रष्टा, भावक से !"

पन्तजी अपने शिष्यों को जो ज्ञान देना चाहते हैं,

"धर्म नीति श्रुति स्मृति सत्यों को
कर्म वचन मन को वह अविदित,
ज्ञान भक्ति, विज्ञान शक्ति से
अति, अभेद्य, अज्ञेय, अखंडित !"

न वह कर्म से जाना जा सकता है, न वचन से, न मन से। ऐसा गूढ़ सत्य मन-कर्म-वचन के संसार में जूझने वाले मनुष्य की सहायता कैसे करेगा, यह कल्पना से परे है। यह बात नहीं है कि पन्तजी को कर्म से परहेज हो, वचनों से और भी नहीं; इस संग्रह के 188 पृष्ठों में उनका वचन-(अथवा प्रवचन-) प्रेम पूर्णत: प्रकट हुआ है। उन्हें कर्ममय जीवन से कितना प्रेम है, उसका पता इस बात से चलेगा कि उनके रुधिर में स्वर्ग-संगीत बहने लगता है—

"जब मैं कर्मठ अंगों को करता संचालित !"

अपनी इस कर्मठता के कारण पन्तजी को प्राचीन भारतीय संस्कृति से खास शिकायत है कि वह निष्क्रिय थी। इसमें संदेह नहीं कि इस संस्कृति में निष्क्रियता के तत्त्व भी रहे हैं। फिर भी उसे निष्क्रियता का पर्यायवाची समझना सही नहीं है।

प्राचीन भारत कैसा था ? पन्तजी कहते हैं—

"वृद्ध महाभारत का होगा
जर्जर पंजर,
संस्कृति खंडहर
आहत भारत !"

और गीता का कर्मयोग ? पन्तजी कहते हैं—

"मुक्त नहीं व्यक्तित्व कृष्ण का
ह्रास देश के गीता-दर्शन !"

पुरानी संस्कृति को निष्क्रिय बताकर पन्तजी उस ज्ञान का अन्वेषण करते हैं जो कर्म से परे है। आप कहेंगे, पन्तजी ऐसी परस्पर-विरोधी बातें क्यों करते हैं ? ब्रह्मस्तर से बोलने वाले कवि से ऐसे प्रश्न करना अनुचित है। पुराने कवियों के लिए शब्द-अर्थ अभिन्न होते थे, पन्तजी के लिए—

"गिरा अर्थ से परे।"

इस पंक्ति में "गिरा" क्रिया नहीं है। अर्थ यह है कि पन्तजी की वाणी अर्थ से परे है, इसलिए यह न पूछिए कि अपने कर्मोत्तर ज्ञान से वह कर्महीन भारतीय संस्कृति को कैसे सकर्मक बनाएंगे। उनके निकट श्रद्धा लेकर आइए, देखिए वे कहते और करते क्या हैं—

"मैं नवीन चेतना प्राण मन के मधु त्रय से
अभिषेकित करता हूँ आज तुम्हारा जीवन।"

भूत झाड़ने वाले ओझा-सयानों की तरह पन्तजी कहते हैं—

"मुक्त आज करता मैं बन्दी प्रेतों को गत।"

यह भारत का परम सौभाग्य है कि निष्क्रिय प्राचीन संस्कृति के प्रेतों से जनता को मुक्त करने के लिए पन्तजी जैसा मसीहा पैदा हो गया है।

दुख की बात इतनी ही है कि मसीहा की बात कोई सुनता नहीं है। ज्योति-सिन्धु में स्नान करने के बदले लोग अपनी भौतिक समस्याएँ हल करने में लगे हैं—

"उदर-क्षुधा को स्वीकृति दे, अब अर्थ-भित्ति पर
जन-समाज का उठता जड़ प्रासाद,
अस्थि पंजर स्फटिकोज्वल !"

पन्तजी स्वीकार करते हैं कि

"अन्न वस्त्र गृह के अभाव में
नग्न कुरूप बहिर्जग जीवन।"

किन्तु अन्न, वस्त्र, गृह के अभाव से पीड़ित मनुष्य जब अपनी समस्याएँ हल करते हैं, तब पन्तजी को लगता है कि मनुष्यता का पतन हो रहा है।

इस प्रकार पन्तजी का रहस्यवाद जनता के दुख-दर्द में उसका सहायक न होकर उसकी वास्तविक समस्याओं का काल्पनिक समाधान प्रस्तुत करता है। उनके अभिनव रहस्यवाद की यह प्रतिक्रिया-वादी वास्तविकता है। ब्रह्मस्तर से बोलने, अन्तरिक्ष की यात्रा करने, ज्योति-सिन्धु में अवगाहन करने, मानवता को परम ज्ञान में दीक्षित करने की घोषणाओं का एक ही उद्देश्य है: जनता अपनी भौतिक समस्याओं को हल करने से विमुख हो। छायावाद में जो कुछ यथार्थ चिन्तन था, उसे छोड़कर पन्तजी भारत और विश्व की विकासमान शक्तियों के विरोध में रहस्यवाद का झंडा लिये खड़े हैं।

इस रहस्यवादी चिन्तन में पन्तजी की कला की क्या दशा हुई है? किसी समय वह सुन्दर शब्दकार, वर्ण-गन्ध से खेलने वाले कुशल चित्रकार थे। अब बाहर के वर्ण-गन्ध से वह कल्पना का संसार रचते हैं किन्तु कुछ शब्दों को बराबर दोहराने पर भी वे सुन्दर चित्र बना नहीं पाते। वे उन चित्रकारों की तरह हैं जो भावोत्कर्ष के अभाव में बार-बार ऐसी आकृतियाँ बनाते हैं जो एक-दूसरे से मिलती हैं, एकरसता के कारण रसहीन हो जाती हैं और हृदय को स्पर्श नहीं करतीं।

पन्तजी को इन्द्रधनुष पसन्द है तो "भावों के इन्द्रधनुष घन", आसमान में "इन्द्रधनुष फहराओ", "यह असंख्य वर्णों का इन्द्रधनुष खुल सहसा" मन में फह-

राया, "इन्द्रधनुष, सौरभ, पिककूजन"—हर जगह इन्द्रधनुष ही फहरा है। एक भी पंक्ति में इन्द्रधनुष से उत्पन्न विस्मय या हार्दिक उल्लास के दर्शन नहीं होते। संस्कृत कविता में "बर्हभार" अच्छा लगा तो जगह-जगह बर्हभार सजा दिया। उनका सबसे प्रिय शब्द है, "हरित"। इसलिए धरती के मन से रजत-हरित लपटें उठती हैं, रजत-हरित ज्वार उठते हैं, पावक जल सागर अतल हरित है, 'हरित वारि, अति हरित वारि रे", वह कीचड़ में भी सनते हैं तो "हरे मखमली कलुष-पंक में", और "जुगुनू हरे स्वरों में, लिप पुत जाते वन में!" पन्तजी ने और रंगों की चिन्ता न करके—"स्वर्णिम" का प्रयोग भी कम हो गया है!—हरे रंग से ही हर जगह लीपापोती की है।

कुछ शब्दों की ध्वनि उन्हें इतनी पसन्द है कि रंगरूप की चिन्ता न करके ध्वनि के लिए ही वे उसे दोहराते हैं। आसमान से "फालसई जलफुही" बरसती है, फालसई ध्वजाएँ फहरती हैं, भावभूमि में फालसई दल खुलते हैं, इत्यादि। ऐसे ही सतजल का प्रयोग है जो गनीमत है किन्तु "मानुष्य" तो वनमानुष की तरह जब तब छन्द की राह रोककर खड़ा हो जाता है। 'भू" के मारे नाक में दम है। भूमानस, भूजीवन, जनभू, "भू की वेणी सूँघो सहलाओ"—यह भू जो न कराए सो थोड़ा। और वादी-संवादी का विचार न करके हर जगह "रे"—

"भींग रे गये नयन मन!
ये हँसते रहते रे मन में!
कथा गूढ़ रे जानी!
काल दंष्ट्र में रे ये अणु मृत!"

जहाँ भी दो मात्राओं की कमी पड़ी कि पंतजी ने "रे" को बिठा दिया। क्रियाओं के प्रयोग की अद्‌भुत मिसालें हैं—

"पीछे थी हट गई चेतना"
"था हो चुका दिगंत मंजरित।"

छायावाद के प्रारंभिक समय में ऐसे प्रयोग क्षम्य थे। सैकड़ों कविताएँ लिखने के बाद इस तरह की खींचतान भोंड़ी लगती है।

पन्तजी मानते हैं कि कवि उपदेष्टा नहीं है, फिर भी इस संग्रह में उपदेशों की भरमार है। वैद्यक और कर्मकाण्ड की पुस्तकों में जैसे नीरस वर्णनात्मक अनुष्टुप् मिलते हैं, वैसे ही भावहीन गद्यमय पद्य लिखने में पन्तजी ने कमाल कर दिया है। इच्छित, समन्वित, विकसित, निश्चित, अवलंबित, गर्हित, नियोजित, स्थित, नित, आकर्षित, मूर्तित—इस तरह के शब्दों से तुकबन्दी करके पद्य रचने में पन्तजी ने बड़े-बड़े राष्ट्रकवियों को भी पीछे छोड़ दिया है। उन्हें शब्दों से

मोह है जो कवि के लिए बुरा नहीं है, लेकिन शब्द अब उनसे पीछा छुड़ाते हैं। शब्दों की तरह वर्ण-गन्धों से उन्हें मोह है, किन्तु चित्रों की जगह अब वे "नील, बेंगनी, फालसई, कासनी, अंगूरी" शब्द भर गिनाते हैं। दमित वासना से प्रेरित कुछ अतिरंजित चित्र वीभत्स लगते हैं, यथा :

"धरा-योनि से अग्नि-स्तंभ उठता तेजोज्वल।"

नीरस शब्दों के घेरे में कवि बंदी है। भावहीन जड़ विचार उसके कल्पना के पंख खुलने नहीं देते। वह अपनी भाव-शून्यता की कमी मसीहाई अभिनय से पूरी करना चाहता है। "पल्लव" और "ग्राम्या" के कवि में बहुत-सी कमजोरियाँ थीं; फिर भी वह प्रकृति के सौंदर्य को अंकित करने वाला शब्दों का धनी कवि था। पन्तजी वैसी कविताएँ न लिख सकें तो न लिखें, पर ब्रह्मस्तर से बोलने का अभिनय तो न करें। काश ! वे कौसानी जाकर अपना खोया हुआ कवित्व फिर पा सकते !

(4)

रश्मिबंध में, "वीणा" से लेकर "वाणी" तक की चुनी हुई रचनाओं का संग्रह है। पन्तजी के विद्यार्थियों को सभी तरह के नमूने एक जगह पाकर प्रसन्नता होगी। आरम्भ में पन्तजी ने एक लम्बी भूमिका द्वारा अपने कवि जीवन पर प्रकाश डाला है। इसमें उन्होंने प्रयोगवाद और प्रगतिवाद, दोनों को छायावाद की उपशाखाएँ माना है और तीनों धाराओं को एक ही युग-सत्य से अनुप्राणित माना है। कुछ दिन पहले हिन्दी के एक डाक्टर की लिखी हुई पुस्तक में मार्क्सवादी लेखकों की सूची में धर्मवीर भारती का नाम देखा था। इसलिए पन्तजी की उपर्युक्त उद्भावना से आश्चर्य नहीं हुआ।

"स्वर्ण किरण" के लिए उन्होंने लिखा है कि उसमें "मैंने मानवता के व्यापक सांस्कृतिक समन्वय की ओर ध्यान आकृष्ट किया है।" मार्क्सवाद और अध्यात्मवाद के समन्वय की बात पन्तजी की ही चलाई हुई है। इस समन्वय में मार्क्सवाद नदारद, अध्यात्मवाद ही बचा और उसमें भी अरविन्द-दर्शन की कुछ मान्यताएँ प्रमुख रहीं। पन्तजी ने इसी समन्वयवाद शब्द पर आपत्ति करते हुए आगे लिखा है, "स्वर्ण किरण और उसके बाद की मेरी काव्य-दृष्टि को मेरे आलोचकों ने समन्वयवादी जीवन-दर्शन कहकर सन्तोष कर लिया है।" सन्तोष नहीं कर लिया, असंतोष भी प्रकट किया है, क्योंकि अध्यात्मवाद की लपेट में काम-शास्त्र भी आ गया है और दार्शनिक विचारों में शाब्दिक उलझन अधिक और मार्मिक अनुभूति कम है।

पन्तजी ने अपनी "भारतमाता" कविता को जो नया रूप दिया है, उसका अंतिम अंश उल्लेखनीय है—

उसे चाहिए लौह संगठन,
सुन्दर तन, श्रद्धा दीपित मन,
भू जीवन प्रति अथक समर्पण,
लोक कलामयि,
रस विलासिनी !

1958-59

महादेवी वर्मा

महादेवी जी के बारे में प्रचलित प्रवाद यह है कि वे मूलतः दुःखवादी हैं; उनके काव्य में पीड़ा से मोह है, इसलिए वह जीवन की अस्वीकृति का काव्य है।

पीड़ा के चित्रण मात्र से कोई जीवन को अस्वीकार नहीं करने लग जाता। जीवन में वांछित सौन्दर्य और आनन्द न मिलने से भी मनुष्य को पीड़ा होती है। संसार में अगणित मनुष्यों को शोषित और त्रस्त देखकर किसी भी सहृदय कवि को पीड़ा होगी। इस तरह की पीड़ा की अभिव्यक्ति जीवन की स्वीकृति ही मानी जायगी। इसके विपरीत कुछ विचारकों के लिए संसार में जन्म लेना और जीवित रहना ही पीड़ा का महान् कारण है। उसके लिए संसार में सुख और आनन्द नाम की वस्तु प्रवंचना मात्र है। यह धारणा जीवन की अस्वीकृति है।

बहुत पहले स्वर्गीय जयशंकर 'प्रसाद' ने अपने निबंध 'रहस्यवाद' में दुःखवाद का खंडन किया था। उस लेख में उन्होंने छायावाद के उन आलोचकों को उत्तर दिया था जो प्रसाद जी और उनके समानधर्माकवियों पर यह आरोप लगाते थे कि वे लोक से पराङ्मुख होकर किसी परोक्ष अगोचर रहस्य की साधना में लीन रहते हैं। प्रसाद जी ने सिद्ध किया कि प्राचीन भारतवासियों—आर्यों—का मूल जीवनदर्शन आनन्दवाद था; दुःखवाद, मायावाद आदि विचारधाराओं का चलन बाद में हुआ। प्रसाद जी के नाटकों के बारे में यह भ्रम फैला हुआ था कि उन्होंने लोक-पराङ्मुख दृष्टिकोण अपनाया है। उनकी ललित रचनाओं के अतिरिक्त उनके चिन्तन-प्रधान गद्य-लेखों से भी यह सिद्ध हो जाता है कि उन्हें शून्यवादी, मायावादी या किसी भी रूप में दुःखवादी मानना एकदम भ्रामक हैं।

छायावाद का मूल स्वर आस्था और जीवन की स्वीकृति का स्वर है। लोकोत्तर भी अनेक छायावादी कवियों के लिए लोक से परे नहीं है। दस-बारह वर्ष पूर्व "प्रवाह" नामक पत्र में महादेवी जी पर मेरा एक लेख प्रकाशित हुआ था जिसमें उपर्युक्त धारणा के अनुरूप मैंने उनके काव्य में सौन्दर्य और आनन्द की आकांक्षा की ओर संकेत किया था। मेरे अनेक मित्र इस धारणा से सहमत

नहीं थे। उन्होंने अपने मन में मीराबाई का एक भावचित्र आँक रखा था और इसी भावचित्र में वे महादेवी जी की छवि भी देखते थे। जो देखते थे, वह न मीराबाई, न महादेवी जी।

सौभाग्य से सभी छायावादी कवि गद्य-लेखक भी रहे हैं। उन्होंने अनेक दार्शनिक, साहित्यिक और सामाजिक समस्याओं पर विस्तार से और गंभीरता से विचार किया है। उनके काव्य की भव्यता के कारण उनका आलोचना-साहित्य साधारण पाठकों की दृष्टि से बहुत कुछ ओझल रहा है। विद्वान् आलोचकों ने भी उस पर कम ध्यान दिया है। इसका एक कारण यह भी है कि अनेक आलोचक छायावादी कवियों को अपने ही कल्पना-लोक में भावुकता का गुब्बारा बनाकर उड़ाते हैं। इन कवियों में कहीं प्रखर चिन्तनशील बौद्धिकता भी है—यह तथ्य छायावाद के प्रति आलोचकों की अति-छायावादी धारणा से मेल नहीं खाता। इस स्थिति के लिए छायावादी कवियों को दोष नहीं दिया जाता।

महादेवी जी ने तो अध्यापन-कार्य भी किया है। उनमें आलोचक-बुद्धि का स्फुरण और भी स्वाभाविक है। वे अपनी हँसी से जब श्रोताओं को हतप्रभ कर देती हैं—और वे या तो हँसती हैं, या बोलती हैं, सुनने का काम ज्यादातर दूसरों को ही करना पड़ता है—तब वे कवि की भावुकता से अधिक आलोचक की विश्लेषक बुद्धि का परिचय ही देती हैं। "सप्तपर्णा" में "अपनी बात" शीर्षक देकर उन्होंने प्राचीन भारतीय साहित्य पर एक लंबा रोचक निबन्ध लिखा है। कवयित्री महादेवी जी विदुषी रूप में यहाँ कालिदास, भवभूति, अश्वघोष पर ही अपना मत व्यक्त नहीं करतीं वरन् स्त्रियों के लिए वर्जित वेद और वैदिक साहित्य पर भी अपने सुदीर्घ चिन्तन का फल प्रस्तुत करती हैं। जिन लोगों को आधुनिक हिन्दी काव्य से, विशेषकर छायावादी काव्य से, उसमें भी महादेवी जी के काव्य से ममत्व हो, वे धैर्य से इस निबन्ध का अध्ययन करें।

मैं यहाँ इस निबन्ध के कुछ मूल सूत्रों की ओर संकेत करूँगा जिनसे सिद्ध होगा कि महादेवी जी का जीवन-दर्शन प्रसाद जी के दार्शनिक दृष्टिकोण के निकट है।

वैदिक साहित्य के बारे में उन्होंने लिखा है, "मनुष्य की प्रज्ञा की जैसी विविधता और उसके हृदय की जैसी रागात्मक समृद्धि वेद साहित्य में प्राप्त है, वह मनुष्य को न एकांगी दृष्टि दे सकती है न अन्धविश्वास।"

प्रज्ञा की विविधता, हृदय की रागात्मक समृद्धि— इससे अधिक हमें चाहिये और क्या? प्रज्ञा की विविधता में बुद्धि का निषेध नहीं है। हृदय की रागात्मक समृद्धि में मनोभावों के दमन का भाव नहीं है, उनके उदात्तीकरण का भाव अवश्य है। उपर्युक्त वाक्य में महादेवी जी ने वैदिक साहित्य की समृद्धि के प्रतिपादन के अतिरिक्त अपना जीवन-दर्शन भी प्रतिबिम्बित कर दिया है।

रवीन्द्रनाथ के समान महादेवी जी के लिए वाल्मीकि का युगान्तरकारी महत्त्व इस बात में है कि उनके काव्य में "प्रथम बार मानव ने देवताओं को सिंहासनच्युत कर दिया है।" मुनि वाल्मीकि की सहज मानवीय करुणा का अभिनंदन करते हुए उन्होंने फिर लिखा है : "उसके हृदय में कथा की प्रेरणा, किसी समाधि-स्थिति से नहीं उद्भूत हुई वरन् वह एक लघुकाय, अल्पप्राण पक्षी की वेदना से निःसृत हुई है।"

समाधि नहीं, वेदना—आदि कवि के जीवन-दर्शन का सारतत्त्व यह है। और वेदना का अर्थ, अपनी कुण्ठा का रोना नहीं, दूसरे के शोक से हृदय में उत्पन्न होने वाली सजीव संवेदना है। इसीलिए महादेवी जी कहती हैं कि "क्रौंच के शोक से तादात्म्य करके" वाल्मीकि को नया छन्द ही नहीं मिला, वरन् "उससे उन्हें मानव-जीवन के महागीत के लिए स्वर, लय और ताल खोजने की प्रेरणा भी मिली।"

कवि की दृष्टि जीवन की ओर उन्मुख है, जीवन से पराङ्मुख नहीं है।

भारतीय साहित्य का जो आदिकाव्य है, वह मानव-गाथा है। यह भारतीय साहित्य में व्याप्त गंभीर मानवतावाद की घोषणा है। महादेवी जी ने अपनी कवि सुलभ शब्दावली में यह मत प्रकट किया है—"आदि कवि की मानव-गाथा मानो कर्तव्य का अचल पर्वत और उससे निकली करुणा की चिर चंचल स्रोतस्विनी है।"

बौद्ध-ग्रन्थों में जीवन से मुक्त होने की चर्चा करते हुए उन्होंने लिखा है—"जिस धरती के जीवन से मुक्त होने की साधना है, वही अपने विविध रूपात्मक सौन्दर्य से ऐसी साधना की शक्ति देती है।"

धरती से मुक्त होकर कोई कवि नहीं बनता। काव्य में तो धरती के ही सौन्दर्य की साधना होती है।

अश्वघोष भी जीवन को दुःख का कारण मानते थे। किन्तु इससे उनका काव्य समृद्ध नहीं हुआ। वह महाकवि इसलिए हुए कि "बौद्ध अश्वघोष कवि अश्वघोष से परास्त हो जाता है।" अन्य बौद्ध विचारकों के समान अश्वघोष अपने अन्तर्मन से जीवन को अस्वीकार करते तो वह काव्य-रचना में सफल न होते।

कवि का सौन्दर्य-बोध किसी अगोचर आत्मानुभूति के आधार पर विकसित नहीं होता। सौन्दर्य-बोध का गहरा सम्बन्ध जीवन के प्रति आस्था से है। जो अनास्थावादी कवि अपनी रचनाओं में सौन्दर्य को अभिव्यक्त करने का दावा करते हैं, वे मृगमरीचिका से अपनी प्यास बुझाना चाहते हैं। महादेवी जी का यह वाक्य नयी पीढ़ी के अनेक उदीयमान कवियों के लिए विचारणीय है—"कवि का सौन्दर्य-बोध भी उसकी जीवन और जगत् के प्रति आस्था से सम्बद्ध रहना है।"

आस्था और अनास्था में क्या भेद है ? जो संसार मात्र को दुःख का कारण मानते हैं, वे वास्तव में अनास्थावादी हैं। पाठक से छिपा न रहेगा कि महादेवी जी स्वयं किस दार्शनिक दृष्टि-बिन्दु के निकट हैं। अश्वघोष की ही चर्चा के सन्दर्भ में उन्होंने लिखा है, "यदि वह (कवि) जीवन और जगत् को दुःखात्मक भ्रम-मात्र मानता है तो उसके निकट, उनमें न सौन्दर्य या सामंजस्य की अनुभूति सुलभ रहती है, न सौन्दर्य या सामंजस्य की स्थिति उत्पन्न करने के प्रयास की आवश्यकता।"

दूसरे शब्दों में कवि का कर्तव्य है, सौन्दर्य या सामंजस्य की स्थिति उत्पन्न करना। और इस दिशा में उसका प्रयास तभी सफल होगा जब वह संसार को दुःखात्मक भ्रम-मात्र न माने। यह दृष्टिकोण बुद्धि-ग्राह्य और तर्क-संगत है। वह किसी भी रहस्यावरण में छिपा हुआ नहीं है। वह समाज और साहित्य की प्रगति के लिए शुभ और आवश्यक है।

महादेवी जी का काव्य इसी जीवन-दर्शन के अनुकूल रचा गया है। अपने इस लेख में उनके काव्य का विवेचन करके पूर्व स्थापना की पुष्टि करना मेरे लिए अनावश्यक है। उसके काव्य का विवेचन करके उसमें जीवन, सौन्दर्य, आनन्द की आकांक्षा की अभिव्यक्ति की चर्चा मैं अन्यत्र कर चुका हूँ। भारत के प्राचीन वाङ्मय पर महादेवी जी ने जो कुछ लिखा है, उसका मूल्यांकन भी यहाँ अभीष्ट नहीं है। उनके गद्य लेख के मूल सूत्रों की ओर संकेत मात्र यहाँ किया गया है। पंत, प्रसाद, निराला के साथ उन्होंने हिन्दी काव्य में जातीय भाषा खड़ी बोली हिन्दी को प्रतिष्ठित किया, इस प्रकार राष्ट्र-भाषा के विकास का मार्ग प्रशस्त किया और रीतिवादी अवरोध दूर करके उन्होंने नवीन मानवीय संवेदनाओं की अनुभूति और अभिव्यक्ति का द्वार खोल दिया।

1964

आधुनिकता-बोध और छायावाद

हिन्दी में कुछ लोग आधुनिकता-बोध का यह अर्थ लगाते हैं कि आधुनिक बनने के लिए छायावाद की पूर्ण अस्वीकृति जरूरी है। किसी कवि को रोमांटिक कह दिया जाए, तो वह इसे गाली समझेगा। इस ऐंटी-रोमांटिक—छायावाद-विरोधी—प्रवृत्ति को एक सिद्धांत का रूप टी० एस० इलियट ने दिया और इलियट का गहरा असर हमारे बहुत-से आधुनिकता-बोध वाले कवियों पर है। इलियट की तरह वे भी छायावाद को अस्वीकार करते हैं।

यूरोप में रोमांटिक काव्य होमर से आरम्भ होता है। होमर तथा परवर्ती यूनानी नाटककारों का गहरा असर शेक्सपियर, मिल्टन तथा शेली-बायरन के युगों पर पड़ा। रोमांटिक काव्य मूलतः सामन्त-विरोधी है। ईसा-पूर्व पांचवीं-चौथी शताब्दियों में यूनान के कुछ भागों में व्यापारी पूंजीवाद ने काफी प्रगति की। इस व्यापारी पूंजीवाद का केन्द्र एथेन्स था। इस व्यापारी पूंजीवाद के विकास से सामन्ती सम्बन्ध ढीले हुए; सोफोक्लीज, यूरीपिदीज का मानवतावाद उन्हीं सामाजिक परिस्थितियों की देन है। शेक्सपियर-मिल्टन के युग में व्यापारी पूंजीवाद ने इंगलैण्ड की सामन्ती व्यवस्था को शिथिल किया। सोलहवीं सदी में व्यापार और विनिमय के आधार पर, उत्पादन-पद्धति में कोई बुनियादी परिवर्तन किए बिना एक पूंजीवादी विश्व-बाजार कायम हुआ। इंगलैण्ड के रिनैसेंस (पुनर्जागरण काल) का रोमांटिक साहित्य इस सामन्त-विरोधी सामाजिक विकास से जुड़ा हुआ है। 18वीं-19वीं सदी में जब इंगलैण्ड में औद्योगिक क्रान्ति हुई, नई मशीनें चालू हुईं, पुरानी उत्पादन-पद्धति खतम हुई, तब पूंजीवाद ने विकास की राह पर एक नया कदम रखा। इस नये विकास से शेली-बायरन का रोमांटिक काव्य सम्बद्ध है। फ्रांस की राज्यक्रान्ति सामन्त-विरोधी क्रान्ति थी। इंगलैण्ड के सामन्त-विरोधी रोमांटिक कवि स्वभावतः उससे प्रभावित हुए, उसके समर्थक बने।

इस रोमांटिक काव्यधारा के विपरीत एक तथाकथित क्लासिकल धारा है

जिसका सम्बन्ध सामन्त-विरोध से नहीं है, जो सामन्ती व्यवस्था और सामन्ती संस्कृति को कायम रखने वाली है। इस पर रोमन सामन्तवाद, रोमन रीतिवाद, रोमन लक्षण ग्रंथों का गहरा असर है। इंगलैण्ड में पोप आदि कवि इसके प्रतिनिधि थे।

इलियट ने जब रोमांटिक काव्यधारा को अस्वीकार किया तब उसने इंगलैण्ड और यूरोप की उस प्रगतिशील धारा को अस्वीकार किया जो सामन्त-विरोधी सामाजिक विकास के साथ जुड़ी हुई थी।

रोमांटिक काव्य में सब-कुछ अच्छा-ही-अच्छा हो, ऐसी बात नहीं है। विशेष रूप से उत्तर-रोमांटिक कालीन कविता, 1870-80 का अंग्रेज़ी काव्य यथेष्ट पतनशील है। 19वीं सदी के अन्त में जो फ्रान्सीसी कवि हुए, जिनमें रोमांटिक कविता के सबसे घटिया तत्त्व मौजूद थे, सामन्त-विरोधी और प्रगतिशील न होकर ह्रासवादी और पतनशील थे। इलियट पर इनका काफी प्रभाव पड़ा है। इलियट की भाव-धारा अंग्रेज़ी के 'प्रिरफेलाइट' कवियों से काफी मिलती है। 'वेस्ट लैंड' का प्रतीक रोमांटिक और उत्तर-रोमांटिक अंग्रेज़ी कविता में भरा पड़ा है।

जिन लोगों ने इलियट का प्रभाव ग्रहण किया, उन्होंने यह तो देखा कि वह रोमांटिक धारा का विरोध करता है पर उन पर उत्तर-रोमांटिक भावधारा का गहरा असर है, यह उन्होंने नहीं देखा।

इलियट ने अपनी अनेक मान्यताओं को बदला भी। मिल्टन, शेली, बायरन आदि कवियों का महत्त्व स्वीकार किया। पर हिन्दी में इलियट के अनुवर्ती इस बात से परिचित नहीं दिखाई देते। इलियट ने रोमांटिक कविता को आंशिक रूप में स्वीकार किया, पर हिन्दी में उसके अनुवर्ती छायावाद की पूर्ण अस्वीकृति का सूत्र पकड़े हुए हैं।

छायावाद पर रवीन्द्रनाथ का गहरा असर है। स्वयं रवीन्द्रनाथ पर बंगाल के वैष्णव कवियों, हिन्दी के संत कवियों, कालिदास, वाल्मीकि और उपनिषदों का असर है। छायावाद की पूर्ण अस्वीकृति का मतलब है, भारतीय साहित्य की समूची विकासशील परम्परा की अस्वीकृति। इसलिए आधुनिकता-बोध को छायावाद-विरोध का पर्याय बना देना गलत है।

पिछले बीस साल में लिखी हुई आधुनिकता-बोध वाली कविता को मैं सहानुभूति से देखता हूँ। जो भी अपने को त्रस्त, पराजित या पीड़ित महसूस करता है, वह कहीं-न-कहीं पूंजीवाद को अस्वीकार और समाजवाद को स्वीकार करेगा। व्यक्ति की पीड़ा, त्रास, पराजय का मूल स्रोत आज की पूंजीवादी परिस्थितियाँ हैं। इन परिस्थितियों से निकलने का रास्ता समाजवाद के पास है। वर्तमान युग

में आधुनिकता-बोध समाजवादी विचारधारा से ज़रूर सम्बद्ध होगा।

आधुनिक हिन्दी कविता में एक महत्त्वपूर्ण प्रवृत्ति है जिसे हम **नया यथार्थवादी रुझान** कह सकते हैं। कविता की पुरानी शब्दावली, पुराने छन्द, पुरानी प्रतीक-योजना नये कवियों को इसलिए पसन्द नहीं आती कि वह यथार्थ जीवन की बोलचाल से, यथार्थ जीवन के चित्रों से मेल नहीं खाती। नये हिन्दी कवि भाषा और छन्द से लेकर प्रतीक-योजना तक यथार्थ की भूमि पर बढ़ने का प्रयत्न कर रहे हैं, यह उनके आधुनिकता-बोध का सकारात्मक पक्ष है।

पर अनेक कवियों में रोमांटिक, उत्तर-रोमांटिक पतनशील कविता के दोष भी हैं। इनमें एक है एग्जीबिशनिज़्म—प्रदर्शनवाद, सबको बुलाकर यह दिखाने की प्रवृत्ति—मैं दुखी हूँ, मैं मर रहा हूँ, कितना अकेला हूँ, इत्यादि। व्यक्तिवाद की अतिशयता रोमांटिक कविता की कमज़ोरी है। वह कमजोरी इन कवियों में दिखाई देती है।

नई कविता के यथार्थवादी रुझान को दृढ़ करना चाहिए, उसकी अतिशय व्यक्तिवादी, प्रदर्शनकामी भावधारा को खत्म करना चाहिए। यथार्थ के अन्तर्गत मनुष्य का बाह्य जीवन, उसकी सामाजिक परिस्थितियाँ ही नहीं हैं, मनुष्य का मन, उसका अन्तर्जगत् उसी यथार्थ का अभिन्न अंग है। शेक्सपियर और शेली जैसे समर्थ कवि जितना मनुष्य के बाह्य संसार से परिचित थे, उतना ही उसके अन्तर्जगत् से भी। यथार्थवादी रुझान में इस अन्तर्जगत् का चित्रण शामिल है। प्रश्न यह है कि निराशा, पराजय और अकेलेपन की बातें किसी फैशन की नकल करते हुए कही गई हैं या कवि ने उन्हें अनुभव किया, उनसे संघर्ष किया है।

संगीत में एक स्वर सुनते ही पता चल जाता है कि गाने वाले की साधना किस स्तर की है। वैसे ही कविता सुनकर पता चल जाता है, कवि के भावबोध का स्तर कौन-सा है, उसका मन किस कोठे में है, उसकी आवाज़ में दम है या नहीं। यदि भावबोध का स्तर ठीक हो तो विचारधारा की उलझनों की उतनी चिन्ता नहीं।

सारांश यह कि यथार्थवाद को व्यापक दृष्टि से देखना चाहिए, यथार्थवादी रुझान को दृढ़ करते हुए हमें छायावाद तथा उससे पहले के साहित्य से सीखना चाहिए और आधुनिकता-बोध का सम्बन्ध समाजवाद तथा यथार्थवादी रुझान से जोड़ना चाहिए, न कि छायावाद-विरोध से।

एक प्रश्न भावबोध और विचारधारा से सम्बन्धित है। भावबोध किसी अंग्रेजी शब्द का अनुवाद नहीं है। वह 'सेन्सिबिलिटी' का पर्याय नहीं है। भाव का बोध, भाव का ज्ञान भावबोध है। भाव अपने प्रचलित अर्थ में, विचारधारा से भिन्न मनुष्य की सहज प्रतिक्रिया है, जैसे मुद्राराक्षस ने कुछ बातें रोष से कहीं, श्रीकान्त वर्मा ने परिहास के स्वर में अपनी बातें कहीं। उनके विचारों से भिन्न

यह उनकी भावात्मक प्रतिक्रिया हुई। मार्क्सवाद भावबोध को बहुत महत्त्व देता है। मार्क्स ने मनुष्य की चेतना पर सामाजिक परिस्थितियों के प्रभाव पर जोर दिया था। इस चेतना में मनुष्य के विचार और भाव दोनों शामिल हैं। सवाल यह है कि परिस्थितियाँ सीधे विचारों को प्रभावित करती हैं या भावों के माध्यम से ? मध्य वर्ग के खाते-पीते, पढ़े-लिखे लोग विचारों की छानबीन बड़ी अच्छी तरह कर लेते हैं पर मार्क्सवादी विचारधारा उनके लिए अक्सर बौद्धिक विलास मात्र बनकर रह जाती है। मजदूर के जीवन की परिस्थितियाँ उसके मन में छटपटाहट पैदा करती हैं कि वह पूँजीवादी गुलामी से छुटकारा पाए। इस भावबोध के कारण वह मार्क्सवाद को दृढ़ता से ग्रहण करता है, मार्क्सवादी विचारधारा उसके लिए बौद्धिक विलास का साधन नहीं बनती, उसकी हार्दिक भावनाओं से जुड़ी होती है। इस प्रकार सामाजिक परिस्थितियाँ भावों के माध्यम से मनुष्य की विचारधारा को प्रभावित करती हैं। तोल्स्तोय की विचारधारा उलझी हुई थी, पर सामाजिक परिस्थितियों को देखकर उनकी भावात्मक प्रतिक्रिया सही होती थी, इसीलिए वह यथार्थ जीवन के ऐसे प्रभावशाली चित्र दे सके।

दूसरा प्रश्न है, हम पुराने कवियों को क्यों मान्यता दें, तुलसीदास होंगे बड़े कवि, लेकिन आज हमारे किस काम के ? इस सम्बन्ध में निवेदन है कि न तो तुलसीदास के युग से अब तक मनुष्य और उसके संस्कार पूरी तरह बदल गए हैं, न सामाजिक परिस्थितियाँ पूरी तरह बदली हैं। हम अब भी अर्द्ध-सामन्ती समाज-व्यवस्था में रहते हैं। हम तुलसीदास के युग से विच्छिन्न हैं और जुड़े हुए भी। निराला ने अपनी कन्या सरोज की मृत्यु पर क्षुब्ध होकर लिखा था—**हो इसी कर्म पर वज्रपात**। एक दिन राम के उपासक तुलसीदास ने घोर दुख के समय लिखा था—**कियौ न कछू, करिबौ न कछू, कहिबो न कछू, मरिबोई न रहो है।** मैंने कुछ नहीं किया, आगे कुछ करना नहीं है, कुछ कहना भी नहीं है, केवल मरना शेष है। आप लोग भी पीड़ा और वेदना पर सब कुछ लिखते हैं। अवश्य ही तुलसीदास और निराला से बहुत कुछ सीख सकते हैं। सीखने का मतलब अनुकरण करना नहीं होता।

तीसरा प्रश्न है भ्रम तोड़ने के बारे में। श्रीकान्त वर्मा का कहना है कि रामविलास शर्मा को सबसे पहले मार्क्सवाद के प्रति अपना भ्रम तोड़ना चाहिए। इस सम्बन्ध में मुझे यह कहना है कि मार्क्सवाद सत्य को देखने से कतराता नहीं है। मार्क्स का एक प्रिय सूत्र था—हर चीज को संशय की निगाह से देखो। आप भी मार्क्सवाद को संशय की निगाह से देखिए। खूब ठोक-बजाकर परखिए। मार्क्सवाद सत्य पर टिका होगा तो आप उसका कुछ भी बिगाड़ नहीं सकते, झूठ पर टिका होगा तो कोई प्रचार उसकी रक्षा नहीं कर सकता। लेकिन मार्क्सवाद

के बारे में भ्रम तोड़ने से पहले उसे अच्छी तरह समझ लीजिए। यदि समझदारी से आप मार्क्सवाद का अध्ययन करेंगे तो आपको अपने विद्रोह के बचकानेपन का ज्ञान हो जाएगा। रेलगाड़ी के मुसाफिरों को देखकर कभी-कभी मैदान में खड़े हुए बच्चे कूद-कूदकर अंग-प्रदर्शन करते हैं। बहुत-सी नई कविता में व्यक्त किया हुआ विद्रोह इसी स्तर का है। मार्क्सवाद के अध्ययन से आप व्यक्ति को समाज से एकदम अलग करके न देखेंगे, व्यक्ति समाज से अलग है और जुड़ा हुआ भी—यह रहस्य समझेंगे। आप देख सकेंगे कि आपका अकेलापन आप तक सीमित नहीं है, आप जैसे बहुत-से अकेले हैं। यह अकेलापन, यह कुण्ठा, यह पीड़ा सामाजिक परिस्थितियों से उत्पन्न होती है। आप हर चीज को अस्वीकार करने की बात कहते हैं। पूंजीवाद को अस्वीकार करने के बारे में चुप क्यों रहते हैं? साहित्य की समस्त विकासमान परम्परा को मार्क्सवाद अस्वीकार नहीं करता, उसे अस्वीकार करता है आपका बचकाना विद्रोह।

चौथा प्रश्न : मैंने प्रगतिवाद की चर्चा क्यों नहीं की? उत्तर है, आधुनिकता-बोध का अर्थ हो गया है छायावाद-विरोध, न कि प्रगतिवाद-विरोध। प्रगतिशील साहित्य का विरोध पीछे पड़ गया है। इसलिए मैंने उस सिलसिले में कुछ नहीं कहा। इस सिलसिले में एक सुझाव यह आया कि अंग्रेजी साहित्य तक सीमित न रहकर यूरोप के साहित्य की चर्चा करनी चाहिए। मेरा निवेदन है कि हिन्दी में लोगों ने अपना आधुनिकता-बोध अंग्रेज-अमरीकी लेखकों से प्राप्त किया है, स्पैनिश या फ्रान्सीसी कविता पढ़कर नहीं, इसलिए अंग्रेज़ी साहित्य पर चर्चा अधिक की। एक और सुझाव यह आया कि छायावाद से छायावादी प्रवृत्ति को अलग करके देखना चाहिए। छायावाद एक वाद है, वाद का अर्थ है विचारधारा। मेरा कहना है, जैसे रीतिवाद विचारधारा मात्र का द्योतक नहीं है, वैसे ही छायावाद शब्द में विचारधारा के अतिरिक्त भावबोध, शब्द-चयन, कवि-कौशल सभी कुछ शामिल है।

अंतिम प्रश्न इस संकेत से सम्बन्धित है कि 'तार सप्तक' के प्रथम संस्करण में मैंने अपने वक्तव्य में छायावाद से अपना सम्बन्ध न जोड़ा था, दूसरे संस्करण में जोड़ा है। "तार सप्तक" के प्रथम संस्करण में मेरा वक्तव्य नहीं छपा, वह वात्स्यायन जी से खो गया था। प्रमाण-रूप उनका पत्र मेरे पास सुरक्षित है। मैं यह नहीं कहता कि मूल वक्तव्य में छायावाद से अपना सम्बन्ध मैंने जोड़ा ही होगा। तब छायावाद-विरोध आज की तरह एक समस्या न थी। लेकिन वक्तव्य दरकिनार, "तार सप्तक" में निरालाजी पर मेरी कविता पढ़कर कोई भी छायावाद के प्रति मेरी भावना समझ सकता है। "तार सप्तक" के दूसरे संस्करण के समय जिसे देखो वही छायावाद पर कीचड़ उछाल कर अपने आधुनिकता-बोध का परिचय दे रहा था। ऐसी परिस्थिति में मैंने छायावाद से अपने सम्बन्ध का

स्पष्टीकरण आवश्यक समझा। मैं निराला के वेदान्त को स्वीकार नहीं करता पर मैं मानता हूँ कि वह तुलसीदास के बाद हिन्दी के सबसे बड़े कवि हैं। निराला में वही सब कुछ नहीं है जिसे आप छायावाद कहते हैं। जिसने अपने कवि जीवन के आरम्भ में लिखा था—"**जब कड़ी मारें पड़ीं दिल हिल गया।**"—उस निराला से आधुनिकता-बोध वाले कवि आज भी बहुत-कुछ सीख सकते हैं।

1967

निराला और पन्त की प्रतीक-योजना

निराला और पन्त दोनों ही छायावाद के प्रतिनिधि कवि माने जाते हैं। अपने अभ्युदय-काल में पन्त सौन्दर्य के कवि रहे हैं तो निराला शौर्य और वेदना के कवि। आज उनका अभ्युदय-काल नहीं है। निरालाजी काफी दिनों से अस्वस्थ हैं। फिर भी वह लिख रहे हैं। मेरे एक मित्र ने 24 फरवरी '54 के एक पत्र में सूचना दी है कि "महाकवि का स्वास्थ्य ठीक नहीं। दाहिने पैर में सूजन आने के कारण चलना भी कठिन हो गया। उपचार से लाभ अभी तक कोई नहीं हुआ।"

"राम की शक्ति-पूजा" और "तुलसीदास", "जागो फिर एक बार" और "बादल राग" की उदात्त प्रतीक-योजना या शौर्य की भावना अब उनकी कविताओं में नहीं है। इसके बदले उनकी वाणी करुणा में डूब गई है और स्वर व्यथित और वेदना-विभोर हो गये हैं।

पन्तजी सौभाग्य से रेडियो में ऊँची तनखाह का काम पा गए हैं। उन पर अरविन्द-दर्शन का प्रभाव पड़ा है। अब वह पहले जैसे सौन्दर्य के कवि नहीं हैं। अब वह मानव-जाति को आध्यात्मिक और चिरन्तन सत्य के दर्शन का संदेश देने वाले दार्शनिक कवि हो गए हैं।

दोनों कवियों की प्रतीक-योजना में परिवर्तन हुआ है। दोनों में इस समय अपने अभ्युदय-काल से अन्तर आ गया है। दोनों की तुलना करने से उनकी वर्तमान रचनाओं पर ही नहीं उनकी पहले की कृतियों पर भी प्रकाश पड़ेगा।

सन् '40 में निराला ने अपने बारे में लिखा था—

मैं अकेला;
देखता हूँ, आ रही
मेरे दिवस की सान्ध्यवेला।
पके आधे बाल मेरे,
हुए निष्प्रभ गाल मेरे,

चाल मेरी मन्द होती आ रही,
हट रहा मेला।
जानता हूँ, नदी झरने,
जो मुझे थे पार करने,
कर चुका हूँ, हँस रहा यह देख
कोई नहीं भेला।

(भला शब्द पर कवि का फुटनोट है, पुराने ढंग की नाव)।

एक ओर कवि की दैहिक जर्जरता है, दूसरी ओर उसकी यह व्यंग्य-भरी हँसी है कि उसके लिए कोई नाव नहीं है। इस दैहिक और मानसिक स्थिति से ही कवि की करुण प्रतीक-योजना का जन्म होता है। नूपुरों के स्वर मन्द हैं, कवि का जागरण मोहनिशा की स्नेह गोद पर सोता है, गहन है यह अन्धकारा, और—

स्नेह-निर्झर बह गया है।
रेत ज्यों तन रह गया है।

निराला की वेदना अहम् के वृत्त में सीमित नहीं है। वह उसे जन-जीवन की वेदना के और निकट ले आई है। वह कहता है—

धूलि में तुम मुझे भर दो।
धूलि धूसर जो हुए पर
उन्हीं के वर वरण कर दो।

और भी,

तुम्हें चाहता वह भी सुन्दर
जो द्वार द्वार फिर कर
भीख माँगता कर फैलाकर।

ये सब उद्धरण "अणिमा" नामक संग्रह से सन् '40 की रचनाओं से हैं। पिछले दिनों उन्होंने एक गीत लिखा था—

दुखता रहता है अब जीवन
पतझड़ का जैसे वन उपवन।
डालियाँ बहुत सी सूख गईं,
उनकी न पत्रता हुई नई,
आधे से ज्यादा घटा विटप
बीज हो चला है ज्यों क्षण क्षण।

निराला अपने जीवन और चारों ओर के वातावरण के प्रति कितना सचेत है, आप देखेंगे। विटप घट कर जैसे बीज हो चला हो, इस चित्र की अपूर्व व्यंजना निराला के लिए ही संभव है। दो पंक्तियों में जीवन का सारा शोक और ताप जैसे घनीभूत हो गया है।

कवि कहता है,

सुख का दिन डूबे डूबे जाय,
तुमसे न सहज मन ऊब जाय।

सुख का दिन डूब गया है। लेकिन केवल निराला के लिए नहीं। वह अपने चारों ओर के जनजीवन को भी दुख में डूबा हुआ देखता है। इसलिए वह कहता है—

माँ ! अपने आलोक निखारो
नर को नरक-त्रास से वारो।

निराला की वेदना का मूल इसी संसार में, इसी जीवन में है, निराला के जीवन में, निराला के चारों ओर के संसार में। अपनी नितान्त अस्वस्थ दशा में भी यह कवि शोकसागर से काव्य के मोती हिंदी पाठकों को दे रहा है। निराला की रचनाएँ इस बात की साक्षी हैं कि सच्चा कवि बिक नहीं सकता, वह दुखी जीवन के प्रति आँखें नहीं मूंद सकता। निराला की रचनाएँ उसके अगाध हिन्दी-प्रेम और देश-प्रेम की परिचायक हैं, कारण यह कि जब उसे जीना दूभर है, तब भी वह मन मारकर नहीं बैठा। वह वेदना का कवि है, लेकिन निराशा का नहीं। वह नरक-त्रास का कवि है, लेकिन आलोक की आशा करना उसने अब भी नहीं छोड़ा।

हर जगह उसकी प्रतीक-योजना सरल नहीं होती। शब्द-योजना कहीं-कहीं पाठक को उलझन में डाल देती है। लेकिन जो भी धैर्य से निराला की रचनाएँ पढ़ेगा यानी पिछले दस-बारह साल की रचनाएँ, वह उनके सौन्दर्य पर मुग्ध हुए बिना न रहेगा। यह सौन्दर्य कवि ने तिल-तिल कर छीजते हुए अपने जीवन से उत्पन्न किया है। नरक-त्रास उसके लिए कुछ हफ्तों या महीनों के लिए नहीं रहा, वर्षों से वह नरक-त्रास में है। फिर भी पुरवाई के झोंकों की तरह उसका मन अब भी लहरा उठता है और वह गाता है—

पारस, मदन हिलोर न दे तन।
बरसे झूम झूम कर सावन।
वन द्रुम राजि साज सब साजे,
वसन हरे, उर उड़े बिराजे,

अलियों जूहीं की कलियों की
मधु की गलियों नूपुर बाजे,
घर बिछुड़े आये मन पावन।

यही है कवि अपराजेय निराला जो जीवन-समर में क्षत-विक्षत और ध्वस्त हो गया है लेकिन हतप्रभ और त्रस्त नहीं है। इसके लिए हिन्दी-प्रेमी निराला के सदा कृतज्ञ रहेंगे।

पंतजी की रचनाओं में—पिछले दस-बारह साल की रचनाओं में—आपको इस तरह के चित्र न मिलेंगे। स्वर्ण-किरण, स्वर्ण-धूलि आदि की रचनाएँ पढ़कर आपका हृदय विगलित न होगा। बच्चन जी ने कवि पंत के लिए लिखा है—

संतों में सुमधुर कवि कवियों में सौम्य सन्त।

वर्तमान युग के सन्तों की तरह पंतजी संघर्ष के युग में शान्ति का सन्देश देते हैं। पंतजी उत्तरा की भूमिका में कहते हैं, "ऐसे विश्वसंघर्ष के युग में सांस्कृतिक संतुलन स्थापित करने के प्रयत्न को मैं, जाग्रत चैतन्य मानव का कर्तव्य समझता हूँ। और यदि वह संभव न हो सका तो क्रान्ति का परिस्थितियों द्वारा संगठित सत्य तो भूकंप, बाढ़ तथा महामारी की तरह है ही, उसके अदम्य वेग को कौन रोक सकता है।"

पंत जी क्रान्ति के इस अदम्य वेग से चिन्तित रहने वाले समाज के उच्च और सुसंस्कृत जनों की भावनाएँ व्यक्त करते हैं। उनकी प्रतीक-योजना का मूल स्रोत यह चिन्ता है। उनका विचार है कि धरती भूखी है, उसे अन्तर्जीवन का प्लावन भर देगा, भारत भूमि को जो भिखारिन समझते हैं, वे मूर्ख हैं, भारत भूमि जगत-तारिणी है। लोकसंघर्षों से मानव जर्जर हो गया है। उसे क्रान्ति से बचाने के लिए शान्ति या प्रतिक्रान्ति का सन्देश देने को योगी अरविन्द का अवतार हुआ है। पंतजी संसार को स्वर्ण आलोक में नहाया हुआ देखते हैं। उनके लिए महान् और साधारण का भेद मिट गया है। जिस श्रद्धा से वह योगी अरविन्द को याद करते हैं, उसी श्रद्धा से वह काक नामक पक्षी को "भविष्यवक्ता जग-विश्रुत" कहते हैं और उसके मंत्रियों का उल्लेख करते हुए कहते हैं, "मंत्री वृद्ध तुम्हारे कौशिक दिवा-भीत चमगादर"। पंतजी ने दार्शनिकता को सरस बनाने के लिए अर्ध-विवृत जघनों, वक्षोजों के खुले घटों, चिर अधखुले उरोजों, चूम गंध रज आदि की भव्य प्रतीक-योजना की है। पंतजी ने जिस सौन्दर्यवाद से अपना कवि-जीवन आरंभ किया था, यह उसी की परणति है। साहित्य के नवों रसों से अलौकिक आनंद की प्राप्ति होती है। वीभत्स और करुण से रीतिवादियों के समान आनन्द मिलता है। लेकिन अपने लिए तो—एको रसः करुण एव ! और इस करुणरस का सिद्ध कवि है निराला।

1955

गतिरुद्ध छायावाद का शब्दशिल्प

प्रगतिशील आलोचकों पर यह दोष लगाया जाता है कि वे कला की उपेक्षा करते हैं और साहित्य को केवल समाज-शास्त्र की कसौटी पर परखने की कोशिश करते हैं। पन्तजी जैसे कला-प्रेमी और कुशल शब्द-शिल्पी के साथ ऐसी गलती करना अक्षम्य अपराध होगा। पन्तजी यदि शब्द-शिल्पी नहीं तो कुछ नहीं और उन पर लिखी गई आलोचना अगर उनके शब्द-शिल्प से ही शुरू नहीं होती तो वह आलोचना कहलाने की हकदार नहीं।

सवाल सिर्फ यह है कि कहाँ से शुरू किया जाय।

सबसे पहले उस शब्द को लीजिए जो 'स्वर्णकिरण' और 'स्वर्णधूलि' में इतनी बार आया है जितने इनमें पन्ने हैं। दरअसल यह शब्द औसतन हर पन्ने में दो बार आता है, इसलिए 166 और 177 पन्नों के जोड़ को दुगना करने से आपको कुछ सही अन्दाज हो सकेगा।

यह शब्द ऐसे काम का है कि जहाँ लाइन छोटी पड़ती हो, बड़ी पड़ती हो, घटती हो, बढ़ती हो, ओजपूर्ण ज्यादा हो गयी हो या ओजहीन हो गयी हो, दो अक्षरों—और वह भी दो लघु अक्षरों के इस शब्द—को बिठा दीजिए, बस काम बन जायगा। काव्य का नया-नया अभ्यास करने वालों के लिए तो यह शब्द राम-बाण है।

यह शब्द छायावाद का चिर-परिचित, पन्तजी का चिर-प्रिय शब्द 'चिर' है। इसके प्रयोग की कुछ गिनी-चुनी मिसालें देना ही यहाँ संभव होगा—

'चिर अधखुले उरोजों पर जलते थे उडुगण'
(स्व० कि० पृ० 58)

इस पंक्ति में 'चिर' शब्द न रखने से यह खतरा था कि आँचल सरकने से उडुगण उड़ जायँगे!

'योग्य नहीं कुछ भेंट; आप चिर मैथिलीशरण'

(स्व० कि० पृ० 139)

'योग्य भेंट' न होने पर कवि ने अपना परम प्रिय शब्द 'चिर' भेंट करके उनका परम सम्मान किया है। अब अगर मैथिलीशरणजी के आराध्यदेव राजा रामचन्द्र को भेंट चढ़ाना हो, तो किस भेंट से काम लिया जाय? देखिए—

'राम नाम प्रभु से भी बढ़कर
बना आज जनमन का ईश्वर,
अखिल सृष्टि का सार तत्त्व वह,
स्वर्ग मुक्ति सोपान चिर अमर!'

अमर के मरने का कोई खतरा था, तो पन्तजी ने चिर का सहारा देकर अमर को चिर अमर बना दिया है। इसमें कोई दोष भी नहीं। गोस्वामी तुलसीदास सीताजी के लिए कह गये हैं—'सुन्दरता कहँ सुन्दर करई'।

तब पंतजी 'अमर' को 'चिर अमर' क्यों नहीं कर सकते? नीचे की पंक्ति को सदोष भले माना जा सकता है—

'कुंभकर्ण-सी दानव निद्रा
सोने को चिर गई ज्यों उचट।'

इस तरह के प्रयोगों को भारतीय शास्त्रकारों ने ग्राम्यदोष कहा है और हम भारतीयता के साथ हैं।

'देवों के हैं ईश चिर शरण'

(स्व० कि० पृ० 170)

—इस पंक्ति में मैथिली शब्द का छूट जाना कुछ अखरता है। पर्यायवाचियों के साथ यह शब्द खूब जमकर बैठता है—

'जो अनन्त अक्षय चिर कारण' (स्व० कि० पृ० 174)
'जो ध्रुव राम अमर चिर अक्षर' (ऊपर के पृष्ठ पर)

राम के साथ ऐसे हजार विशेषण आ जायँ तो सहस्र नाम का पाठ ही होगा; धर्म की विजय से काव्य की पराजय सँभल जायगी।

इसीसे मिलता-जुलता एक और शब्द है जो एक मात्रा बड़ा होने पर भी पंक्तियों में बड़ी नाटकीयता उत्पन्न करता है। भूत और भविष्य को वह वर्तमान से बाँध देता है; परोक्ष को प्रत्यक्ष और प्रत्यक्ष को परोक्ष भी कर देता है। प्राकृत

जनों का बिगाड़ा हुआ यह 'अद्य' का चिर-प्रचलित गद्य रूप 'आज' है।

'चिर' शब्द रहस्यवादी है तो 'आज' यथार्थवादी है। 'चिर' आज-कल-परसों के फेर से छुड़ाकर शाश्वतवाद की ओर ले जाता है, तो 'आज' प्रत्येक क्रिया के समय का हिसाब देकर आपको रोज़नामचे के यथार्थवाद की ओर ले जाता है। कुछ नमूने देखिए—

'आज चेतना के प्लावन-सा
निखर रहा रजतातप सुन्दर' (स्व० कि० पृ० 5)

पुनः इसी कविता में—

'आज सत्य की बेला बहती
स्वप्नों के पुलिनों के ऊपर !'

एक ही दिन में दो काम हुए — सपनों पर सत्य बहा और चेतना जैसी धूप भी खिली। इससे साबित है कि पहली दो लाइनें दिन में लिखी गई थीं और बाद वाली दोनों रात में।

दूसरे दिन धूप और सपने दोनों गायब हो गये। नयी चेतना के अणु विस्फोट से मानो हीरोशिमा नगर तबाह हो गया; पन्तजी लिखते हैं—

'आज जीवनोदधि के तट पर
खड़ा अवांछित, क्षुब्ध, उपेक्षित, (उप०, पृ० 14)

अवांछित और उपेक्षित होने की बात पाठकों को और कई पन्नों में भी दर्ज मिलेगी। प्रकाश के साथ छाया की तरह यह उपेक्षित का भाव स्वर्ण-किरणों की चेतना का सदा अनुकरण करता है।

अगली कविता में ऊपर वाले जीवनोदधि का रूप बदल गया है। इसलिए—

'आज उदधि के नीलांचल में बँधे निखिल देशान्तर'
(उप० पृ० 17)

और भी—

'आज तड़ित् के पद नूपुर में ध्वनित विश्व संभाषण'।

पुनः—

'आज वनस्पति पशु जग को कर सकता मानव वर्धित'।

पुनः पुनः—

'दिशाकाल के परिणय का रे मानव आज पुरोहित' !

ये सब घटनाएँ एक ही पन्ने पर हुई हैं (पृ० 16 पर), इसलिए इस दिन को पंतजी के कवि-जीवन का 'रेड लेटर डे' कहना चाहिये फिर भी कुछ काम बाकी रह गये थे—

'हमें विश्व संस्कृति रे भूपर करनी आज प्रतिष्ठित'
(पृ० 19)

दिशा-काल के परिणय में विश्व-संस्कृति छूट गई थी; उसकी प्रतिष्ठा के लिए डायरी में नोट लिखकर—और यह आतुरता कि आज ही उसे प्रतिष्ठित करना है—पंतजी ने अपने विश्व-संस्कृति-प्रेम का परिचय दिया है।

अब 'निश्चित' और 'विपश्चित' पर आइये। ये दोनों शब्द, शकार-चकार-युक्त, तुकों की कमी को शान से पूरी करते हुए, पंक्तियों को अर्थ-गांभीर्य से भी भर देते हैं—

'जीव नियति मनुजों पशुओं की भी कृतार्थ हो निश्चित'
(उप० पृ० 18)

यहाँ पर 'निश्चित' शब्द बता रहा है कि मनुष्यों और पशुओं का भाग्य अवश्य कृतार्थ होगा। इसके साथ 'निश्चित' ऊपर वाली पंक्ति के 'कल्पित' के साथ अकल्पित तुक-रूप में जमा हुआ है। और भी—

'सब मिल उसको छिन्न-भिन्न कर सकते थे यह निश्चित'
(उप० पृ० 77)

यहाँ 'निश्चित' ने अगली पंक्ति के 'शोषित' का साथ दिया है—ऐसे शोषित का जिसे साथ के लिए तुक भी न मिल रही थी!

लेकिन निश्चय ही 'निश्चित' पूर्ण रूप से तब निखरता है जब वह 'विपश्चित' के साथ आता है, जैसे इन पंक्तियों में—

'रंग नहीं चढ़ता जिस पर वह यती व्रती है निश्चित,
समिध-पाणि में प्रश्न पूछता तुमको मान विपश्चित !'

'विपश्चित' के बाद का आश्चर्य चिह्न पन्तजी का ही लगाया हुआ है। 'निश्चित' का ऐसा जोड़ीदार मिलने पर आश्चर्य चिह्न का लगना उचित भी है। किमाश्चर्यमतः परम् !

'निश्चित' का साथ छूटने पर 'विपश्चित' 'तिरस्कृत' का साथ देता है और इस दशा में 'मूढ़' बनकर रह जाना है।

यथा—

'धनी दीन, भोगी त्यागी, औ' मूढ़ विपश्चित !'
(उप० पृ० 122)

आगे चलकर तो बेचारा 'चित' ही आया है—

'देश देश के विविध विपश्चित राजकर्म में हों सक्रिय चित !'
(उप० पृ० 139)

इसी प्रकार स्मित, व्रतति, समदिग्, परात्पर, मादन आदि शब्दों के बार-बार प्रयोग से काव्य-सौन्दर्य में विशेष वृद्धि हुई है। इन तत्समों के जोड़ का एक प्राकृत शब्द भी पंतजी ने साहसपूर्वक अपनी पंक्तियों में बिठा दिया है जिसके लिए वे अभिनंदनीय हैं। यह शब्द है 'जनी'—

'मधुर अप्सरा बनी जनी अब,
कुल प्रदीप से ज्योतित कर घर !'
(स्व० कि० पृ० 117)

'बनी' के साथ 'जनी' और बनी-ठनी हो गई है—अनुप्रास के कारण ! और भी—

'नव कुमार का पकड़ मृदुल कर,
टहला रही जनी आँगन पर।'
(उप० पृ० 120)

जगजीवन ऐसा है कि ये अप्सराएँ और जनी भी 'नयन-कलहों' में पड़ जाती हैं। नयन-कलहों की चित्रमयता प्रशंसनीय है।

(स्व० कि० पृ० 142 पर)

यह दुर्भाग्य का विषय है कि 'कल्पना' को स्त्रीवाचक मानने के बाद संस्कृत के आचार्यों ने वही व्यवहार 'शब्द' के साथ नहीं किया। पुरुषवाचक शब्दों के भार से कोमल पंक्तियाँ तुक की सीमा तक न पहुँच कर बीच ही में टूटकर मुक्त छन्द बन जातीं, यदि कवि-कौशल अनेक शब्दों को नारी संज्ञा देकर कोमल पंक्तियों की रक्षा न कर लेता। कोमलता के इस कौशल में पन्तजी ने कमाल किया है—

'भाव सत्य बोली मुख मटका
बोली वस्तु सत्य मुँह बिचका'

(स्वर्ण-धूलि, पृ० 9)

इन पंक्तियों में 'सत्य' के नारी-वाचक होने से मटकाने और बिचकाने की क्रियाएँ सार्थक हो गई हैं।

इसी तरह 'डर' ('छोड़ मध्य युग की डर' उप० .पृ० 154), 'तन' ('मोह-वासना की तन'—उप०, पृ० 146), 'शिखर' ('सौधों की स्वर्ण शिखर'—स्व० कि० पृ०28), 'मर्मर' ('बन की मर्मर क्या गाएगी ?'—स्व० कि० पृ० 157) आदि शब्दों का भी रूप बदल दिया गया है। कभी-कभी कुछ शब्द उभय पोशाकों में भी सामने आते (या आती) हैं। जैसे यही 'मर्मर'—

'अह कराहता होगा मर्मर।'

(स्व० कि० पृ० 172)

उभयवेशों की सार्थकता इस बात में है कि स्त्री का गाना अच्छा लगता है और पुरुष का कराहना। इसी प्रकार सत्य—

'अकथनीय था सत्य, ज्योति में लिपटा शाश्वत।'

(स्व० कि० पृ० 62)

कवियों का निरंकुश होना प्रसिद्ध है। लेकिन निरंकुश होने में किस चीज के अंकुश की तरफ इशारा है? अधिकतर व्याकरण की तरफ, लेकिन इस तरह की निरंकुशता साधारण कवियों के लिए है। महाकवि लोग तो आल राउंड चैम्पियन होते हैं। 'नव स्वर गति लय ताल छन्द नव'—वे सभी को अपनी मौलिकता से नवीन कर देते हैं।

लय की उठा-बैठी देखिये—

'ओ अरुण ज्वाल, चिर तरुण ज्वाल !
मद से मंजरित कनक रसाल !'

(स्व० कि० पृ० 30)

स्वर-लिपि के अभाव में दूसरी पंक्ति का ध्वनि-सौन्दर्य समझना असम्भव है। इसी प्रकार—

'भावी रहित नित्य तिरोहित,
हानि-लाभ जीवन-मरण रचित।'

(3 प० पृ० 170)

एक गीत की टेक इस प्रकार है—

'विरह् मिलन, प्रेयसि, प्रभव मिलन।'

(3 प० पृ० 173)

निःसन्देह, ऐसी पंक्तियां भी सैंकड़ों हैं जिनमें यह उठा-बैठी नहीं है। दर-असल गति-भंग, लयभंग या यतिभंग तो विचित्रता और चमत्कार के लिए होता है। पन्तजी जब चाहते हैं तब एकदम सरल और सपाट लाइनें भी लिख लेते हैं। जैसे ये लाइनें—

'अगर न ऊँचे होते दादा,
कब का ऊँट तुम्हें खा जाता।'

(स्व० धू० पृ० 56)

यह सरलता, सुबोधता और मनोहारी सपाटता उनकी पहले की रचनाओं में कम आ पाई है।

ऐसे ही दो पंक्तियों के जोड़े में 'मोहम्मद' और 'अहम्मद' की तुकें भी सराहनीय हैं। कोई यह न समझे कि मोहम्मद के भाई अहमद को पन्तजी ने मधुर स्वरपात से डेढ़ मकारयुक्त करके अहम्मद बना दिया है। यह मद शुद्ध संस्कृत से आया है और उसके पहले उतना ही शुद्ध 'अहम्' जुड़ा हुआ है।

(स्व० धू० पृ० 44)

ऊँट और मोहमम्द वाली पंक्तियाँ विदेशी वातावरण की गंध के कारण, मुमकनि है, कुछ भारतीयता के प्रेमियों को न रुचें। उन्हें 'स्वर्ण-किरण' की अन्त-वाली इस तरह की पंक्तियां पढ़नी चाहियें' यानी उनका पाठ करना चाहिए—

'जय जय सीताराम, जयति जय,
जय लक्ष्मण, जय भरत शत्रुहन।

ऐसी पंक्तियाँ पढ़कर किसी को यह न समझ लेना चाहिए कि पन्तजी संसार से संन्यास लेने वाले हैं। इसके विपरीत 'स्वर्ण-किरण' और 'स्वर्ण-धूलि' से लोगों को आश्वासन मिलना चाहिए कि 'पल्लव' का किशोर-कवि पुनः अपनी किशोरावस्था की ओर लौट रहा है। कुछ लोग 'ग्राम्या' आदि की ग्रामीण रचनाओं से हताश होकर 'हाय पल्लव' करने लगे थे; पंतजी ने उनकी आर्त-वाणी सुनकर 'पल्लव' और 'गुंजन' के मर्मर-संगीत (अथवा की मर्मर-संगीत) से उन्हें पुनः तृप्त कर दिया है। पहले लिखते थे—

'जग के उर्वर आँगन में
बरसो ज्योतिर्मय जीवन।'

अब लिखते हैं—

'बरसो उर्वर जीवन के कण
बरसो हे घन !' (स्व० धू० पृ० 51)

पहले लिखते थे—

'गन्ध मुग्ध हो अंध समीरण
लगा थिरकने बारंबार।'

अब लिखते हैं—

'आम्र मंजरित, मधुप गुञ्जरित,
गंध समीरण अंध संचरित।'
(स्व० धू० पृ० 71)

पहले लिखते थे—

'जब मिलते मौन नयन पलभर !'

अब उसी के जोड़ पर—

'अधर से मिलते मधुर अधर।'
(स्व० कि० पृ० 107)

पहले लिखते थे—

'वात हत लतिका सी सुकुमार
पड़ी है छिन्नाधार।'

अब लिखते हैं—

'भूल फूलों के आलिंगन
वातहत लतिका भूलुंठित।'
(स्व० कि० पृ० 17)

पहले मन से कहते थे—

'ढल रे ढल आतुर मन !
गल रे गल निष्ठुर मन।'

अब अपनी 'निःस्वर वाणी' से कहते हैं—

'नव जीवन सौंदर्य में ढलो,
सृजन व्यथा गांभीर्य में गलो।'
(स्व० धू० पृ० 102)

इस तरह की आवृत्ति से प्रकट होता है कि स्वर्ण-चेतना से पन्तजी की काव्य-प्रतिभा इतनी अधिक समृद्ध हो गई है कि वह अपने ही उतारे हुए वस्त्रों को पहनने के लिए उत्कंठित है।

पन्तजी अपने रोमिल, उर्मिल, रलमल, टलमल आदि शब्दों के लिए प्रसिद्ध हैं। ये भी अपनी उचित मात्रा में आपको इन पुस्तकों में मिल जायेंगे। उदाहरण देने की जरूरत नहीं। लेकिन श्रेष्ठ शब्द-सौन्दर्य तो वह है जहाँ भाव शब्दों की ध्वनि से मुखर हो उठें। जैसे वीणा के स्वरों का वर्णन किया जाय तो 'वीणा क्वण' 'कर्ण' और 'जन्हु के श्रवण' आदि शब्दों के प्रयोग से झाला बजने का भ्रम पैदा हो जाय (स्व० कि० पृ० 149)। इसके सिवा, जब ध्वनि का अनुकरण ही करना है, तब वीणा-सारंगी तक ही अपने को क्यों सीमित रक्खा जाय? पशु-पक्षियों की बोली का भी अनुकरण क्यों न किया जाय? देखिये, एक साथ कितनी बोलियाँ सुनाई पड़ती हैं—

'दादुर टर टर करते, झिल्ली बजती झन झन,
म्याँउ म्याँउ रे मोर, पीउ पीउ चातक के गण।'
(स्व० धू० पृ० 49)

वहाँ पर टर-टर और झन-झन के साथ म्याँउ-म्याँउ ने जो समा बाँध दिया है, वह छायावाद के तमाम हिमायतियों के लिए अनुकरणीय है। मोर का शब्द मुमकिन है, किसी ने दूसरे ढंग से सुना हो, लेकिन कवि-कंठ से होता हुआ वह किंचित् रूप परिवर्तन करके म्याँउ-म्याँउ बन गया है।

पुराने जमाने में भक्तगण भगवान की प्राप्ति के लिए संसार छोड़ देते थे; बरसों तक जंगलों-पहाड़ों की खाक छानते थे। आधुनिक भक्त अन्तर्जगत् और बहिर्जगत् का समन्वय करते हैं। इसलिए यह जरूरी नहीं होता कि वह संसार छोड़कर वीतराग हो जायें। वे उन मठाधीशों के समान हैं जिनके लिए सौंदर्योपासना और भगवदुपासना में कोई विरोध नहीं होता। पन्तजी भक्ति की रामनामी के नीचे कामशास्त्र की पोथी भी दबाये हैं। नारी के नख-शिख वर्णन से उन्होंने अपनी भक्ति को सरस बना लिया है। हिमालय के लिए वे कहते हैं—

'हे असीम आत्मानुभूति में,
लीन ज्योति शृंगों के भूभृत्!

घनीभूत अध्यात्म तत्व से,
जिससे ज्योति सरित शत निःसृत।' इत्यादि
(स्व० कि० पृ० 15)

यह आत्मानुभूति कितनी गंभीर, व्यापक और समन्वयवादी है, यह इससे प्रकट है कि गुफाओं में औषधियाँ जलकर स्वप्न-कक्ष दीपित करती हैं, ओसों के वन में स्तनहारों के मुक्ताफल मिलते हैं और एक विशेष प्रकार की गन्ध से कवि की घ्राणेन्द्रिय पुलकित और कृतार्थ हो जाती है—

'छाया निभृत गुहाएँ उन्मद,
रति की सौरभ से समुच्छ्वसित!'
(स्व० कि० पृ० 13)

घनीभूत अध्यात्मतत्त्व से ये ज्योति सरिताएँ प्रवाहित होती हैं!

'स्वर्ण निर्झर' में वह एक अप्सरा की कल्पना करते हैं 'जिसकी फूल देह को घेरे स्वर्ग लालसा गुंजित' रहती है। उसके एकाकी अंगों पर अनावृत लावण्य दिखाई देता है। उसके 'सुप्त स्वर्ण चक्रांगों-से सुकुमार उरोजों पर' 'शुभ्र सुधा के मेघों की जाली' उठती-गिरती रहती है। (ऊपर के अनावृत लावण्य से कोई विरोध प्रकट न हो, इसलिए जाली का ही उल्लेख है।) 'कामना-शिखरों' जैसे 'उन दो रजत प्रीति कलशों पर' स्वर्ण शिराएँ दिखाई देती हैं। उसकी सुन्दर नाभि 'ज्योति भँवर' सी है, तदुपरान्त—

'स्वर्ण वाष्प का घन लटका जघनों के माणिक सर में!'
(स्व० कि० पृ० 32)

वाष्पघन में विलीन होकर कवि-कल्पना ऐसी विह्वल होती है कि उसे अप्सरा के स्वर में 'आत्मा के नभ की' 'रजत शान्ति' सुनाई देने लगती है।

लताओं जैसी बाँहें 'आलिंगन भरने की अति कोमल पुलकों से कल्पित' हैं। 'स्वर्णिम निर्झर-सी रति सुख की जंघाओं पर पेशल' जीवन की ज्वाला अपना 'दीपन' शीतल करती है!

कोई दूसरा कवि यही लिखता तो अश्लीलता की गुहार के मारे भारतीयता-प्रेमी सम्पादकों को हिचकियाँ आने लगतीं। लेकिन जो कवि अहिंसावादी है, पं० जवाहरलाल नेहरू को उपचेतन-वीर मानता है, दीन-दुखियों को त्यागमय जीवन का उपदेश देता है, उसके लिए यह सब क्षम्य ही नहीं है, वरन् कामशास्त्र वाली भारतीय परम्परा का पालन करने के लिए वह बधाई का पात्र भी है।

ऊपर का नख-शिख कुछ ज्यादा खुला हुआ लगे तो पन्तजी दूसरी कविताओं

में गोपन भाव से कहते हैं—

'वह कैसी थी,
अब न बता पाऊँगा
वह जैसी थी।'

(स्वर्ण किरण, पृ० 38)

न बताने से अधिक हानि भी नहीं क्योंकि यह, वह और वे सब एक ही कल्पना-लोक की वासिनी, समान रूप से 'अदृश्य, अस्पृश्य, अजात' हैं।

सुदृश्य, सुस्पृश्य, सुजात न होने से कवि को प्रकृति में बारंबार नारी के रूप की कल्पना करके मन का दीपन शान्त करना पड़ता है। ऊषा 'वक्षोजों पर' स्वर्ण कलश रक्खे हुए (पानी भरने का नया तरीका निकाल कर) 'विश्वोदय पर' आती है। उस 'दिव्य चेतना की ऊषा' के आने पर—

'वसुधा के उरोज शिखरों से खिसका चल मलयांचल,
सरिता की जांघों से सरका लहरा रेशम सा जल।'

(स्व० कि० पृ० 51)

इन सब क्रियाओं के कारण ही ऊषा की चेतना दिव्य कही गयी है। अन्यत्र—

'सीप छटा सा उदर, नाभि मुक्ताफल सी स्मित,
पुष्प पुलिन जघनों पर चिर लालसा तरंगित'!

(उप० पृ० 56)

मानना पड़ेगा कि 'चिर' शब्द का प्रयोग यहाँ भयानक रूप से सार्थक हुआ है। यदि साधारण लालसा होती तो कभी उसकी लहरों के शान्त होने का दिन आ ही जाता। यह तो मध्यवर्गीय युवक कवि की अतृप्त वासना है—प्रौढ़ वय में अधिक वीभत्स हो उठने वाली दमित काम-चेतना—जो 'पल्लव', 'गुंजन' काल के अन्य प्रदेश छोड़कर अब 'पुष्प पुलिन जघनों' में ही लालसा को चिर-तरंगित देखती है। आगे भी लिखा है—

'कांचन सी तप ज्वलित कामना,
ढली सघन जघनों में दीपित।
बनी कठोर कुसुम कोमलता,
श्रोणिभार में ही चिर पुंजित।'

(स्व० कि० पृ० 115)

प्रभु की प्रार्थना के दोनों मतलब हो सकते हैं, लालसा की इन तरंगों से उबार

दे; और यह भी कि उन पुष्प-पुलिनों तक कवि को पहुँचा दे।

प्रकृति से आगे बढ़कर यह नख-शिख प्रतीकों में भी मिलता है। भक्ति की कनक जैसी देह चन्दन जैसी सुगन्धित है और—

'गैरिक शृंगों से उरोज थे अश्रु माल स्मित !'

(उप० पृ० 61)

स्मित यहाँ कैसा सहायक हुआ है !

'सत्य' (यहाँ पर पुंलिग) के जघनों पर सिर धरे मुक्ति लेटी है और मुक्ति के खुले वक्षोजों पर सत्य हाथ रखे हुए है। भारतीय भक्त की साधना को कैसा वरदान मिला है !

'अर्ध त्रिवृत जघनों पर तरुण सत्य के शिर धर
लेटी थी वह दामिनि सी रुचि गौर कलेवर;
गगन भंग से लहराए मृदु कच अंगों पर,
वक्षोजों के खुले घटों पर लसित सत्य कर !'

(उप० पृ० 63)

इस प्रकार 'चिर स्वर्ग चेतना' प्रतिष्ठित हुई और इस धरती के दुख, दैन्य, ताप, शाप कौओं की तरह अन्धकार में विलीन हो गये।

पन्तजी ने सत्य ही कहा है—

'चकित नहीं कामिनी दामिनी करती किसके लोचन !'

(स्व० कि० पृ० 108)

भले ही वह कामिनी भक्ति या मुक्ति ही क्यों न हो !

'स्वर्ण धूलि' की अनेक कविताओं में पन्तजी ने यह भक्ति-मुक्ति का स्वाँग छोड़कर सीधे-सीधे अपनी मर्म-व्यथा कह डाली है। जब वह कहते हैं—

'हृदय दहन रे हृदय दहन,
प्राणों की व्याकुल व्यथा गहन !
यह सुलगेगी, होगी न सहन।' (पृ० 65)

तब यह पता लगाने में किसी को देर न लगेगी कि उनका स्वर सच्चा है। वे सत्य कहते हैं—

'अब भीतर संशय का तम है,
बाहर मृगतृष्णा का भ्रम है,

क्या यह नवजीवन उपक्रम है,
होगी पुनः शिला चेतन
बरसो हे घन ।'

(स्व० धू० पृ० 52)

अवश्य बरसो। रामनामी भिगोकर बगल में दबी हुई कामशास्त्र की पोथी को भी तर कर दो। चेतन-उपचेतन ने मृगतृष्णा का जो भ्रम पैदा कर दिया है, (मृगतृष्णा स्वयं भ्रम है, उस भ्रम का भ्रम तो महाभ्रामक होगा!), उसे दूर करके बालू के बदले जल से मृग की तृष्णा शान्त कर दो!

1948

आधुनिक हिन्दी कविता की प्रगति

भारतेन्दु का स्वर्गवास हुए प्रायः 55 वर्ष हुए होंगे। उनके समय में साहित्यिकों ने खड़ी बोली को केवल गद्य के लिए अपनाया था। उनके पीछे जब पद्य के लिए भी खड़ी बोली अपनाने का आन्दोलन चला तो उनके समय के अनेक साहित्यिकों ने इस बात का विरोध किया। स्वर्गीय द्विवेदीजी सरस्वती के संपादक बने तब इस आन्दोलन को एक नई गति मिली। यह कहना भी अनुचित न होगा कि यह आन्दोलन तभी ठीक-ठीक आरम्भ हुआ। द्विवेदीजी ने अब से केवल 37 वर्ष पहले—सं० 1960 में—सरस्वती का संपादकत्व ग्रहण किया था। पंतजी के 'पल्लव' को निकले अभी 15 वर्ष ही हुए हैं और उनकी 'ग्राम्या' को निकले अभी पूरा एक वर्ष भी नहीं हुआ। हिन्दी कविता की प्रगति इसीसे समझी जा सकती है। किसी भी साहित्य के लिए यह गति गर्व की वस्तु हो सकती है। भारतेन्दु के पश्चात् हिन्दी साहित्य और विशेषकर कविता में जो परिवर्तन-आवर्तन हुए हैं, उनकी तुलना हिन्दी के ही रीतिकालीन साहित्य से की जा सकती है। रीतिकाल का साहित्य विभिन्न भाव-धाराओं से निर्मित है, जो बहुधा एक-दूसरे की विरोधी हैं। एक ओर मतिराम की कविता है तो दूसरी ओर भूषण की। दोनों एक ही युग के कवि थे। आधुनिक हिन्दी कविता में भी 'ग्राम्या' और 'दुलारे दोहावली' एक ही युग की रचनाएँ हैं। इससे हमारे युग की प्रगति अथवा दुर्गति भली-भाँति समझी जा सकती है।

मेरी समझ में हिंदी के लिए यह सृजनशीलता नयी नहीं है। मध्य युग में महान् साहित्यिकों का अभाव नहीं रहा। कुछ पाश्चात्य देशों की अपेक्षा भारतवर्ष में मध्ययुग अधिक दिनों तक रहा, कहना चाहिए कि अभी तक है, परन्तु मध्ययुग के जैसे यशस्वी कवि हिंदी में हुए, वैसे बहुत कम भाषाओं के मध्यकालीन साहित्यों में हुए होंगे। हमारे सीखने-समझने के लिए इन कवियों में भी बहुत कुछ है। विशेषकर तुलसी की भाँति संत कवियों तथा भूषण की भाँति वीर कवियों में भाषा का वह देसीपन है, जो हम अभी तक अपने काव्य की भाषा

में नहीं उत्पन्न कर सके। हमारी कविता की भाषा उन कवियों की वाणी की भाँति जनता के कंठ में नहीं बसी। परन्तु यह भी स्मरण रखना चाहिए कि हमारे युग की आयु अभी 30-35 वर्ष की ही है तथा इस युग में कविता के अतिरिक्त साहित्य के अन्य अंगों का भी विकास हुआ है। आधुनिक कविता की प्रगति को देखते हुए हम कह सकते हैं कि जब हमारे देश में पूरी तरह आधुनिक युग आयेगा और हम अन्य उन्नत देशों के साथ कन्धा मिलाकर चल सकेंगे, तब हमारे मध्यकालीन साहित्य की भाँति हमारा आधुनिक साहित्य भी विश्व के आधुनिक साहित्य में अन्यतम स्थान पा सकेगा।

इस युग की हिन्दी कविता में दो प्रधान धाराएँ रही हैं। एक तो मैथिलीशरण गुप्त तथा हरिऔध वाली पुरानी परिपाटी की तथा दूसरी प्रसाद और पंत वाली छायावादी प्रणाली की। इनके पश्चात् एक नई धारा आजकल धीरे-धीरे बन रही है, जिसे अभी 'प्रगतिशील' कह लेते हैं। इन धाराओं ने हिन्दी भाषा तथा साहित्य को पुष्ट किया है। यद्यपि वे कभी-कभी एक-दूसरे का विरोध करती दिखाई देती हैं, परन्तु उन्होंने अनेक प्रकार से भाषा की व्यंजना-शक्ति को बढ़ाया है अथवा कवि-भावना को प्रसार दिया है। इन धाराओं के पहले जो साहित्य की परम्परा स्थापित हो चुकी थी अथवा हो रही थी, वह नगण्य नहीं है। भारतेन्दु-युग में ऐसी अनेक विशेषताएँ हैं, जिनसे आधुनिक साहित्य को जोड़कर एक परम्परा स्थापित करने से लाभ होगा। भारतेन्दु-युग में जो गद्य लिखा गया, उसमें भाषा की एक अपनी सजीवता थी, जो पीछे के परिमार्जित गद्य में कम मिलती है। प्रतापनारायण मिश्र जैसे लेखक धड़ल्ले से ग्रामीण प्रयोगों को अपनाते थे, और इसीलिए उनकी भाषा में अधिक प्रवाह और जीवन है। उनकी भाषा, मालूम होता है, बैसवाड़े की धूलि में खेली है; आज के लेखकों की भाषा, मालूम होता है, मुँह में क्रीम लगाकर आई है। गद्य में ही नहीं, उस काल के पद्य में भी इस सजीवता के चिह्न मिलते हैं। यद्यपि पद्य की भाषा ब्रजभाषा थी, फिर भी जैसे जन-सम्पर्क के चिह्न उस काल की बहुत-सी कविताओं में मिलते हैं, वैसे आज की कविता में कम। उस समय के राजनीतिक वातावरण की कल्पना कीजिए, उस समय की कांग्रेस की नीति का विचार कीजिए, और तब ये पंक्तियाँ देखिए—

बहुतेरे जन द्वार-द्वार मंगन बनि डोलहिं।
तनिक नाज हित दीन बचन जेहि तेहि ते बोलहिं॥
बहुत लोग परदेश भागि अरु भागि न सकहीं।
चोरी चंडाली करि बंदीगृह पथ तकहीं॥

पेट अधम अनगिनतिन अकरम करम करावत।
दारिद दुरगुन पुञ्ज अमित दुख हिय उपजावत।।
यह जिय धरकत यह न होइ कहुँ कोउ सुन लेई।
कछू दोष दै मारहि अरु रोवन नहिं देई।।

भारतेन्दु की कविता में भी इसी प्रकार के सजीव वर्णन मिलेंगे। उनकी राजनीतिक उग्रता किस सीमा तक पहुँच चुकी थी, यह आप उनकी एक पहेली से जान सकते हैं—

भीतर भीतर सब रस चूसै,
हँसि-हँसि कै तन मन धन मूसै।
जाहिर बातन में अति तेज,
क्यों सखि साजन, नहिं अँग्रेज।

देश के लिए भारतेन्दु की मंगल कामनाएँ कहीं-कहीं बड़े सरल ढंग से व्यक्त हुई हैं, जैसे उनके—"खल गनन सों सज्जन दुखी नहिं होइ, हरिपद मति रहै" छन्द में। उस परम्परा के कवियों में ऐसी ही सरलता, परन्तु सरलता के साथ तन्मयता भी, मिलती है। श्रीधर पाठक की ये पंक्तियाँ कितनी सरस और सरल हैं—

बंदनीय वह देश, जहाँ के देशी निज अभिमानी हों।
बांधवता में बँधे परस्पर परता के अज्ञानी हों।
निंदनीय वह देश, जहाँ के देशी निज अज्ञानी हों।
सब प्रकार परतंत्र, पराई प्रभुता के अभिमानी हों।

इन कवियों की सरलता ग्रामीणता से मिलती-जुलती है, परन्तु अपनी अलंकार-शून्यता के भीतर वह उतनी ही सबल है। सत्यनारायण कविरत्न, राय देवीप्रसाद पूर्ण आदि की देश-सम्बन्धी कविताएँ इसी परिपाटी की हैं। देवीप्रसाद पूर्ण कविता में खड़ी-बोली अपनाने के विरोधी थे, परन्तु खड़ी-बोली में उन्होंने स्वयं कविता की थी। स्वदेशी के आन्दोलन से प्रभावित होकर उन्होंने 'स्वदेशी कुंडल' लिखा था। उसे और 'भारत-भारती' को एक साथ मिलाकर पढ़ने से इस परिपाटी की सजीवता और उसके अटूट क्रम का पता चल जाएगा। पूर्णजी ने गाढ़े पर लिखा था—

गाढ़ा, झीना जो मिलै उसकी हो पोशाक
कीजै अंगीकार तो रहे देश की नाक
रहै देश की नाक स्वदेशी कपड़े पहने
हैं ऐसे ही लोग देश के सच्चे गहने

जिन्हें नहीं दरकार चिकन योरप का काढ़ा
तन ढकने से काम गजी होवै या गाढ़ा।

आज के राजनीतिक दृष्टिकोण से देखने पर उस समय की कविता में बहुत-सी बातें हमें अच्छी न लगेंगी, परन्तु भाषा की यह सरलता तो ईर्ष्या की वस्तु है; उसे हमारा आदर्श होना चाहिए। यह भी ध्यान देने योग्य है कि स्वदेशी के समर्थक होते हुए भी पूर्णजी मशीन के विरोधी न थे। उन्होंने लिखा था—

भरतखंड ! कल बिना तुझे, हा, कैसे कल है ?

कविता की यह परम्परा मैथिलीशरण गुप्त की 'भारत-भारती' में भली भाँति विकसित हुई है और सोहनलाल द्विवेदी जैसे कवियों में भी पायी जाती है। इस परम्परा की विशेषता यह है कि वह पुस्तकों के दर्शनशास्त्र से दूर है। वह बहुधा विशेष अवसरों के लिए विशेष परिस्थितियों से प्रभावित होकर लिखी जाती है। इसलिए उसमें एक नैसर्गिकता है, जो पुस्तकों से प्रभावित कविता में नहीं मिलती।

इसी परम्परा के अन्तर्गत वह कविता आती है, जो पौराणिक कथाओं आदि पर लिखी गई है। मैथिलीशरण गुप्त का 'जयद्रथ वध' इसका एक लोकप्रिय उदाहरण है। पौराणिक कथाओं ने साहित्य और जनता के सम्पर्क को बनाए रखा है। ऐसी ही वे सब रचनाएँ हैं, जिनका सम्बन्ध ऐतिहासिक विषयों से है। प्रबन्ध-काव्य की परम्परा से छायावादी कवि भी प्रभावित हुए हैं, और छायावादी परम्परा से प्रबन्ध-काव्य के कवि। गुप्तजी के 'साकेत' और 'जयद्रथ वध' को एक साथ पढ़ने पर दोनों का अन्तर स्पष्ट हो जायगा। 'जयद्रथ वध' तब लिखा गया था जब छायावादी प्रणाली का विकास नहीं हुआ था। 'साकेत' पर छायावाद की छाया है; उर्मिला की करुणा छायावादी है। पुरानी परम्परा का शायद सबसे विकृत रूप समस्यापूर्ति वाला है। परन्तु आजकल के मासिक-पत्रों में जो नब्बे सैकड़ा रोनी कविताएँ भरी रहती हैं, उनसे 'सुकवि' की समस्यापूर्तियाँ मेरी समझ में लाख दर्जे अच्छी हैं। छायावाद का विकृत रूप और पुरानी दरबारी कविता का विकृत रूप दोनों ही बुरे हैं, परन्तु इसे कौन अस्वीकार करेगा कि समस्यापूर्ति वाली परम्परा जनता के अधिक निकट थी ? समस्यापूर्ति वाली कविता के लिए कोई यह नहीं कहेगा कि वह कवि-हृदय से बरबस फूट निकली है; परन्तु उसमें मनोरंजन अवश्य है। साधारण जनों को समस्यापूर्ति में चमत्कार दिखाई देता है और यह चमत्कार इस प्रकार की कविता को लोकप्रिय बनाता है। हमें समस्यापूर्ति वाली कविता में विश्व-वेदना की मूक झंकार सुनने के लिए उत्सुक न रहना चाहिए; उसे तो हम किसी भी मासिक-

पत्र में सुन सकते हैं। हमें उसके बारे में केवल इतना स्वीकार कर लेना चाहिए कि वह बहुत-से ऐसे काम कर सकती है जो विश्व-वेदना वाली कविता नहीं कर सकती।

समस्यापूर्ति उसी धारा का दूसरा छोर है, जिसके एक छोर पर 'भारत-भारती' है। यह व्यक्तिवाद की धारा नहीं है, इसमें कवि-हृदय की व्यक्तिगत भावनाओं की प्रधानता नहीं है। कवि की भावधारा का केन्द्र वह स्वयं नहीं है; उसकी कविता का केन्द्र जनता है। भारतेन्दु-युग में लोग विशेष अवसरों के लिए कविता लिखना पसन्द करते थे, जैसे स्वयं भारतेन्दु ने मिस्र में भारतीय सैनिकों की विजय पर कविता लिखी थी और उसे एक भरे हॉल में पढ़ा था। प्रेमघन ने दादा भाई नौरोजी के काले कहे जाने पर कविता लिखी थी। विशेष राजनीतिक अवसरों के लिए कविता लिखने से साहित्य और राजनीति निकट रहते हैं। परन्तु छायावादी कविता ने इस परम्परा को बदल दिया है। हम कविता को कवि-हृदय का नैसर्गिक उद्रेक समझते हैं; इसलिए यह नहीं चाहते कि कवि अपनी सरस्वती को प्रेरित करे। हम धैर्यपूर्वक उस नैसर्गिक उद्रेक की बाट जोहने के लिए तैयार रहते हैं। अधिकांशतः जब कवि-हृदय में भावना उमड़ती है तब वह उसके व्यक्तित्व अथवा अहंकार को लेकर। राजनीतिक तथा सामाजिक परिस्थितियों से जैसे उसका कवि-हृदय उमड़ता ही नहीं। यदि उमड़ता भी है तो इसलिए कि उनसे उसके अहंकार का सम्बन्ध है। सामाजिक परिस्थितियों के प्रति उसका विद्रोह भी करुण-रस में भीगकर निकलता है।

एक ओर सामाजिक परिस्थितियाँ हैं, दूसरी ओर अपना अहंकार लिए मध्य-वित्त श्रेणी का नवयुवक कवि है। दोनों के मेल से अतृप्त पिपासा का जन्म होता है और यह अतृप्त पिपासा ही विश्ववेदना बन जाती है। नवयुवक कवि उसे आध्यात्मिक रूप दे देता है। एक आधुनिक कवि ने अपनी कविता-पुस्तक की भूमिका में इस व्यापार का समर्थन किया है। समर्थन के साथ उसने विश्ववेदना के सारे मनोविज्ञान को भी स्पष्ट कर दिया है। कवि ने लिखा है—

"आज यदि सामाजिक बन्धनों के कारण एक नौजवान या नवयुवती अपने स्नेहपात्र को प्राप्त नहीं कर सकते और यदि वे वियोग और बिछोह के हृदयग्राही गीत गा उठते हैं, तो यह न समझिए कि यह केवल उन्हीं की वेदना है जो यों फैल पड़ी है—यह वेदना तो समूचे संस्कृत हृदयों का चीत्कार है··· कवियों का प्रत्यक्ष में केवल आधिभौतिक दिखाई देने वाला दुःखवाद वास्तव में आध्यात्मिक है—आज की कविता में रोदन और गायन का समन्वय हो रहा है।"

इस आधुनिक कवि ने रोदन और गायन के समन्वय से हिन्दी कविता के भण्डार को भरने का व्रत ठाना है। जो नवयुवक और नवयुवती अपने स्नेह पात्रों को नहीं पाते, उनकी वेदना कवि के लिए समूचे संस्कृत हृदयों का चीत्कार बन

जाती है, मानो इस प्रकार का चीत्कार करना भी संस्कृति का एक लक्षण है। इस दुःखवाद को वह आध्यात्मिक भी बताता है, यद्यपि उसका कारण नवयुवक और नवयुवती का न मिल सकना ही है। छायावाद के विकृत रूप में हमें यह न मिल सकने से पैदा हुआ अध्यातमवाद ही पढ़ने को मिलता है। कविता के लिए यह कहना कि वह रोदन और गायन का समन्वय है, उसकी पर्याप्त आलोचना है; यदि इस पर भी कोई उसका समर्थन करे तो वह आलोचना से परे हो जाता है।

ऐसे छायावादी कवि के लिए यह आवश्यक हो जाता है कि वह पुरानी परम्परा का विरोध करे। वह अपनी कविता को भीड़भाड़ से जैसे बचाना चाहता है। कविता को जनता तक लाने का सहज साधन कवि-सम्मेलन है। कवि-सम्मेलन में कवि की वाणी सुनकर पाठक के हृदय में तुरन्त एक प्रतिक्रिया होती है और वह प्रतिक्रिया कवि तक पहुँचती है। इसमें सन्देह नहीं कि साधारण श्रोताओं में धैर्य और विचार-शक्ति का अभाव होता है और कविता के चरम उत्कर्ष को ग्रहण करना उनके लिए प्रायः असम्भव होता है। परन्तु इसके साथ ही पुस्तक में कवि का कंठ-स्वर पाठक तक नहीं पहुँचता। बहुत-सी बातें कवि अपने स्वर से प्रकट कर सकता है जो श्रोता जान सकता है, पाठक नहीं। यह कहना कि कविता केवल मन में पढ़ी जाय और कवि के स्वर को उससे दूर रखा जाय, श्रोताओं पर अत्याचार करना है। बहुत-से लोगों को 'राम की शक्ति-पूजा' और 'तुलसीदास' निरालाजी के मुँह से सुनकर बहुत कुछ आनन्द आ जाता है; वैसे छपी हुई देखकर वे उनसे दूर भागते हैं। हमारे कवि-सम्मेलनों में एक ओर बच्चनजी के सरल गीत गाये जायँ, और दूसरी ओर 'तुलसीदास' और 'राम की शक्ति-पूजा' जैसी कठिन कविताएँ पढ़ी जायँ, और दोनों से ही जनता का न्यूनाधिक मनोरंजन हो, इसे हिन्दी कविता के लिए एक शुभ-लक्षण ही समझना चाहिए। शेक्सपियर के समय में नाटकों द्वारा कविता जनता के सम्पर्क में आती थी, इसलिए उसमें यह सजीवता है, जो बाद के अंग्रेजी साहित्य में बहुत कम है। यदि शेली, कीट्स या टेनीसन भी किन्हीं कवि-सम्मेलनों में अपनी कविताएँ सुनाते, तो निश्चय उनकी निर्बलता कम हो जाती।

ऊपर जिस आधुनिक कवि का उल्लेख हो चुका है, उसी की भूमिका में कवि-सम्मेलनों के प्रति छायावादी दृष्टिकोण देखिये। कवि का कहना है—

"हिंदी भाषा की कविता के सम्बन्ध में विचार व्यक्त करते समय हमारे सामने कवि-सम्मेलनों की संस्था आकर मटकने लगती है...... तहसील राजनैतिक कॉन्फरेंस होने को है तो कवि-सम्मेलन भी उसके साथ नत्थी है, जिला राजनैतिक सभा है तो वहाँ भी कवियों का जमाव मौजूद है...... स्वामी दयानन्द की निर्वाण-तिथि का उत्सव है तो वहाँ ज्वान लोग हाँक रहे हैं लंतरानी

कृष्णाष्टमी, रामनवमी, दशहरा, दिवाली, होली, हर त्योहार पर कवि-सम्मेलन की योजना मौजूद है। गोया जनाब, कवि-सम्मेलन क्या हैं, एक बवाले जान हैं!"

कवि महोदय ने इन कवि-सम्मेलनों की इस प्रकार भर्त्सना करके एक अखिल भारतीय हिंदी कवि-सम्मेलन का प्रस्ताव किया है। उनकी दृष्टि में 'हिंदी भाषा को विश्व-वेदना की वाणी' बनना है और विश्व-वेदना की वाणी सुनने के लिए यदि एक विश्व-कवि सम्मेलन स्थापित न हो सके तो अखिल भारतीय कवि-सम्मेलन तो स्थापित हो ही जाना चाहिए।

कवि-सम्मेलनों में सुरुचि और संस्कृति का अधिक विकास होना चाहिए, परन्तु इसके लिए उनकी संख्या में कमी करने की आवश्यकता नहीं। राजनीतिक कॉन्फरेंसों और त्योहारों में यदि कवि-सम्मेलन होते हैं तो बुरा क्या है? हमारे सामाजिक जीवन के प्रत्येक अंग से कविता क्यों न निकट सम्पर्क में आये? कवि का कर्त्तव्य है कि वह सामाजिक विकास में सहायता दे, समाज के विभिन्न अंगों को सुरुचि और संस्कृति की ओर विकसित करने के लिए लोगों को प्रभावित करे। हमें यह न भूलना चाहिए कि उच्च कोटि की कविता जन-सम्पर्क से दूर रहकर नहीं पनप सकती। गुलाब का फूल धरती से अलग हवा में नहीं खिलता, उसके लिए मिट्टी, पानी, हवा, सभी कुछ चाहिए। तभी उसमें रूप और गन्ध का विकास होता है।

मेरा तात्पर्य यह नहीं है कि लोकप्रिय कविता केवल कवि-सम्मेलनों में होती है अथवा कवि-सम्मेलनों में होने वाली सभी कविता लोकप्रिय होती है। मैथिली-शरण गुप्त कवि-सम्मेलनों से दूर रहते हैं, परन्तु वे हमारे लोकप्रिय कवियों में से हैं। कवि-सम्मेलनों में ऐसी कविता भी लोकप्रिय हो सकती है जो सामाजिक दृष्टि से हानिकर हो, जो स्वर की मिठास के कारण श्रोताओं को मुग्ध कर दे और वे मदक के-से नशे में आ जायँ। बच्चनजी के गीत अत्यन्त लोकप्रिय हैं, परन्तु वे एक पतनोन्मुख परम्परा के अन्तिम गीत हैं। उन स्वरों का न दुहराया जाना ही समाज के लिए हितकर है। प्रसादजी का 'आँसू' हिन्दी की वेदना-धारा का उद्‌गम है। वैसे तो व्यक्तिवादी कवि के लिए सामाजिक संघर्ष से दूर भाग-कर एक काल्पनिक स्वर्ग बनाने अथवा विषाद की उपासना करने के अतिरिक्त अन्य मार्ग नहीं रहता; फिर भी नवयुग के व्यक्तिवादी अथवा छायावादी कवियों ने हमारी संस्कृति तथा दृष्टिकोण को उदार बनाया है। परम्परा के प्रति यदि विद्रोह न हो तो वह स्वच्छ साहित्य की सरस्वती न बने। इन पिछले बीस-तीस वर्षों में हिन्दी में नवीन और पुरातन दोनों धाराएँ प्रवाहित रही हैं और उनका एक-दूसरे पर शुभ प्रभाव ही पड़ा है। आधुनिक हिन्दी कविता में हमें विभिन्न संस्कृतियों का समन्वय मिलता है। गुप्तजी का 'गुरुकुल' देखिये, निरालाजी की सिक्खों पर 'समर में अमर कर प्राण' वाली कविता देखिये और प्रसादजी के बौद्ध-

कालीन नाटक देखिए और विभिन्न संस्कृतियों का मिलन स्पष्ट हो जायगा। प्रसादजी ने हिन्दी कविता में पुरानी भारतीय संस्कृति को पुनर्जीवित किया है। प्रसादजी का व्यक्तित्व करुणा और प्रेम के सन्देश में अधिक व्यक्त हुआ है, 'आँसू' की वेदना में कम। उनके नाटकों और 'कामायनी' के आगे 'आँसू' बहुत छोटा लगता है, परन्तु जैसे कभी-कभी छोटे तालों से बड़ी-बड़ी नदियाँ निकलती हैं, वैसे ही 'आँसू' से एक वेदना-धारा उमड़ पड़ी। प्रसादजी की करुणा करुण-रस मात्र नहीं है, उनके नाटकों में प्रेम के सन्देश के साथ संघर्ष भी है।

प्रसादजी से मिलती-जुलती पन्तजी की विश्वबन्धुत्व की भावना है। वे सदा ही विश्व मैत्री से पूर्ण एक सुन्दर संसार की कल्पना करते रहे हैं। उनके प्रगतिवाद से भी उनके काल्पनिक संसार के सौन्दर्य में कमी नहीं हुई। निरालाजी अद्वैतवादी हैं और साथ ही पन्त और प्रसाद से बढ़कर व्यक्ति अथवा व्यक्तित्व-वादी। निरालाजी का अद्वैतवाद चाहे जितना विशद हो, उसमें उनका व्यक्तित्व अथवा अहं नहीं खो सकता। बहुत पहले 'मतवाला' में उन्होंने लिखा था—

मेरा अन्तर वज्र कठोर
देना जी भरसक झकझोर।

और 'परिमल' की एक कविता में उनका अद्वैत अहम् का ही एक विकसित रूप जान पड़ता है—

तुम हो महान्, तुम सदा हो महान्,
है नश्वर यह दीन भाव,
कायरता, कामपरता,
ब्रह्म हो तुम,
पद-रज-भर भी है नहीं पूरा यह विश्व-भार।

निरालाजी के इसी अहं का चित्रण हमें 'राम की शक्ति-पूजा' और 'तुलसीदास' में भी मिलता है। 'तुलसीदास' का मानसिक संघर्ष और उनके विद्रोही प्राण जो 'ज्ञानोद्धत प्रहार' करते हैं, गोस्वामी तुलसीदास के नहीं हैं; तुलसीदास और राम दोनों ही कवि निराला के दो रूप हैं। ऐसा उद्धत व्यक्तित्व मुझे अन्य किसी साहित्य के व्यक्तिवादी अथवा रोमांटिक कवि में देखने को नहीं मिला। परन्तु यह व्यक्तित्व एक व्यक्तिवादी का है, और उद्धत है, इसीलिए उसके साथ उसकी छाया की भाँति विषाद भी है।

जिन कवियों में यह व्यक्तित्व नष्टप्राय है, उनकी कविता में केवल विषाद है। हिन्दी के अनेक कवियों ने आत्मघात पर बड़ी सुन्दर रचनाएँ की हैं।

जैसे—

अपने पर मैं ही रोता हूँ,
मैं अपनी चिता सँजोता हूँ,
जल जाऊँगा अपने कर से रख अपने ऊपर अंगारे !

कवि भी मनुष्य है और मनुष्य एक सामाजिक प्राणी है, अतः समाज को उसके इस कृत्य पर बहुत प्रसन्नता नहीं हो सकती। यह छायावाद का अति विकृत रूप है, जब व्यक्तिवादी कवि परिस्थितियों से हारकर अपने व्यक्तित्व को ही नष्ट कर लेना चाहता है।

हिन्दी में प्रगतिशीलता का आन्दोलन नया है। प्रगतिशील कवियों में बहुत-से वेदनावादी और छायावादी भी भर्ती हो गये हैं। पुराना अभ्यास देर से छूटता है, वर्दी बदलने से सिपाही थोड़े ही वदल जाता है! कुछ लोगों की मानव-सम्बन्धी करुण कविता छायावादी वेदना का रूपान्तर है। छायावाद के आलम्बन और स्थायी-संचारी भाव आदि प्रगतिशील कविता में भी मिलेंगे। इसका एक अति सुन्दर उदाहरण एक प्रगतिशील कहानी में देखने को मिला था। कहानी में हँसिया-हथौड़े का उल्लेख था, परन्तु हथौड़े को चिरन्तन पुरुष कहा गया था और हँसिया को प्रकृति। पन्तजी ने कार्ल मार्क्स पर भी कविता लिखी है और गांधीजी पर भी। मूलतः दोनों में कोई अन्तर नहीं। मार्क्स गांधीवादी है और गांधीजी मार्क्सवादी, और दोनों ही छायावादी हैं।

अभी छायावादी युग का अन्त नहीं हुआ; नवीन कवियों के दृष्टिकोण में पूरा परिवर्तन नहीं हुआ। उनकी सबसे बड़ी निर्बलता यह है कि उनकी भावनाओं का आधार पुस्तकें हैं, जनता नहीं है। उनके भीतर अत्यधिक तटस्थता है; प्रेमचन्द की भाँति उन्होंने अपने आपको जनता के बीच नहीं पाया। पन्तजी ने इस बात को 'ग्राम्या' में स्वीकार किया है। 'ग्राम्या' की रचनाओं के लिए उन्होंने कहा है—"इनमें पाठकों को ग्रामीणों के प्रति केवल बौद्धिक सहानुभूति ही मिल सकती है। ग्राम-जीवन में मिलकर भीतर से ये अवश्य नहीं लिखी गई हैं।" ऐसी स्पष्टता अन्य कवियों में कम देखने को मिलती है, परन्तु पन्तजी ने बौद्धिक सहानुभूति का समर्थन किया है। उन्होंने लिखा है—"ग्रामों की वर्तमान दशा में वैसा करना केवल प्रतिक्रियात्मक साहित्य को जन्म देना होता।" यदि गाँववालों में घुलने-मिलने का अर्थ उनके कुसंस्कारों तथा अंधविश्वास को अपनाना है तो कविता अवश्य प्रतिक्रियात्मक होगी, परन्तु यदि घुलने-मिलने का अर्थ उनकी वास्तविक दशा का ज्ञान करना है तो कविता का प्रतिक्रियात्मक होना आवश्यक नहीं। 'ग्राम्या' की एक कविता में पन्तजी ने यह भी लिखा है—

"देख रहा हूँ आज विश्व को मैं ग्रामीण नयन से।"

पन्तजी के सुन्दर नेत्रों को ग्रामीण मान लेने से इस कविता को प्रतिक्रियात्मक मानना पड़ेगा। कुछ लोग इस प्रगतिशील ग्रान्दोलन से निराश हो गये हैं ग्रौर समझते हैं कि शेली ग्रौर रवीन्द्रनाथ वाली कविता का तो ग्रन्त हो गया है। इस मशीन-युग में कविता के लिए ठौर कहाँ ? परन्तु ग्रभी हमारे यहाँ मशीन-युग पूरी तरह ग्राया कहाँ है ? ग्रभी भारतवर्ष में नये उद्योग-धन्धों का पूरा बोलबाला नहीं हुग्रा। इन हताश कविता-प्रेमियों को ग्राशा रखनी चाहिए कि ग्रागे ग्रभी बहुत-सी निराशावादी कविता होगी, क्योंकि मशीन-युग की बर्बरता का पूर्ण विकास होने पर ग्रनेक कवि ग्रपने लिए कहीं काल्पनिक स्वर्ग बनायेंगे ग्रौर वे छायावादी कविता को चिरजीवी नहीं तो पुनर्जीवी ग्रवश्य करेंगे। परन्तु जिन्हें देश ग्रौर साहित्य से प्रेम है, वे इस नयी बर्बरता की ललकार को स्वीकार करेंगे ग्रौर उससे युद्ध करके विजयी होंगे।

ग्राज के हिन्दी कवि के लिए विकास-पथ खुला हुग्रा है। छायावादी कवियों ने भाषा की व्यंजना-शक्ति का विस्तार किया है, उन्होंने छन्दों में नये परिवर्तन किये हैं ग्रौर ग्रपनी कविता में नये-नये ढंग की गति ग्रौर लय को जन्म दिया है। नये कवि के लिए पुरानी परम्परा से सीखने को बहुत कुछ है। उसके सामने ऐसे ग्रादर्श हैं जिनसे वह सीख सकता है, जनता के लिए किस प्रकार का साहित्य लिखना चाहिए। पुस्तकों की विद्या की उसे कमी नहीं। उसमें केवल लगन ग्रौर सचाई होनी चाहिए। जनता से सच्ची सहानुभूति ही नहीं, जनता का निकट से ज्ञान भी होना चाहिए। भारतेन्दु से लेकर ग्राज तक की हिन्दी कविता का विकास ग्रति तीव्र गति से होता रहा है। साहित्य के एक विशद प्रवाह में काव्य-धाराग्रों की गति एक-सी ग्रथवा एक ही ग्रोर को नहीं रही। परन्तु उस विशद प्रवाह की दिशा स्पष्ट है। पुरानी तथा नयी, दोनों ही परम्पराग्रों के कवियों में दोष रहे हैं, परन्तु उनसे साहित्य को जो लाभ हुग्रा है, उसके सामने हानि नगण्य है। नव-सन्तति के कवि जब तक हिन्दी कविता को नवीन प्रगति न दे सकेंगे, जब तक उन्हें ग्रपने पूर्ववर्ती काव्य-साहित्य का, ग्रपनी परम्परा का ज्ञान न होगा। ग्रपने पूर्ववर्ती कवियों से हम जितनी बातें ले सकें, लेनी चाहिए। उन बातों में जब हम ग्रपनी नयी बातें जोड़ेंगे, तभी ठीक-ठीक काव्य-साहित्य का विकास सम्भव होगा।

1940

छायावाद की ऐतिहासिक पृष्ठभूमि

छायावाद शब्द की अनेक व्याख्याएँ हो चुकी हैं और छायावादी कविता को परखने के लिए आलोचना के अनेक मापदण्ड बनाये जा चुके हैं, परन्तु 'ज्यों-ज्यों सुरभि भज्यो चहै' की तरह हिन्दी के विद्यार्थी-मृग को निकलने की राह अब भी नहीं मिली।

छायावाद के जन्म-काल में आचार्यों ने उसे बंगला और अंग्रेज़ी की जूठन कहकर उसकी व्याख्या करने के कष्ट से बचना चाहा। फिर शैली-विशेष कहकर उसे टाल दिया। कुछ समर्थकों ने उसे स्थूल के प्रति सूक्ष्म का विद्रोह कहा और कुछ ने शिशु-कवि के लिए उसे माँ की गोद बताया। लेकिन छायावादी साहित्य व्याख्याओं की परवाह न करता हुआ फलता-फूलता रहा और हिन्दी के एक सम्पूर्ण युग पर अपनी अमिट छाप डालकर उसने हमारे साहित्य की श्रीवृद्धि की।

छायावाद के मुख्य स्तम्भ प्रसाद, पन्त और निराला रहे हैं। आगे चलकर श्रीमती महादेवी वर्मा उस धारा को पुष्ट करने वालों में सबसे आगे रहीं। हमें अपनी व्याख्याओं की चिन्ता न करके इन कवियों के समूचे साहित्य का अध्ययन करना चाहिए और साहित्य के ऐतिहासिक क्रम-विकास को ध्यान में रखते हुए उसकी विशेषताओं को परखना चाहिए। हमें यह भी देखना है कि छायावादी कविता हिन्दी ही के लिए कोई अनोखी चीज है या उस तरह की धारा दूसरी भाषाओं में भी बही है।

छायावाद के प्राथमिक विरोधियों ने बहुत छिछले ढंग से इस समता को देखा था। अंग्रेजी की रोमांटिक कविता और बंगला में रवीन्द्रनाथ के गीतों से उन्होंने नयी हिन्दी कविता की तुलना की और वे इस नतीजे पर पहुँचे कि उसमें मौलिकता नाम को नहीं है, वह भारतवर्ष की पवित्र भूमि के लिए एक विदेशी पौधा है, जो यहाँ पनप नहीं सकता। यदि वह विदेशी होता, तो विरोध की आँधियों में कभी का निर्मूल होकर शून्य में विलीन हो गया होता। परन्तु वह कोई ऐसा अनुपम और अद्वितीय देशज भी नहीं है, जो भारतवर्ष की धरती में ही पनपा

हो और उसे देखते हुए विदेशी भूमि बंजर ही लगती हो।

रवीन्द्रनाथ को किसी जमाने में बंगाल का शेली कहा जाता था और निराला जी को हिन्दी का रवीन्द्रनाथ तो नहीं परन्तु यथेष्ट आदर के साथ उनका अनुवर्ती अवश्य कहा जाता था। शेली, ठाकुर और निराला के युगों की परिस्थितियों में एक बात समान रूप से विद्यमान है, और वह है पूँजीवाद का प्रारम्भिक विकास। तीनों युगों में ही यांत्रिक पूँजीवाद से उत्पन्न होनेवाली विषम परिस्थितियों के प्रति घोर असन्तोष है, इसके साथ ही पूँजीवाद ने पुरानी वर्गश्रृंखलाओं को झकझोर कर आत्मविश्वासी पथिकों के लिए नये संगठन और नयी प्रगति का मार्ग निश्चित किया, उसकी चेतना भी इन कवियों में विद्यमान है। सामाजिक पृष्ठभूमि में समानता है, तो समाज को प्रतिबिम्बित करने वाले साहित्य में भी समानता होना अनिवार्य है।

मध्यकालीन श्रृंखलाओं के टूटने से मनुष्य को जो नयी स्वाधीनता मिली, उसका एक रूप व्यक्तित्व की साधना, मानव के निर्द्वन्द्व 'अहम्' की प्रतिष्ठा, उसकी निरपेक्ष स्वाधीनता की कल्पना है। वह व्यक्तित्व 'अहम्' अथवा निरपेक्ष स्वाधीनता उसके साहित्य का उद्गम है। नया कवि अपने अन्तः को अपनी काव्य-सरिता की गंगोत्री मानता है। दरबारी कवि ने 'जय साह के हुकुम' से प्रेरणा पाई थी, भक्त ने इष्ट के 'तरुण अरुण बारिज नयनों' से। परन्तु छाया-वादी युग में यह परंपरा टूट गई। कवि अब भक्त नहीं है, न वह किसी नराधीश का चाटुकार। अपनी कविता का स्रोत वह स्वयं है, अथवा किसी रहस्य-मयी शक्ति की व्यंजना का माध्यम बनकर स्रोत को वह अलौकिक बना देता है। इसीलिए 'आपनाते आपनि बिकशि'—यह उक्ति रवीन्द्रनाथ की ही नहीं, सभी रोमांटिक और छायावादी कवियों की प्रतिभा-उर्वशी पर चरितार्थ होती है। निरालाजी ने 'पंत और पल्लव' में 'अपने' शब्द के प्रयोग की ओर इंगित किया है, परन्तु वह पंतजी या रवीन्द्रनाथ की विशेषता न होकर सभी रोमांटिक कवियों की सामान्य पूंजी है। स्वयं निरालाजी की कृतियों में—

दूर थीं,
खिचकर समीप ज्यों मैं हुई
अपनी ही दृष्टि में; (प्रेयसी)
अंधकार था हृदय
अपने ही भार के झुका हुआ, विपर्यस्त। (उप०)
देखता मैं प्रकृति चित्र—
अपनी ही भावना की छायाएँ चिर-पोषित। (रेखा)

यह 'स्व' की चर्चा हमें रहस्यवाद की ओर लाती है। छायावाद में रहस्यवाद

कितना है, और जितना है, वह असली है कि नकली; छायावादी कवियों को ईश्वर का साक्षात्कार हुआ है, साक्षात्कार की उन्हें उत्कंठा भी है, या नहीं,—इस पर काफी विवाद हो चुका है। बहुमत संभवतः इसी पक्ष में है कि न तो साक्षात्कार हुआ है, न उसकी उत्कंठा है। यही बात और देशों में छायावादी अथवा रोमांटिक कवियों पर भी लागू होती है। आंशिक रूप से रहस्यवाद उन सभी में मिलता है; और इसका भी कारण होना चाहिए।

यहाँ पर रहस्यवाद के प्राचीन रूपों की चर्चा न करके रोमांटिक कविता के रहस्यवाद के दो पहलुओं पर ध्यान देना काफी होगा। एक तो वह रूप, जिसमें वह अहम् का ही असीम विस्तार है—'पदरज भर भी है नहीं पूरा यह विश्वभार' अर्थात् नये युग में 'रज' की निरपेक्षता चरम सीमा को पहुँच गयी है। दूसरा रूप वह है जब 'रज' परास्त होकर रहस्य की कल्पना में पलायन का बहाना ढूँढ़ती है। एक में विस्तार और अतिरंजित स्वाधीनता है, तो दूसरे में पराजय का अथाह सागर और आत्मघात।

यह पलायन अनेक रूपों में प्रकट होता है। कवि ऐसे युग की कल्पना करता है जब संसार में सुख ही सुख था। प्रथम, आदिम जैसे शब्दों की भरमार का यही कारण है; जो सृष्टि के आरम्भ में था, वह निष्कलुष और सुन्दर था। 'आदिम बसंत प्रातं' के अतिरिक्त मध्यकाल का ऐश्वर्यमय जीवन बड़ा भला लगता है। सामंतशाही के बन्धन भूल जाते हैं, जिनके टूटने से कवि ने ये स्वप्न देखना सीखा है। मध्यकाल न सही तो और कोई युग कवि के लिए न्यूनाधिक रूप में आदर्श बन जाता है। पुरातन युगों के चिंतन में सदा पलायन का ही भाव नहीं रहता; कवि अपनी संस्कृति की प्रगतिशील परंपरा की रक्षा भी करता है। प्रसादजी ने बुद्धकालीन भारत की सांस्कृतिक देन की ओर हमारा ध्यान आकर्षित किया है। निरालाजी ने अद्वैत मत को अपने चिंतन का आधार बनाया है, परन्तु शंकराचार्य और उनके समर्थकों के साथ प्रतिक्रिया का जो भी अंश रहा है, निरालाजी उसकी ओर सतर्क रहे हैं। 'संस्कृत के द्वारा उन्होंने दिग्विजय ही किया है, अपने मत की प्रतिष्ठामात्र की है, जाति की जीवनीशक्ति का वर्द्धन नहीं।' इतिहास के प्रति जितना सतर्क और जागरूक दृष्टिकोण निरालाजी का है, उतना और किसी कवि का नहीं है। 'प्रभावती' उपन्यास में उन्होंने बार-बार मध्यकालीन सरदारों द्वारा जनता के शोषण का उल्लेख किया है और उसे पराजय का कारण बताया है। यह दृष्टि एक युग आगे की है; छायावाद की मोहाविष्ट कल्पना नहीं है।

विद्रोह और पलायन की असंगति छायावाद के अन्य अंगों में भी मिलेगी। प्रकृति-वर्णन में छायावादी कवि मध्यकालीन कवि-कल्पना की परिधि से बाहर आकर प्रकृति से निकट संपर्क स्थापित करता है। वह प्रकृति को मानवीय संदर्भ

में देखता है और मानव-जीवन से उसका नया सम्बन्ध स्थापित करता है। दूसरी ओर वह प्रकृति को रहस्यमयी भी बना देता है, जिससे वह अरूप होकर अपना अस्तित्व ही मिटा देती है; उस अरूप के बाहर और कुछ नहीं रह जाता। जीवन-संघर्ष से पलायन करके वह प्रकृति की गोद में सुख की नींद सोना चाहता है। पूंजीवादी युग में विज्ञान का दुरुपयोग देखकर वह उसके सदुपयोग के प्रति भी उदासीन हो जाता है और प्रकृति को ही मानव-जीवन की आवश्यकताओं की पूर्ति के लिए एक मात्र ज्ञानाम्बुधि मान लेता है। कुछ ऐसी ही बात नारी के सम्बन्ध में भी होती है। छायावादी कवि स्त्री-स्वाधीनता का समर्थक होता है, मध्यकालीन दासता का वह विरोध करता है। वह दो हृदयों के मिलन और बिछोह के गीत गाता है, नारी को विलास-व्यापार की पूंजी मात्र नहीं समझता। परन्तु पूंजीवादी समाज में नारी पूंजी की वस्तु बनी ही रहती है। उसके व्यक्तित्व के विकास पर पूंजी को पूजनेवाले समाज के कड़े बन्धन रहते हैं। विवाह का आधार प्रेम नहीं होता, वरन् पूंजी का आदान-प्रदान होता है। इधर कवि नारी की अप्सरा रूप में कल्पना करता है; उसकी उपासना के गीत गाता है; भाव और छंदों के अर्घ्य चढ़ाता है। परन्तु यह न भूलना चाहिए कि वही विधवा और पत्थर तोड़ने वाली मजदूरिन के प्रति भी समवेदना से द्रवित हो उठता है। वह सामाजिक रूढ़ियों का प्रेमी नहीं है; उनका विरोध करता है, उनसे बचकर अपनी आशाओं की पूर्ति के लिए एक स्वर्ग भी रच लेता है।

भाव-क्षेत्र के इस ऊहापोह की छाया हम व्यंजना के माध्यम में भी देख सकते हैं। रीतिकाल के इने-गिने छन्दों की राह छोड़कर नया कवि बहु गीत-रूपों की प्रशस्त भूमि पर आगे आता है। आत्मनिवेदन के लिए वह सुकोमल पदोंवाले गीतों को अपनाता है। उदात्त भावनाओं की व्यंजना के लिए छन्दों के नये-नये समन्वय प्रस्तुत करता है। मुक्त छन्द में वह नयी गति, नयी लय, नये प्रवाह का परिचय देता है, परन्तु यह स्वाधीनता कभी-कभी निरंकुश स्वच्छंदता में बदल जाती है। नये प्रतीकों का प्रयोग दुरूहता का रूप ले लेता है। व्यक्तित्व की व्यंजना साधारण पाठकों के प्रति अवज्ञा का रूप धारण कर लेती है। रोमांटिक कविता के पतनकाल में "स्यूर-रिअलिस्ट" (Sur-realist) (अति-यथार्थवादी) कविता की यह गति होती है।

अस्तु, हिन्दी की छायावादी कविता की व्याख्या करने के लिए 'छाया' से लड़ना आवश्यक नहीं है। "छायावादी कविता स्थूल के प्रति विद्रोह है और जो कवि इस शाश्वत सत्य को चरितार्थ नहीं करता, वह कवि नहीं है"—इस तरह की व्याख्याओं का आधार छायावादी कविता नहीं, आलोचक की कल्पना है। इसी प्रकार उसे पलायनवादी, प्रतिक्रियावादी कहकर लांछित करना सरासर अन्याय है। उसमें पराजय और पलायन की भावनायें हैं, तो विद्रोह, विजय, मानव-मात्र

के प्रति सहानुभूति के स्वर भी हैं। उसकी विशेषताएँ न्यूनाधिक वही हैं जो अन्य भाषाओं की रोमांटिक कविता की हैं। रहस्यवाद, प्रकृति-पूजा, नारी की नवीन प्रतिष्ठा, सांस्कृतिक जागरण, नये छन्द, नये प्रतीक आदि गुण या दोष बनकर अन्य साहित्यों में भी प्रतिष्ठित हैं। उनकी व्याख्या को जैसा-का-तैसा ही उठाकर अपने साहित्य पर लागू करना भ्रामक होगा। छायावादी कविता का एकांगी अध्ययन छोड़कर उसका सर्वांगीण अध्ययन करें और उसी के बल पर उसकी विशेषताओं को परखें, तो वे देशकाल की परिस्थितियों के अनुकूल थोड़े हेर-फेर से, अन्य देशों की रोमांटिक कविता की विशेषताओं से बहुत भिन्न न होंगी।

1943

हिन्दी काव्य में व्यक्तिवाद और अतृप्त-वासना

रोमांटिक कविता व्यक्तिवाद की ओर झुकी होती है। कवि अपनी व्यक्तिगत आवश्यकताओं की ओर अधिक ध्यान देता है, समाज की आवश्यकताओं की ओर कम। व्यक्ति और समाज-व्यवस्था के संघर्ष से रोमांटिक कविता का जन्म होता है। समाज की रूढ़ियों से अपना मेल न कर सकने के कारण कवि कभी अपना स्वप्न-लोक बसाता है, कभी प्रकृति की गोद में शरण लेता है, कभी भविष्य के सुनहरे संसार के गीत गाता है। परन्तु रोमांटिक कवि सामाजिक परिस्थितियों से विद्रोह करके उन्हें बदलने का भी प्रयत्न करता है। रोमांटिक कविता की यही सार्थकता है, अपने विद्रोह में वह अपना लक्ष्य व्यक्ति से हटा कर समाज की ओर ले जाती है। फिर भी रोमांटिक कविता में प्रधानता व्यक्तिवाद की होती है।

आधुनिक हिन्दी कविता में भी, जिसके सर्वश्री प्रसाद, निराला, पन्त तथा श्रीमती महादेवी वर्मा प्रतिनिधि हैं, व्यक्तिवाद की भावना काम करती रही है, परन्तु सभी कवियों में वह एक समान नहीं है। व्यक्तिवाद को उकसाने वाली एक शक्ति अतृप्त-वासना है। वासना की तृप्ति के लिए तरसता हुआ व्यक्ति पहले अपनी ही दाढ़ी की आग बुझाना चाहता है, समाज का हित उसके सामने मुख्य नहीं रहता। अंतर्द्वन्द्व के कारण वह अपनी शक्ति साधकर उसे एक सामाजिक लक्ष्य की ओर नहीं लगा पाता। अपनी वासना की तृप्ति में बाधाएँ देखकर वह बहुधा समाज से विद्रोह करता है, परंतु वह ऐसा वीर होता है कि समाज को ध्वस्त करने की प्रतिज्ञा के साथ आत्मघात की धमकी भी देता जाता है।

'अतृप्त-वासना' कहते ही यह ध्यान होता है, क्या वासना कभी तृप्त भी हो सकती है? और जब तृप्त नहीं हो सकती, तब सारी कविता क्या अतृप्त-वासना के ही कारण नहीं है? अतृप्ति और साधना में अन्तर है, उतना ही जितना विजय और पराजय में। वासना को वश में करके साधना द्वारा विजय पाना और बात है; वासना की तृप्ति के साधन न पाकर लार बहाना और बात। दोनों का ही

अंत बहुधा एक अखंड अनन्त जीवन की कल्पना में होता है, परंतु विजयी वह है जो जीवित रहकर एक महत्तम शक्ति से आत्मीयता का अनुभव करता है, 'तमक्रतुः पश्यति वीतशोको धातु-प्रसादान्महिमानमात्मनः।' पराजित वह है जो जीवन से निराश होकर, मृत-तुल्य होकर, एक अनन्त जीवन में अपने आपको खो देना चाहता है। निराश कवि, शक्ति के ह्रास से जर्जर, अनंत मृत्यु को अनंत जीवन समझता है और उसे यह समझाना कठिन होता है कि उसके अनंत जीवन की कल्पना में व्यक्तिवाद ही प्रधान है।

रोमांटिक कविता के साथ लगा हुआ रहस्यवाद वीतशोक होने का परिणाम नहीं है। निराशा, वेदना, मृत्यु-कामना का संसर्ग अधिक दिखाई देता है, जीवन का कम। निर्झर के स्वप्न-भंग में अध्यात्म-चिंतन से अधिक वासना की उथल-पुथल है—

'उथलि जखन उठे छे वासना,
जगते तखन किसेर डर?'

इसीलिए निर्झर की रहस्यवादी क्रियाओं के साथ विवशा गोधूलि की कल्पना वर्तमान है जिसकी पूर्व में वेणी खुल गई है और पश्चिम में सुनहरा आँचल खिसक गया है। इसीलिए लाज से विह्वल कुसुम-रमणी का क्रन्दन है। प्रकृति में प्रेयसी की कल्पना और काल्पनिक नारी-सौंदर्य के चित्र इसी अतृप्त-वासना का परिणाम हैं।

प्रसादजी के काव्य-ग्रन्थों में 'कामायनी' महाकाव्य है, 'लहर' फुटकर कविताओं का छोटा-सा संग्रह है और 'आँसू' जिसने उन्हें वास्तव में कवि रूप में प्रसिद्ध किया, अलंकारों से इतना लदा है कि 'वेदना' बेदम हो गई है। 'आँसू' की प्रसिद्धि का कारण परवर्ती कवियों का वेदना-प्रेम है। प्रसादजी ने उस पुस्तक में व्यंजना को आलंकारिक बनाने की इतनी चेष्टा की है कि भावना की झुठाई अपने आप प्रकट हो जाती है। अपनी प्रतिभा और जीवन को उन्होंने नाटक लिखने में अधिक लगाया। यद्यपि उनके नाटक ऐतिहासिक हैं, तो भी उनकी कथावस्तु में व्यक्तिवाद अथवा अतृप्त-वासना की प्रधानता नहीं है। उन्होंने संघर्ष के युग चुने हैं और इस संघर्ष में त्याग और शौर्य के बल पर उन्होंने मनुष्य को विजयी होता दिखाया है। ऐसी ही कथा-वस्तु बहुत कुछ 'कामायनी' की भी है। प्रसादजी यौवन और सौंदर्य के कवि हैं; उनमें वासना है परन्तु उसका अंत निराशा में कम होता है, उनमें जीवन की कामना है, मरण की नहीं। अतृप्त वासना के साथ तो मृत्यु-कामना आप ही चल पड़ती है।

निरालाजी के अद्वैतवाद में व्यक्तित्व की प्रधानता है। वह अपने व्यक्तित्व को बनाये रखना चाहते हैं। अन्य रहस्यवादी अपने को अद्वैत में लय कर देते हैं,

निरालाजी अद्वैत को ही अपने में लय कर लेना चाहते हैं। 'केवल मैं, केवल मैं, केवल मैं, केवल मैं, केवल ज्ञान।' व्यक्ति और समाज का संघर्ष निरालाजी की रचनाओं को प्रेरणा देता है। समाज का पुनःसंगठन भी उनका ध्येय है। 'बादल राग' नाम की कविताएँ इसका प्रमाण हैं। दूसरे नम्बर की कविता में उन्होंने बादल की उच्छृंखलता, आबाध गति, उन्माद आदि पर जोर दिया है। छठी कविता में बादल कली का निष्ठुर पीड़क मात्र नहीं है; उसका सम्बन्ध धनी और निर्धनों से भी है।

'रुद्ध कोष, है क्षुब्ध तोष,
अंगना अंग से लिपटे भी
आतंक-अंक पर काँप रहे हैं
धनी, वज्र-गर्जन से बादल!
त्रस्त नयन-मुख ढाँप रहे हैं।
जीर्ण बाहु, है शीर्ण शरीर,
तुझे बुलाता कृषक अधीर,
ऐ विप्लव के वीर!'

निरालाजी साहित्यिक शाक्त हैं, इसलिए निराशा और वेदना के उनके स्वर सच्चे नहीं लगते। आँसुओं का संदेश—

'हमें दुःख से मुक्ति मिलेगी—, हम इतने दुर्बल हैं—
तुम कर दो एक प्रहार!'

अथवा 'विफल-वासना'—

'गूँथे तप्त अश्रुओं के मैंने कितने ही हार
बैठी हुई पुरातन स्मृति की मलिन गोद पर प्रियतम!'

ऐसी कविताओं में निरालाजी की अलंकार-प्रियता उभर आयी है। भावना में स्वाभाविकता नहीं रही। ऐसी कविताओं की संख्या नगण्य नहीं है; उनकी ओर लोगों का ध्यान कम इसीलिए गया है कि उनमें कविता की सचाई कम है और वेदना और रुदन में श्रीमती वर्मा ने निरालाजी को बहुत पीछे छोड़ दिया है।

पंतजी अपनी पहली कविताओं में स्त्री बनकर बोलते हैं—इसका उल्लेख निरालाजी ने भी किया है। निरालाजी स्वयं भी इस स्त्रैण-भावना से एकदम बरी नहीं है। 'तुम और मैं' के बादवाली कविता में वह कहते हैं—

'तृष्णा मुझमें ऐसी ही आई थी,
सूखा था जब कण्ठ बढ़ी थी मैं भी,

बार-बार छाया में धोखा खाया,
पर हरने पर प्यास पड़ी थी मैं भी !'

इस कविता की नायिका बिना पानी पिये ही अपनी प्यास बुझा लेती है। बाग में एक तालाब के पास पहुंचती है परन्तु 'खजोहरा' की प्रगतिशील बुआ की भाँति पानी में पैठती नहीं है, वह छाया में सो जाती है और सोने से ही प्यास दूर हो जाती है।

पन्तजी छायावाद के प्रतिनिधि कवि रहे हैं परन्तु उनकी समस्या औरों-जैसी सरल नहीं है। पहली कविताओं में वह बालिका बनकर आते हैं, और आगे के गीतों में, बालक बनने पर भी, मधुप-कुमारी से ही गीत सीखना चाहते हैं। 'छाया' कविता में वह अपने को उसी जैसी अभागिन बताते हैं परन्तु रात में छाया तो तरुवर के गले लगती है, कवि बेचारी वैसी ही रह जाती है !

'और हाय ! मैं रोती फिरती
रहती हूँ निशि-दिन बन-बन !'

यह भी अतृप्त-वासना है परन्तु दूसरे ढंग की।

पन्तजी जन-सम्पर्क से सदा दूर रहे हैं, आज भी हैं। उनकी सौंदर्य-साधना ऐसी सलज्ज है कि सूर्य के प्रकाश में वह मुरझा जाती है। जग 'अति दुःख' से तो पीड़ित है परन्तु 'अति-सुख' से कहाँ पीड़ित है, सुख-दुख का उनका बँटवारा बहुत कुछ हलवे के साथ चटनी खाने की भाँति है जिससे हलवा उबिठ न जाय। पन्तजी निराशा के कवि नहीं हैं। संसार जहाँ और कवियों को रुदन और आत्मघात की ओर ले जाता है, पन्तजी को वह एक और सुन्दर संसार रचने की प्रेरणा देता है। पंतजी का व्यक्तिवाद पलायनशील है, वह उन्हें कल्पनालोक में ले जाता है और इस कल्पनालोक का सबसे अच्छा चित्रण 'ज्योत्स्ना' में हुआ है। पंतजी में विश्व-बन्धुत्व और मानव-मात्र के कल्याण आदि के भावों की कमी नहीं है परन्तु जो नया संसार पंतजी बसाना चाहते हैं, वह मानवमात्र का न होकर उनका अपना है, जिसकी सुन्दरता में उन्हें वही कोमलता मिलेगी जो बालिकारूप धरके प्रकृति में उन्होंने देखी थी। प्रकृति में बालिका जिस भोले सौंदर्य को देखती थी, उसी की चाह उन्हें आज भी है। उनकी मनःस्थिति ऐसी है कि सुन्दरता को खोजने के अतिरिक्त वह और कुछ कर ही नहीं सकते। उनका इधर का गीत 'बजी पायल छम' बताता है, कौन-सी कल्पना उनके प्राणों में अधिक बजती है।

प्रकृति में मधुर सौंदर्य की यह खोज बताती है कि पंतजी की कवि-दृष्टि 'पल्लव' के समय की ही है। 'ग्राम्या' का कवि गाँवों में यह देखता है, क्या उसे प्रिय और सुन्दर लगता है और क्या अप्रिय और असुंदर ! संघर्ष में पैठ न सकने

का मूल कारण पंतजी का व्यक्तिवाद है। व्यक्तिवाद बौद्धिक नहीं है, वह उनकी सौंदर्य-कामी कवि-चेतना का फल है।

'साँझ,—नदी का सूना तट,
मिलता है नहीं किनारा,
खोज रहा एकाकी जीवन
साथी, स्नेह सहारा !'
(रेखाचित्र-ग्राम्या)

नक्षत्र के बहाने पंतजी ने अपनी ही बात कही है। और भी—

'वहीं कहीं, जी करता, मैं जाकर छिप जाऊँ ?
मानव जग के क्रंदन से छुटकारा पाऊँ।
प्रकृति नीड़ में व्योम-खगों के गाने गाऊँ।
अपने चिर स्नेहातुर उर की व्यथा भुलाऊँ !'

इसलिए 'ग्राम्या' पढ़ने पर भी यही कहना पड़ता है कि पंतजी में अब भी पलायन-प्रिय व्यक्तिवाद का कवि मिटा नहीं है; उन्हें अब भी अपने आश्रय के लिए नीड़ चाहिये, चाहे वह पेड़ की डाली पर हो, चाहे नव-संस्कृति से सारा विश्व ही एक नीड़ बन जाय।

श्रीमती महादेवी वर्मा वेदना और रुदन की अनुपम कवयित्री हैं और उनकी वेदना में 'व्यक्ति' प्रधान है। व्यक्ति का क्रंदन भुलाकर उन्होंने गीत में विश्व को अवश्य याद किया है।

'विश्व का क्रंदन भुला देगी मधुप की मधुर गुन-गुन।'

खेद है कि प्रियतम और पीड़ा के खेल में विश्व का क्रंदन डूब ही गया है। यह ठीक है कि प्रियतम विश्व में व्याप्त हैं परंतु इस विश्व का सम्बन्ध क्रंदन से नहीं है; प्रियतम तो कलियों में मुसकाते आते हैं और सौरभ बनकर उड़ जाते हैं। श्रीमती वर्मा की साधारण मनोदशा वह है जिसमें प्रियतम से अधिक पीड़ा का महत्त्व हो जाता है, जैसे कोई रोगी अपनी टीस से प्रेम करने लगे और उपचार से दूर भागे। इस पीड़ा के मूल में अतृप्त-आकांक्षा अन्य कवियों के समान ही वर्तमान है।

'तुम्हें बाँध पाती सपने में
तो चिर जीवन प्यास बुझा
लेती उस छोटे क्षण अपने में।'

अन्य कवियों से भिन्नता इस बात में है कि श्रीमती वर्मा अतृप्ति में ही सुखी

हैं, वह उसी को तृप्ति मानती हैं।

छायावाद के प्रधान कवियों के उपरांत नवीन गीतकारों में अतृप्त-वासना छायामात्र न रहकर एक स्थूल व्यंजना पा गई है। नरेन्द्रजी की रचनाओं में जीवन से ऊब, जीवन में आनंद करनेवालों के प्रति ईर्ष्या आदि के भाव स्पष्ट हैं। 'फागुन की रात' में 'गजनेरी साँड़' का वर्णन इसी ईर्ष्या का द्योतक है। 'पाँवों की हड़कल' में कवि अपनी प्रेम-क्रियाओं का वर्णन करता है—'फागुन की आधी-रात' की क्रियाओं से कितनी भिन्न! नरेन्द्रजी की मनोदशा बच्चनजी के समान विकृत नहीं है। वह मृत्यु-कामना नहीं करते वरन् भाग्य के सहारे सब कुछ छोड़-कर ठेलमठेल किसी प्रकार जीते रहने में विश्वास करते हैं।

'थे आगे भी सुख दुख आए,
उनको रो गा कर भोगा ही!
अब घड़ी, दो घड़ी रोए भी
फिर भी तो जीना होगा ही!'

और भी—

'ऊब गया हूँ जिससे, पूरी होती हाय न जो चलते,
इस खँडहर के बीच भाग्य की रेखा-सी है मेरी राह!'

बच्चनजी में यही ऊब और निराशा मृत्यु-कामना में परिणत हो जाती है। जिस कविता को morbid कहा जाता है, उसका बच्चनजी में पूर्ण विकास हुआ है।

मृत्यु-कामी कवियों से भिन्न एक दल उनका है जो अपनी वासना को न दबा सकने के कारण समस्त संसार में प्रलय मचा देना चाहते हैं। प्रलय-सम्बन्धी कविता इतनी हुई है कि उद्धरण अनावश्यक हैं। सुधीन्द्र, अंचल आदि में अतृप्त-वासना प्रलय बनकर आई है।

बहुत-सी ऐसी कविताएँ भी प्रगतिशील मानी जाती हैं जिनमें घासवाली, सागवाली, चमारिन, भिखारिन आदि को लेकर पाठक की करुणा उकसाई जाती है। ऐसी कविताएँ भी व्यक्तिवादी कहलायेंगी क्योंकि इनमें व्यक्ति की करुणा उकसाना प्रधान लक्ष्य होता है। निरालाजी का 'भिक्षुक' इन कविताओं का पुराना आदर्श है। व्यक्तिगत दया और करुणा पर हमें पहले विश्वास होता है, सामाजिक आंदोलनों की ओर ध्यान कम जाता है।

इस थोड़ी-सी चर्चा से यह न समझना चाहिए कि आधुनिक हिंदी कविता में व्यक्तिवाद और अतृप्त-वासना को छोड़कर और कुछ है ही नहीं। ऐसे अनेक कवि हैं जो इस धारा से अलग अपना काम करते रहे हैं। इस लेख में जिन कवियों की चर्चा है, उनमें भी अनेक स्वस्थ रचना करने में अक्षम सिद्ध नहीं हुए। हमारा

युग संघर्ष का युग है और लक्ष्य-प्राप्ति की चेष्टा और प्रयत्न की कठिनाई हिंदी कविता में भी व्यक्त हुई है। साथ ही संघर्ष से ही ऐसे व्यक्ति भी जन्मते हैं जो पलायन को आदर्श मानकर संघर्ष से जी चुराते हैं। अंग्रेज़ी रोमाण्टिक कविता की तरह हम अपने यहाँ छायावादी कविता में भी समाज-हित के काफ़ी तत्त्व देखते हैं। और उन्नीसवीं सदी के अंत में जो पतन Decadence फ्रांस और इंगलैंड में दिखाई दिया था, उसका यहाँ शतांश भी गोचर नहीं हुआ। लोग चौकन्ने हो गये हैं और कविता को स्वस्थ भाव-धाराओं की ओर ले चल रहे हैं। जैसे कांग्रेस में पराजयवादी भरे हुए हैं, वैसे ही साहित्य में भी। परंतु देश में विजयकामी और विजय के लिए प्रयत्न करने वाले हैं, वैसे ही साहित्यिकों में। निरालाजी के शब्दों में—

'सिंहों की माँद में आया है आज स्यार'—

और यह व्यक्तिवाद का स्यार शीघ्र ही समाज-सिंह की माँद छोड़ कर भाग जायगा। भाग तो वास्तव में वह पहले से ही रहा है; सिंह ही अभी पूर्णरूप से अपनी तन्द्रा त्यागकर नहीं जागा।

1941

नयी हिन्दी कविता पर आक्षेप

विद्वानों का स्वभाव होता है, वे समालोचना में कुछ सूत्र बनाकर उनकी सिद्धि किया करते हैं। इससे उनके और पाठक दोनों के ही हृदयों को संतोष होता है। इसी प्रकार नयी हिंदी कविता पर टीका-टिप्पणी करते हुए हिंदी के अनेक विद्वान् आलोचक बहुधा तीन सूत्रों का सहारा लेते हैं। पहला—अश्लीलता, दूसरा—नास्तिकता, तीसरा—रूस की नक़ल। इन सूत्रों से वे नयी हिंदी कविता को सिद्ध करके कुछ मिश्रित आशा और निराशा के स्वरों से अपनी आलोचना समाप्त करते हैं। आलोचना एकांगी न हो, इसलिए वे दबी ज़बान से यह भी कह देते हैं कि ज़माना अब बदल गया है, इसलिए कविता भी जनसाधारण के निकट आयेगी।

एक ध्यान देने की बात यह है कि ये विद्वान् तीनों सूत्रों की परिधि के बाहर की नई हिंदी कविता की सफलता का उल्लेख नहीं करते। उन्हें यह मनवाने में कठिनाई न होगी कि इन सूत्रों के बाहर ढेर की ढेर कविता लिखी जाती है और उसके मूल्य को आंकना भी आवश्यक है। फिर नये हिंदी कवियों के सिवा पुराने कवियों में उत्तम, मध्यम श्रेणी के कलाकार कलम चलाना बंद नहीं कर बैठे हैं। उनकी रचनायें इस युग की साहित्यिक प्रगति में क्या स्थान रखती हैं?

पहले उन तीन सूत्रों को लें जिनका जप करके ये विद्वान् कविता के समुचित अध्ययन से बचना चाहते हैं। पहले अश्लीलता। नयी हिंदी कविता में अश्लील पंक्तियाँ लिखी गई हैं, यह बिल्कुल सच है! लेकिन किसी महीने की तमाम हिंदी पत्रिकाएँ उलट जाइये और सच बताइये कि कवितायें पढ़कर आपकी यह धारणा होती है कि हिंदी कविता में अश्लीलता का रंग ही गहरा है? उन विद्वानों की प्रशंसा करनी पड़ती है जो पुस्तकों से अश्लील पंक्तियाँ छाँटकर उनसे अपने लेखों की शोभा बढ़ाते हैं। जिन कवियों से वे ऐसी पंक्तियाँ छाँट लेते हैं, उनके बारे में भी वे एकबारगी ऐसा न कह सकेंगे कि उनकी रचनाओं में अश्लीलता और शृंगार के सिवा और कुछ है ही नहीं। देव, जयदेव और बिहारी

की तरह उनकी कविता का मूलस्रोत रसराज नहीं है, न समूची खड़ी बोली की कविता में उतनी अश्लील पंक्तियाँ मिलेंगी जितनी कि सिर्फ इन तीन महाकवियों की रचनाओं में।

रीतिकालीन श्रृंगार और आधुनिक श्रृगार की रचनाओं में अंतर है। रीतिकालीन कवियों के लिए नारी काम-क्रीड़ा की वस्तु थी—"क्रीड़ाकला-पुत्तली"। इसलिए नायिका-भेद की भरमार हुई अर्थात् नारी की विशेषता, उसका मूल्य, उसका मनुष्यत्व किंवा देवीत्व उसके नायिकापन में ही है। राधाकृष्ण का नाम लेने से देव या जयदेव के अदेवत्व का हरण नहीं हो सकता। नारी के प्रति इस दृष्टिकोण का अंत किया छायावादी कवियों ने, नारी को स्वर्गलोक की परी बनाकर। उसके बाद सामाजिक बंधनों में जकड़े हुए अतृप्त आकांक्षाओं के कवि आये, नये युग के। इन्होंने नारी को नारी कहा और अपनी स्पष्टवादिता में वे पाठकों के सामने ऐसी बातें भी कह गये जिन्हें वे अपने तक ही रखते तो ज्यादा अच्छा था।

यह सब कहने का यह अर्थ नहीं है कि अश्लीलता क्षम्य है। भले ही हमारे गौरवपूर्ण प्राचीन और मध्यकालीन साहित्य में घोर श्रृंगार की कविता हुई हो, हम उसका अनुकरण करने में अपना गौरव नहीं मानते, न यह मानते हैं कि उसके अनुकरण के बिना हमारी सजीव साहित्यिक परम्परा टूट जायगी। पहले अश्लीलता ज्यादा थी, आज कम है, इससे कोई उसका समर्थन नहीं कर सकता। जो अश्लील कविता के विरोधी हैं, उनसे मेरा कोई विरोध नहीं हैं। उनसे मतभेद इस बात पर है कि वे कुछ छुटपुट कविताओं के नाम पर सारी नयी हिंदी कविता को, विशेषकर प्रगतिशील हिन्दी कविता को, बदनाम करते हैं। प्रगतिशीलता और अश्लीलता का कोई भी आध्यात्मिक सम्बन्ध नहीं है जैसा कि भक्ति और श्रृंगार का मध्यकालीन दरबारी भक्तजनों के लिए था।

दूसरा सूत्र है नास्तिकता का। हिंदी कवि नास्तिकता का प्रचार करते हैं, यह कोई घोर आस्तिक भी न कहेगा। सारी हिंदी कविता छानने पर आलोचना की छलनी में कहीं दस-पाँच पंक्तियाँ आ पायेंगी। उनके बहाने नयी हिंदी कविता को लांछित करना उतना ही संगत होगा जितना यह पूछना कि सूर, तुलसी ने राम नाम जपने के सिवा कविता कितनी लिखी है। वास्तव में ईश्वर का अति विरोध वहाँ होता है जहाँ यथेष्ट जन-जागरण नहीं हुआ। आज कोई कवि यह नहीं लिखता—या नेता यह नहीं कहता—कि ईश्वर का नाम लेने से अन्न-संकट दूर हो जायगा। अन्न-संकट दूर करने के लिए वे राष्ट्रीय एकता और राष्ट्रीय सरकार का नारा लगाते हैं। अधिक निराश हुए तो लार्ड वेवल का मुँह देखते हैं, परंतु सामाजिक कार्यों में हस्तक्षेप करने के लिए ईश्वर को कष्ट नहीं देते। तब ईश्वर से असंतुष्ट होने वाला कोई [illegible] यह कह बैठता है कि

ईश्वर नहीं है, तो उसे ईश्वर का सबसे बड़ा भक्त समझना चाहिए। नास्तिक वे नहीं हैं जो ईश्वर का विरोध करते हैं वरन् वे हैं जो उसका नाम ही नहीं लेते।

तीसरा सूत्र है—रूस की नकल। सूत्र क्या यह मन्त्र है जिससे विद्वान् आलोचक किसान-मजदूरों की कविता को भस्म कर देना चाहते हैं। कविता में होना चाहिए रस, सो रसराज को छोड़कर ये कवि किसान-मजदूरों पर कविता लिखने चले हैं; कला का तो इन्होंने गला घोंट दिया।

पहले तो निवेदन यह है कि हिन्दी कवियों से मिलकर यह पता लगाइये कि उन्हें कितनी रूसी कविताएँ पढ़ने को मिली हैं और अपराध क्षमा हो, यह बताइये कि स्वयं आपने कितनी पढ़ी हैं। छायावादी कविता के विरोधी उसे बँगला की नकल बताकर दो-चार बँगला की पंक्तियाँ भी उद्धृत कर देते थे। यहाँ तो वह भी नहीं, केवल मंत्र से मार देने का प्रयास है!

दूसरी बात—जब बाबा तुलसीदास ने "बिन अन्न दुखी सब लोग मरें" और "खेती न किसान को, भिखारी को न भीख, बलि, बनिक को बनिज, न चाकर को चाकरी" आदि लिखा था तब किन भावी रूसी रचनाओं का उन्होंने पारायण किया था? पुनः भारतेन्दु ने जब "कवि-वचन-सुधा" में राष्ट्रीय विषयों पर ग्रामीण बोलियों में कविता लिखने की विज्ञप्ति निकाली थी, तब उन पर किसी रूसी कवि की छाया पड़ी थी? राष्ट्रकवि ने जब "बरसा रहा है रवि अनल भूतल तवा सा जल रहा" आदि लिखा था, तब वे किस साहित्य से प्रभावित हुए थे? वास्तव में ये सब कवि परिस्थिति में प्रभावित हुए थे, सहृदय होने के नाते भूख, महामारी से भी उनका हृदय आन्दोलित हुआ था। इससे उनकी कवि-सुलभ सहृदयता में बट्टा नहीं लग गया। परिस्थितियों के प्रभाव से आँख चुराकर जो रूसी कविता का प्रभाव ढूंढ़ने जाते हैं, वे स्वयं किन स्वार्थों से प्रभावित हैं, यह स्वयं देखें। कवि परिस्थिति को बदलना चाहता है तो विद्वान् आलोचक कहते हैं, तू रूस की नकल करता है! संसार परिवर्तनशील है। छकड़े पर चढ़ने वाले व्यक्ति भी रेलगाड़ी में बैठने लगे हैं। अब हर जगह जमींदारी जिन्दाबाद का नारा नहीं लगाया जा सकता। इन बातों को रूस की नकल बताना अपने ऊपर अविश्वास करना है। मानव समाज के अग्रसर व्यक्ति हमेशा से अन्याय का विरोध करते आये हैं, करते रहेंगे।

परिस्थिति—न कि रूस—के प्रभाव का एक ज्वलन्त उदाहरण "बंगदर्शन" है। इस संकलन में श्री मैथिलीशरण गुप्त, निरालाजी, श्रीमती महादेवी वर्मा आदि ने बंगाल पर कविताएँ लिखने का ही अपराध नहीं किया है वरन् महादेवी जी ने उसकी बिक्री का रुपया भी बंगाल के अकाल-पीड़ितों के लिए भेजा है। लीजिए, कवि किताबें बेचकर भूखों को रोटियाँ बाँटने पर आ गये। भारतीय संस्कृति का पतन हो गया! साहित्य रसातल चला गया! "बंगदर्शन" का

विरोध होगा, यह बात कल्पना से भी परे है; परन्तु हिंदी में ऐसे लेखक हैं जिन्होंने श्री महादेवी पर रोष भरी दृष्टि डाली है कि आप भी···! अब प्रलय के दिन दूर नहीं हैं।

सचमुच प्रलय के दिन दूर नहीं हैं,—उन विद्वान् आलोचकों के लिए जो दो-तीन सूत्रों को जपकर हिंदी साहित्य की समूची प्रगतिशील परम्परा को असिद्ध कर देना चाहते हैं !

1944

कुरुक्षेत्र और सामधेनी

कवि दिनकर की ये दोनों कविता-पुस्तकें नयी पीढ़ी के मानसिक संघर्ष का बहुत सुन्दर प्रतिबिम्ब हैं। देश के बुद्धि-जीवियों और लेखकों के मनोदेश में कौन-सी समस्याएँ घुमड़ रही हैं और वे किस तरह उनका समाधान पाने की कोशिश कर रहे हैं, यह बात बड़ी खूबी से इन रचनाओं में प्रकट हुई है।

इस युग की सबसे हृदय-विदारक और इतिहास पर गहरा प्रभाव डालने वाली घटना भारत का जनसंहार है। इसी आँधी में मनुष्य के तमाम आदर्श, पुरानी मान्यताएँ, साहित्य और संस्कृति में प्रतिष्ठित प्रेम और सहानुभूति की सद्भावनाएँ जीर्ण-शीर्ण पत्रों-सी उड़ती दिखाई देती हैं। इसी आँधी में विश्वास के दीपक को जलाए रखना बड़ी जीवट का काम है। कभी-कभी ऐसा लगता है कि इस झंझा में यह दीपक बुझ जायेगा। भारतवर्ष की उर्वरा धरती ने संसार को बड़े-बड़ आदर्श ही नहीं दिए, उनकी रक्षा करने के लिए त्यागी और बलिदानी पुरुष भी दिये हैं। क्या साहित्य और क्या राजनीति, दोनों ही क्षेत्रों में ऐसे व्यक्तियों का अभाव नहीं है जिन्होंने इस झंझा के साथ बहने से इंकार किया है। वे अपनी सम्पूर्ण शक्ति से उन आदर्शों की रक्षा करने में लगे हैं, जिनके आधार पर साहित्य और राजनीति की परम्परा महान् बनी थी।

नोआखाली और बिहार के हत्याकांड के बाद दिनकर ने लिखा था—

नारी-नर जलते साथ हाय
जलते हैं मांस रुधिर अपने;
जलती हैं वर्षों की उमंग
जलते हैं सदियों के सपने।
ओ बदनसीब! इस ज्वाला में
आदर्श तुम्हारा जलता है,
समझायें कैसे तुम्हें कि
भारतवर्ष तुम्हारा जलता है?

जलते हैं हिन्दू-मुसलमान,
भारत की ग्राँखें जलती हैं,
ग्राने वाली ग्राज़ादी की
लो दोनों पाँखें जलती हैं।

ये पंक्तियाँ उस समय लिखी गई थीं जबकि इस भयानक नरसंहार का पहला दौर शुरू हुग्रा था। हिंसा-प्रतिहिंसा के चक्र में घूमते हुए देश ग्राज कहाँ पहुँच गया है! कवि की बात उस समय भले ही किसी को ग्रत्युक्ति लगी हो लेकिन ग्राज तो उसका ग्रक्षर-ग्रक्षर सच हो रहा है। ग्रादर्श भी जलते हैं, भारतवर्ष भी जलता है; हिन्दू-मुसलमानों के साथ ग्राज़ादी की पाँखें भी जल रही हैं। देश के नेता पुकार-पुकारकर कह रहे हैं कि हिंसा-प्रतिहिंसा की इस चक्की में ग्राज़ादी पिस जायेगी। दिनकर ने लिखा था कि ग्रंधकार के व्यूह से लड़ने के लिए ग्रकेली किरण भी ग्रागे बढ़ेगी। हम वह दृश्य भी देख रहे हैं कि हत्याकांड के समर्थकों के तुमुल कोलाहल में ग्रनेक-जन ग्रब भी एकता ग्रौर जनतंत्र की मशाल लिये हुए ग्रटल खड़े हैं।

किसी समय बंगाल के ग्रकाल से दिनकर का हृदय ग्रान्दोलित हो उठा था। उस समय की बेबसी ग्रौर छटपटाहट जैसी 'ग्राग की भीख' में प्रकट हुई है, वैसी ग्रन्य कविताग्रों में कम हुई है। दिनकर लिख सके—

मन की बँधी उमंगें ग्रसहाय जल रही हैं।

फिर भी वह देश के भविष्य के प्रति ग्रपनी ग्राशा को सजीव रख सके थे। दूसरे देशों की जनता के स्वाधीनता-संग्राम से उनकी ग्राशा को बल मिलता है। युद्ध के उपरान्त यूनान की जनता ने ब्रिटिश साम्राज्यवाद से युद्ध छेड़ दिया था। पश्चिम के इन देशों के जन-जागरण का स्वागत करते हुए कवि ने लिखा था—

खड़ा हो, कि पच्छिम के कुचले हुए लोग
उठने लगे ले मशाल,
खड़ा हो, कि पूरब की छाती से भी
फूटने को है ज्वाला कराल!
खड़ा हो, कि फिर फूँक विष की लगा
धूर्जटी ने बजाया विषान,
ड़ा हो, जवानी का झंडा उड़ा
ग्रो मेरे देश के नौजवान।

दिनकर राष्ट्रीय-गौरव और हमारे स्वाधीनता संग्राम की परम्परा को लेकर साहित्य-क्षेत्र में आगे बढ़े हैं। इस परम्परा के अन्य कवियों के पाँव कुछ डगमगाने लगे हैं। उनकी वाणी में स्पष्टता और गम्भीरता के बदले जनता में अविश्वास और कभी-कभी तो साम्प्रदायिक द्वेष भी प्रतिध्वनित होने लगा है। दिनकर ने "रसवंती" और "हुंकार" की परम्परा को आगे बढ़ाते हुए उदात्त स्वर में कहा है—

गरज कर बता सबको, मारे किसी के
मरेगा नहीं हिन्द देश,
लहू की नदी तैर कर आ गया है,
कहीं से कहीं हिन्द देश !
लड़ाई के मैदान में चल रहे
लेके हम उसका उड़ता निशान,
खड़ा हो जवानी का झंडा उड़ा
ओ मेरे देश के नौजवान !

यह कविता 1944 में लिखी गई थी। इस विश्वास को और भी दृढ़ता से अपनाये रहना कि हिन्द देश दूसरे की हिंसा या अपनी ही प्रतिहिंसा से नष्ट नहीं होगा, आज और भी आवश्यक है। दिनकर उन कवियों में हैं जिन्हें मनुष्य और उसकी शक्ति में विश्वास है। उनके अतिरंजित चित्रों के बावजूद यह विश्वास उनके राग का प्रधान स्वर है। उनके स्वर की शक्ति का, उदात्त भाव-व्यंजना का यही मूल स्रोत है।

सच्चा आदर्श कौन-सा है? नयी-पीढ़ी किस धर्म, किस नीति को अपना सम्बल बनाये? वर्तमान युग में समृद्धि के यान्त्रिक साधन तो काफ़ी विकसित दिखाई देते हैं; क्या यह बुद्धि का एकांगी विकास नहीं है? मनुष्य की सहृदयता और उसकी शुष्क बुद्धि में क्या कभी सामंजस्य स्थापित किया जा सकता है? कुरुक्षेत्र काव्य की पृष्ठ-भूमि इन्हीं प्रश्नों से बनी है। भीष्म और अर्जुन के द्वारा कवि ने सात सर्गों में इन प्रश्नों का उत्तर देने का प्रयास किया है। भूमिका में लिखा है—

"दर असल, इस पुस्तक में मैं प्राय: सोचता ही रहा हूँ। भीष्म के सामने पहुँच कर कविता जैसे भूल-सी गई हो। फिर भी, कुरुक्षेत्र न तो दर्शन है और न किसी ज्ञानी के प्रौढ़ मस्तिष्क का चमत्कार। यह तो, अंत तक, एक साधारण मनुष्य का शंकाकुल हृदय ही है जो मस्तिष्क के स्तर पर चढ़कर बोल रहा है। तथास्तु।" यह कहना बडा कठिन है कि शंकाकुल हृदय मस्तिष्क पर चढ़ कर बोल रहा है या मस्तिष्क ही शंकाकुल होकर हृदय में खलबली मचाने उतर

आया है। पुस्तक पढ़ने से एक बात स्पष्ट जान पड़ती है कि कवि के विचार उलझ गये हैं और जो समाधान भीष्म पहले प्रस्तुत करते हैं, उनका अंतिम समाधान उससे काफ़ी भिन्न है।

बेबसी और छटपटाहट की भावना, भावों की ऐंठन और मसोस जो अकाल और युद्ध सम्बन्धी कविताओं में प्रकट हुई थी, वह कुरुक्षेत्र के सर्वनाश के बहाने यहाँ बार-बार आँखों के सामने आती है। मनुष्य की हत्या, उसके रक्तपात से कवि का हृदय झकझोर उठता है। इन्हीं के चित्र बार-बार आँखों के सामने आते हैं जिससे मालूम होता है कि कवि के मन में सबसे प्रबल समस्या कौन सी है। द्रौपदी के लिए लिखा है कि युद्ध के उपरान्त क्रोध से दाँत पीस कर,

"आदमी के गर्म लोहू से चुपड़
रक्तवेणी कर चुकी थी केश की,
केश जो तेरह बरस से थे खुले।'

प्रतिहिंसा का यह रूप देखकर पाठक के हृदय में द्रौपदी के लिए सहानुभूति नहीं उत्पन्न होती। पांडवों के शिविर से हर्ष-ध्वनि उठती है लेकिन हवा में लड़खड़ाती हुई फिर वहीं लौट आती है। युधिष्ठिर को इस हर्ष-ध्वनि में भी छिपा हुआ नियति का व्यंग्य सुनाई देता है। उनके कानों तक पुत्रहीन माताओं और विधवा नारियों की पुकार पहुँचती है। जो अपने मारे गये हैं, उनकी याद भी बार-बार सताती है। युधिष्ठिर सोचते हैं कि राज्य छोड़कर बन चले जायें तो शायद यह ग्लानि मिट जाये। दूसरे सर्ग में भीष्म पितामह इसका उत्तर देते हैं। वे कहते हैं कि कोई भी कर्म अपने आप में पुण्य या पाप नहीं होता। जो युद्ध न्याय के लिए किया गया है, उस पर पश्चात्ताप करना अनावश्यक है। धर्म, तप, करुणा, क्षमा आदि के सुन्दर भाव व्यक्ति के लिए हैं, लेकिन जब पूरे समाज का प्रश्न उठता है, तब हमें तप और त्याग को भूलना पड़ता है। योगियों को ये सब शोभा देते हैं। युद्ध से भय खाने वाले बलहीन कापुरुषों के भी वे सहायक होते हैं। आत्मबल के सहारे देह का संग्राम नहीं जीता जा सकता। तीसरे सर्ग में भीष्म यहाँ तक कह देते हैं कि हिंसा के सामने तपस्या सदैव हारी है और इसलिए दानवों से देवता सदैव हारते आये हैं—

"हिंसा का आघात तपस्या ने
कब कहाँ सहा है?
देवों का दल सदा दानवों
से हारता रहा है।"

भीष्म युधिष्ठिर से सीधा प्रश्न करते हैं, "तुम्हें मनःशक्ति प्यारी थी तो

भरत राज्य का लोभ करके वन से क्यों लौटे थे ?" यहाँ मनःशक्ति और दैहिक पौरुष में एक आंतरिक विरोध देखा गया है। आगे चलकर बुद्धि और हृदय का विवाद, मनुष्य के वैज्ञानिक साधन और उसकी निर्धनता—यह द्वन्द्व और भी स्पष्ट रूप से सामने आया है। यह असंगति क्यों उत्पन्न होती है और उसका समाधान क्या है, यह बात अंतिम सर्ग में कुछ स्पष्ट होती है।

भीष्म को ऐसा लगता है कि करुण और क्षमा के भाव व्यवहार जगत् में बिल्कुल निरर्थक हैं। वे इन्हें क्लीव-जाति का कलंक कहते हैं और धर्म-युद्ध को पौरुष की जागृति कहते हैं। यदि इस बात से उनके हृदय को संतोष होता तो समस्या का समाधान बहुत सरल हो जाता। कठिनाई यह है कि युधिष्ठिर के समान वह भी चाहते हैं कि पृथ्वी पर करुणा, प्रेम और अहिंसा फैले—

"जियें मनुज किस भाँति परस्पर
होकर भाई भाई
कैसे रुके प्रदाह क्रोध का,
कैसे रुके लड़ाई ?"

इस पुस्तक में एक विवादी स्वर के समान साम्य और बंधुत्व की भावना छन्दों में बार-बार मुखर हो उठती है। यह भावना देश की जनता के उस बंधुत्व की सूचक है जो इतने जनसंहार के बाद भी निष्क्रिय और निष्प्राण नहीं हो पाया। भीष्म के सामने प्रश्न यह है कि आदर्श तो सुन्दर है परन्तु वह पृथ्वी पर उतर नहीं पाता। शान्ति की लता को पाल-पोस कर बढ़ाने वाले द्रव्य इस घृणा और कलह के संसार में मिलते नहीं हैं।

चौथे सर्ग से भीष्म के चिंतन का क्रम कुछ-कुछ बदलने लगता है। महाभारत के संघर्ष में वे सम्पूर्ण भारतवर्ष का विस्फोट देखते हैं। कलह और बैर की अग्नि वर्षों से सुलग रही थी जो महाभारत के रूप में अचानक जल उठी। भीष्म को यह भी अनुभव होता है कि युद्ध के लिए युधिष्ठिर और वे स्वयं दोनों ही उत्तर-दायी हैं। जिस दिन जुए में हारने के बाद द्रौपदी का वस्त्र खींचा गया था, उस दिन "तुम हारे, मैं भी हारा,"—दोनों की ही पराजय हुई थी। नारी अपनी रक्षा करने के लिए मनुष्य से निराश होकर देवता को पुकारे, यह देश के पतन का लक्षण है। वे अपने को धिक्कारते हैं कि उनकी "नीति" यह सब अत्याचार देखती और सुनती रही। और अपने तर्क से उनको तटस्थ रहने के लिए बाध्य करती रही। उनको ऐसा लगता है कि सारा दोष बुद्धि का है। यदि वे "हृदय" की बात सुनते तो उसी समय दुर्योधन को रोकते और युद्ध छिड़ने की नौबत ही न आने देते। वास्तव में दोष बुद्धि का नहीं है वरन् उस नीति-शास्त्र का है जिसमें राजा के नमक खाने को इतना महत्त्व दिया गया था कि नारी की लज्जा भी उसके आगे

नगण्य हो जाती थी। भीष्म मानते हैं कि उन्होंने न तो कौरवों का हित साधा, न पांडवों का! अपने ही द्वन्द्व को सुलझाने के लिए उन्होंने कौरवों को दैहिक शक्ति दी और पांडवों को हृदय दिया।

आगे चलकर वे नीति और सहृदयता के संघर्ष को स्पष्ट करते हुए कहते हैं—

बुद्धि शासिका थी जीवन की,
अनुचर मात्र हृदय था,
मुझसे कुछ खुलकर कहने में
लगता उसको भय था!

× × ×

कर पाता यदि मुक्त हृदय को
मस्तक के शासन से,
उतर पकड़ता बाँह दलित की
मंत्री के आसन से!
राजद्रोह की ध्वजा उठाकर
कहीं प्रचारा होता,
न्याय-पक्ष लेकर दुर्योधन
को ललकारा होता।

इन पंक्तियों से स्पष्ट है कि हृदय पर मस्तष्क का यह शासन एक ग़लत नीतिशास्त्र के कारण है। मस्तिष्क से ग़लत नीतिशास्त्र का कोई अभिन्न सम्बन्ध नहीं है। यदि सही नीतिशास्त्र को अपनाया जाय तो यह मस्तिष्क बनाम हृदय की समस्या हल हो जाती है। राजद्रोह की ध्वजा उठाने का काम बुद्धिवादी होने पर भी किया जा सकता है।

पाँचवें सर्ग में कवि अपने को संक्रान्ति-काल का प्राणी कहता है और बताता है कि शान्ति खोजते हुए जब वह प्राचीन इतिहास की तरफ़ जाता है, तो वहाँ भी पृथ्वी-आकाश में लपटें फैली हुई देखकर सिहर उठता है। वह इतिहास का अंधभक्त नहीं है। बड़ी मार्मिक व्यथा से वह पूछता है—

"यह स्वस्तिपाठ है या नव अनल प्रदाहन?
यह शान्ति-स्नान है या कि रुधिर-अवगाहन?
सम्राट, भाल पर चढ़ी लाल जो टीका,
चन्दन है या लोहित प्रतिशोध किसी का?"

युधिष्ठिर और भीष्म दोनों के ही मुंह से कवि एक सुखी शांत संसार की

कल्पना को व्यक्त करता है। युधिष्ठिर वरमाला लेकर खड़ी हुई विजयश्री पर दृष्टि नहीं डालते। उसके वस्त्र रक्त से भीगे हुए हैं; आँचल में लपटों की झालर है और काले बादलों में ध्वंस का धुआँ भरा हुआ है। भीष्म के वाक्यों से युधिष्ठिर के हृदय को संतोष नहीं हुआ; इसलिए पाँचवें सर्ग में फिर युद्धोत्तर विभीषिका का मार्मिक वर्णन करते हैं। वीर तो मर चुके हैं, विधवाओं पर शासन करने के लिए युधिष्ठिर और उनके भाई बच रहे हैं। वे मानते हैं कि द्रौपदी का बहाना करके लोभ के लिए ही उन्होंने युद्ध किया था।

छठे सर्ग में विज्ञान द्वारा जुटाये हुए साधन और उनके दुष्प्रयोग पर कवि ने तीव्र प्रकाश डाला है। वास्तव में इस असंगति का उत्तरदायित्व बुद्धि या विज्ञान पर नहीं है। हमारी सामाजिक व्यवस्था में जो वर्गभेद बना हुआ है, उससे विज्ञान के तमाम आविष्कारों द्वारा मनुष्य का कल्याण करने के बदले शासक वर्ग निहित स्वार्थों की रक्षा के लिए जनसाधारण की हत्या करता है। यह संघर्ष बुद्धि और हृदय का नहीं है; वह संघर्ष दो वर्गों का है जिनमें से एक वर्ग मानवीय विकास के महान् साधनों का दुरुपयोग करके पूरे समाज को पराधीनतापाश में बाँधे रहता है। ऐटम की शक्ति से यातायात के साधन, उत्पादन और वितरण की योजनायें अधिक उन्नत हो सकती हैं किन्तु उसकी शक्ति का उपयोग ध्वंस के लिए ही किया गया है। संयुक्त राष्ट्र सभा में अमरीका से बार-बार इस बात की माँग की गई है कि ऐटम-बमों का प्रयोग युद्ध में वर्जित कर दिया जाये। परन्तु जिस समाज में पूँजी थोड़े व्यक्तियों के पास केन्द्रित है, वहाँ इस तरह के तर्क की कोई सुनवाई नहीं होती। जब तक समाज से यह वर्ग-भेद न मिटाया जायेगा, तब तक साम्य और बंधुत्व के सपने सपने ही रहेंगे। दिनकर ने लिखा है—

इस मनुज के हाथ से विज्ञान के भी फूल,
वज्र होकर छूटते शुभ-धर्म अपना भूल।

इससे प्रकट है कि विज्ञान के फूलों का धर्म शुभ ही है; यह दोष मनुष्य का है जो इस धर्म को भुलाकर वह विज्ञान का वज्र के रूप में प्रयोग करता है।

सातवें सर्ग में युधिष्ठिर को ज्ञान हुआ और भीष्म ने उन्हीं के मनोभाव को दुहराकर शंकाओं का समाधान किया। भीष्म कहते हैं कि मनुष्य तो अवश्य मारे गये हैं परन्तु इससे मनुष्यता नहीं मर गई। मनुष्य का उद्धार किसी आध्यात्मिक शक्ति द्वारा नहीं, उसकी मनुष्यता द्वारा ही सम्भव है। वासना और वैराग्य के दो कगारों से टकराती हुई मानवता की धारा बहती आई है। लड़ने-झगड़ने के बावजूद मनुष्य अब तक बढ़ता ही आया है। वे युधिष्ठिर से कुरुक्षेत्र का श्मशान छोड़कर मानव समाज को त्याग और बलिदान का नया पथ दिखाने को कहते हैं। वह घोषित करते हैं कि इस पृथ्वी पर उत्पन्न होने वाले सभी मनुष्य समान हैं

श्रौर जो शक्तियाँ उनके विकास में बाधक होंगी, वे नष्ट हो जायेंगी। धरती के गर्भ में सब को खिलाने, सबका पालन करने श्रौर सबको समृद्ध बनाने के साधन विद्यमान हैं। इन साधनों से यदि समाज का हर व्यक्ति लाभ नहीं उठा पाता, तो इसका कारण सामाजिक विषमता है। वे मनुष्य की शक्ति का गुणगान करते हैं; उसकी—"श्रन्वेषणी बुद्धि" की भी प्रशंसा करते हैं। ईश्वर ने जिन तत्त्वों को पृथ्वी के गर्भ में छिपा दिया था, उन्हें उद्यमी पुरुष ने श्रपने श्रम से खोज निकाला है। मनुष्य के श्रम पर बड़ी सुन्दर पंक्तियाँ लिखी गयी हैं। कवि भाग्यवादियों की भर्त्सना करता है श्रौर बताता है कि नियति की रट लगाने वाले व्यक्ति सामाजिक श्रन्याय का समर्थन करते हैं। समाज की सारी श्रव्यवस्था का श्राधार श्रम-फल की चोरी है। एक श्रादमी पसीना बहाता है; दूसरा उस पसीने का फल चखता है।

"एक मनुज संचित करता है
श्रर्थ पाप के बल से,
श्रौर भोगता उसे दूसरा
भाग्य वाद के छल से
नर समाज का भाग्य एक है
वह श्रम, वह भुजबल है;
जिसके सम्मुख झुकी हुई—
पृथिवी, विनीत नभतल है।"

प्रकृति में जो कुछ धन छिपा हुश्रा है, उस पर हर मनुष्य का श्रधिकार है। सबसे श्रमूल्य धन मनुष्य का श्रम है जिससे सारा समाज समृद्ध हो सकता है। राजा श्रौर प्रजा का भेदभाव स्वयं मनुष्य का रचा हुश्रा है श्रौर इसलिए मनुष्य उसे मिटा भी सकता है। जिस समाज में खड्गधारी पुरुष शासक बनकर शान्ति कायम रक्खें, उस समाज के सदस्य श्रभी विकसित मनुष्यता तक नहीं पहुँचे। भाग्यवाद के समान ही संसार त्यागकर वन में शान्ति खोजना शंकाश्रों का समाधान नहीं हो सकता। संन्यास में शान्ति खोजना मन की कायरता है। कवि के श्रनुसार सच्चा मनुष्यत्व जीवन की समस्यायें सुलझाने में है। संन्यासी वन में जाकर भले ही स्वयं सुखी हो जाय लेकिन "कोटि-कोटि मनुजों को सुखी बनाना" इससे कठिन कार्य है। सामाजिक संघर्ष से पलायन करने वालों के प्रति कवि को ज़रा भी सहानुभूति नहीं है। उसे कोई ऐसा व्योमखण्ड नहीं दिखाई देता जो कर्मरज से भरा न हो। कर्मठ मनुष्य पृथ्वी पर चलता है, कल्पना के श्राकाश पर नहीं। विरक्ति की भावना "निद्रा को जागर्ति" बताती है श्रौर श्रनस्तित्व को सत्ता कहती है। बुद्धि को वह दुख बताती है श्रौर श्रात्मनाश को मुक्ति कहती

है। कवि का तर्क है कि अकर्मण्य जन अमर नहीं बन जाते और न कर्म करने से किसी की आयु कम होती है। अदृश्य और अगोचर को शोध करके विरक्तजन कभी सुधार नहीं सकते। मनुष्य का सुधार कर्म द्वारा ही संभव है। कवि मनुष्य की इन्द्रियों को उसके जीवन का प्रमाण मानता है। वह उन्हें सत्य के लिए घातक नहीं समझता। इस जीवन से बचकर और कोई दूसरा जीवन पाना दुष्कर है। जो लोग सांसारिक कर्म छोड़कर ध्यान के निर्विकार संसार में निवास करना चाहते हैं, वे अपना या दूसरों का कोई कल्याण नहीं कर सकते। सत्य के शोधक के सामने मानव-समाज की दीनता खड़ी हुई है।

"इसे चाहिए अन्न, वसन, जल
इसे चाहिये आशा,
इसे चाहिए सुदृढ़ चरण, भुज
इसे चाहिए भाषा"

भौतिकता की इस कठोर भूमि पर ही सत्य, परमार्थ, ज्ञान और वैराग्य की तमाम समस्याएँ सुलझाई जा सकती हैं। मनुष्यता की इति वल्कल या मुकुट में नहीं है। इन दोनों से इतर जनसाधारण के कल्याण में ही सत्य की प्रतिष्ठा है। कवि की निम्न पंक्तियाँ आज के भारत पर कितनी खरी उतरती हैं—

"क्षत विक्षत है भारत भूमि का
अंग-अंग बाणों से,
'त्राहि, त्राहि' का नाद निकलता
है असंख्य प्राणों से।
कोलाहल है, महात्रास है
विपद आज है भारी,
मृत्यु विवर से निकल चतुर्दिक
तड़प रहे नर-नारी।"

इसीलिए दिनकर का यह स्वर कि 'मनुष्यता अब तक नहीं मरी है,' एक सम्बल के रूप में साम्य और बंधुत्व की ओर बढ़ने वाले प्रत्येक पथिक के साथ बँधा हुआ है।

कुरुक्षेत्र के तमाम चिंतन का फल यही निकलता है कि मनुष्यता ही सत्य है, विद्वेष कलह का प्रसार होते हुए भी ये सब अनित्य हैं। सत्य का स्रोत कर्म की भूमि छोड़कर समाधि की अवस्था में नहीं मिल सकता। मनुष्य का गौरव श्रम करने में है। श्रम से ही समाज का संगठन हुआ है। पृथ्वी में मनुष्य की समृद्धि और उसके विकास के अनंत साधन भरे पड़े हैं। उसकी बुद्धि और विज्ञान

के प्रसार की कोई सीमा नहीं। लेकिन इन सबका फल उसे तभी मिल सकता है जब वह अपने श्रम का उचित संगठन करे; समाज की व्यवस्था से वर्ग-भेद मिटा दे और मनुष्य को मनुष्य के ही उत्पीड़न से मुक्त कर दे।

यह मुक्ति देश की आजादी के बिना सम्भव नहीं है। राष्ट्रीय स्वाधीनता वर्गहीन समाज के निर्माण में एक सीढ़ी है। कुरुक्षेत्र के विचारों में पहले कुछ और बाद को कुछ और की जो उलझन दिखाई देती है, उसका कारण इस सम्बन्ध को न समझ सकना है। इसीलिए दिनकर ने दिल्ली और मौस्को के बीच एक न पटने वाली दरार की कल्पना की है। हमारा स्वाधीनता-संग्राम संसार की तमाम जनता की आज़ादी की लड़ाई का ही एक हिस्सा है, यह बात दिनकर की आँखों के सामने साफ़ नहीं है। इसलिए उनके लेखों और कविताओं में जहाँ-तहाँ फूट के स्वर भी फूट पड़े हैं।

1947

उर्वशी

दिनकर, यशपाल और अमृतलाल नागर की पीढ़ी के लोग अपने-अपने क्षेत्र में साहित्य के उत्कर्ष के लिए जैसा प्रयत्न कर रहे हैं, वह साहित्य के इतिहास की स्मरणीय घटना है। इलाचन्द्र जोशी ने दमित कामेच्छाओं के दायरे से आगे बढ़ कर 'जहाज का पंछी' लिखा। श्री भगवतीचरण वर्मा ने 'टेढ़े-मेढ़े रास्ते' छोड़कर सीधी राह पर 'भूले बिसरे चित्र' का निर्माण किया। यशपालजी ने दादा कामरेड, मनुष्य के रूप की परिपाटी से काफी परे हटकर 'झूठा-सच' लिखा। श्री अमृतलाल नागर ने अपनी पूर्व सुनिश्चित राह पर आगे बढ़ते हुए 'बूंद और समुद्र' की रचना की। जैसे सन् 20 से 40 तक के दो दशक हिन्दी साहित्य में अभूतपूर्व उत्थान के दशक थे, वैसे ही 52 से 62 तक का यह दशक भी साहित्य में नये प्रयत्नों, नये उत्कर्षों का दशक है। कुण्ठावादी अजायबघर के मित्र देखें, किस तरह हिन्दी साहित्य समर्थ डग रखता हुआ आगे बढ़ रहा है और उसका यह प्रशस्त राजमार्ग कोल्हू के बैल के घुटन-चक्र से कितना भिन्न है। कवि दिनकर की कृति 'उर्वशी' को इसी उत्कर्ष-सन्दर्भ में देखना चाहिए।

'उर्वशी' दिनकरजी की सर्वोत्कृष्ट रचना है। यह वास्तव में उनका शिखर

ग्रंथ है। इसकी रचना के पीछे उनका भगीरथ प्रयास है, यह असन्दिग्ध सत्य है। यह प्रयास अक्षम कवि का असफल महत्त्वाकांक्षी प्रयास नहीं है। यह एक ऐसे कवि का प्रयास है जो कुरुक्षेत्र में पर्याप्त सफलता पा चुका था लेकिन जो उस तरह की सफलता से संतुष्ट न होकर नये चिन्तन और नई अनुभूतियों की ओर बढ़ा है, उसने नई समस्याओं से उलझने और उन्हें सुलझाने का प्रयत्न करने का साहस दिखाया है। सामयिक कविता की उपलब्धियाँ, उसके आयाम और उसकी विधाएँ, इस मेरु के आसपास उगे हुए झाड़-झंखाड़ जैसी लगती हैं। कल्पना और यथार्थ, दर्शन और शृंगार के अद्भुत सम्मिश्रण के कारण यह ग्रंथ प्रत्येक मनीषी कवि और काव्य-प्रेमी के चिन्तन, अध्ययन और रसास्वादन का केन्द्र बनेगा।

अधिकांश महत्त्वपूर्ण कलाकृतियों के समान 'उर्वशी' निर्दोष नहीं है, सम्भवतः उसमें कामायनी, राम की शक्ति-पूजा और पल्लव से दोष अधिक हैं। दिनकरजी ने बहुत-सी ऐसी बातें कही हैं जो पूर्ववर्ती साहित्य में विद्यमान हैं, किन्तु कुछ बातें ऐसी भी कही हैं जो शायद पूर्ववर्ती साहित्य में नहीं हैं, या उन्हें कहने वालों से मैं परिचित नहीं हूँ। इन्हें कहने के लिए, और अन्य बहुत-सी बातों को नये ढंग से दोहराने के लिए भी, दिनकरजी अभिनन्दनीय हैं। उर्वशी शृंगार रस की परंपरागत आलम्बन है, फिर भी दिनकर की रचना में एक उदात्त भंगिमा है जो निराला-काव्य के बाहर ज़रा कम देखने को मिलती है। मेरी दृष्टि में यह उनकी बहुत बड़ी सफलता है।

उर्वशी कहती है :

मैं मनोदेश की वायु
व्यग्र, व्याकुल, चंचल;
अवचेत प्राण की प्रभा,
चेतना के जल में
मैं रूप-रंग-रस-गंध-
पूर्ण साकार कमल।
विस्तीर्ण सिन्धु के
बीच शून्य, एकान्त द्वीप,
यह मेरा उर।
देवालय में देवता नहीं,
केवल मैं हूँ।
मेरी प्रतिमा को घेर
उठ रही अगुरु-गन्ध,

बज रहा अर्चना में मेरी
मेरा नूपुर।

यह मेघमन्द्र स्वर हिन्दी कविता में बहुत दिनों के बाद सुनने को मिला है। इस स्वर में क्या कहा गया है, यह आगे सोचेंगे। ध्यान देने की बात यह है कि स्वर उदात्त है और यह स्वर दिनकर का अपना स्वर है जो पहले से अधिक गम्भीर हो गया है। स्वर का स्थान सही है, वह कुठोर से नहीं निकला। इस मन्द्रघोष के साथ दिनकर ने तरल स्वर भी साधा है :

तारों की झिलमिल छाया में
फूलों की नाव बहाती हूँ,
मैं नैश प्रभा सबके भीतर
निशि की कल्पना जगाती हूँ।

यह तरलता प्रसाद के स्वरों से मेल खाती हुई भी उनसे भिन्न दिनकर की अपनी तरलता है।

उर्वशी पुरुरवा पर मुग्ध हुई। स्वर्ग और धरती की होड़ में धरती जीत गई, डूब गई सुरपुर की शोभा मिट्टी के सपनों में। स्वर्ग भी एक सपना है, लेकिन कौन कह सकता है कि मिट्टी के सपने उससे कम मूल्यवान हैं? प्रेम की आत्म-विभोर गहनता निपुणिका के इन शब्दों में प्रकट हुई है :

सुगंभीर सुख की समाधि
यह भी कितनी निस्तल है ?
डूबें प्राण जहाँ तक
रस ही रस है,
जल ही जल है।

पुरुरवा स्वयं अपनी विह्वलता को, शब्द-शक्ति को व्यर्थ मानते हुए भी बड़े कौशल से शब्दों द्वारा प्रकट करता है :

अर्थ नहीं सूझता मुझे
अपना ही विकल गिरा का।
शब्दों से बनती हैं जो
मूर्तियाँ, तुम्हारे दृग से
उठने वाले क्षीर ज्वार में
गल कर खो जाती हैं।

इस काव्य-ग्रंथ में चरम भावोत्कर्ष तृतीय अंक में मिलता है। पुरुरवा और उर्वशी प्रेम के आस्वाद के साथ-साथ अपनी अनुभव-जन्य अनेक समस्याओं पर विचार भी करते हैं। यह चिन्तन-प्रक्रिया उनके काम-सुख-भोग के वर्णन को संस्कृत-ब्रजभाषा कवियों के शृंगार-वर्णन से विलग करती है और उसे रीति-कालीन नायिकाभेदी परम्परा से ऊपर उठाती है। उर्वशी पुरुरवा से तर्क करती हुई उससे प्रश्न करती है :

यह विद्युन्मय स्पर्श तिमिर है
पाकर जिसे
त्वचा की नींद टूट जाती,
रोमों में दीपक बल उठते हैं ?
वह आलिंगन अंधकार है,
जिसमें बँध जाने पर
हम प्रकाश के महासिन्धु में
उतराने लगते हैं ?

पुरुरवा स्वयं अपने प्रश्नों को बहुत स्पष्ट शब्दों में प्रस्तुत करता है। उसकी इच्छा यह है :

रक्त की उत्तप्त लहरों की
परिधि के पार
कोई सत्य हो तो,
चाहता हूँ
भेद उसका जान लूँ।
पन्थ हो सौन्दर्य की
आराधना का व्योम में यदि
शून्य की उस रेख को
पहचान लूँ।

मनुष्य की चिरन्तन ज्ञान-पिपासा उसे आगे ठेलती है, वह कभी शान्त नहीं होती, इसीलिए ज्ञान एक अजस्र धारा है जिससे मनुष्य अपनी तृषा शान्त करता है और साथ ही उसमें अपने संचित ज्ञान के कण भी मिला देता है। पुरुरवा की समस्या यह है :

गीत आता है मही से—
या कि मेरे ही रुधिर का राग
यह उठता गगन में ?

पुरुरवा का प्रश्न औरों से किया है लेकिन पुरुरवा की तरह उन्हें इस बात का पता न था कि :

महाशून्य का उत्स
हमारे मन का भी उद्गम है,
बहती है चेतना
काल के आदि मूल को छूकर।

चेतना एक प्रवाह है। मनुष्य की व्यक्तिगत चेतना इस प्रवाह की लहर मात्र है; वह सम्पूर्ण प्रवाह नहीं है। इसीलिए पुरुरवा ज्ञान की असीम तृषा लेकर भी उसे शान्त नहीं कर पाता क्योंकि वह किसी एक के जीवन में शान्त हो नहीं सकती।

और सापेक्ष चेतना की सीमाओं में मनुष्य को जो सुख-संतोष मिलता है, वह स्वर्ग की कल्पना से कम मधुर नहीं। नर-नारी का सम्बन्ध और नये जीव की उत्पत्ति, इस चिरन्तन सापेक्ष व्यापार (अथवा व्यक्त और अव्यक्त के सम्बन्ध) को दिनकरजी ने मार्मिक ढंग से प्रकट किया है :

नारी ही वह महासेतु,
जिस पर अदृश्य से चलकर
नये मनुज, नव प्राण
दृश्य-जग में आते रहते हैं।
नारी ही वह कोष्ठ देव दानव
मनुष्य से छिप कर
महाशून्य, चुपचाप
जहाँ आकार ग्रहण करना है।

इस काव्य ग्रंथ में कवि अपनी ओर से कुछ नहीं कहता। जो कुछ कहता है, दूसरों के मुंह से। उर्वशी का प्रेम तभी सफल होता है जब वह मानवी के समान पुत्रवती होती है। जब उसका मानवी के समान धरती पर रहना असम्भव हो जाता है, तब उसके प्रेम का भी अन्त हो जाता है। किन्तु सापेक्ष चेतना के क्षेत्र में पुरुरवा और उर्वशी की संयुक्त सृष्टि —उनका पुत्र —कर्ममय जीवन में बँधे रहकर उस अजस्र चेतना-प्रवाह को आगे बढ़ने का बल देता है। यही जीवन की मनुष्य की, सापेक्ष चेतना और कर्म की, ज्ञान और कर्म के चिरन्तन समन्वय की विजय है। काव्य से उर्वशी की इस कृति —उसके पुत्र —को निकाल दें तो उसका सारा विलास-व्यापार निरुद्देश्य कवि-कल्पना मात्र लगे। प्रारब्ध पुरुरवा को उपदेश देता है, उसे स्वर्ग से पुनः उर्वशी को लाने से बरजता है, वह इसी भविष्य

की ओर संकेत करता है। प्रारब्ध का यह स्वर न तो नियति के सहारे निष्क्रिय जीवन बिताने का संकेत करता है, न वह कर्म-विमुख होकर आध्यात्मिक साधना का निर्देश करता है। वह आस्था का स्वर है. और उसकी सामयिक सार्थकता में किसी भी जागरूक पाठक को सन्देह नहीं हो सकता।

चिन्तन कर यह जान कि तेरे
क्षण-क्षण की चिन्ता से,
दूर-दूर तक के भविष्य का
मनुज जन्म लेता है।
उठा चरण यह सोच कि
तेरे पद के निक्षेपों की
आगामी युग के कानों में
ध्वनियाँ पहुंच रही हैं।

यही वह अजस्र जीवन-प्रवाह है जिससे मनुष्य बँधा हुआ है। यहीं परोक्ष और प्रत्यक्ष के छोर आकर मिलते हैं। इस मानव-जीवन की सापेक्ष प्रवहमानता के परे ज्ञान का कोई अमानवीय निरपेक्ष स्रोत नहीं है। 'उर्वशी' काव्य का यही मर्म-संकेत है।

जीवन की स्वीकृति और मानव-जीवन में आस्था के कारण, आनन्द की आकांक्षा के साथ अतृप्ति के उद्वेग को व्यक्त करने के कारण—निरपेक्ष ज्ञान की तृषा के साथ सापेक्ष ज्ञान की उदात्त अभिव्यंजना के कारण—'उर्वशी' आधुनिक हिन्दी काव्य का कीर्ति-स्तम्भ है। इसमें भी सन्देह नहीं कि दिनकर ने इस काव्य के माध्यम से पाठक को हिन्दी भाषा की नवीन अभिव्यंजना-क्षमता से परिचित कराया है। सबसे बड़ी बात यह है कि उन्होंने अपनी साधना में कुछ उठा नहीं रखा और वह जो सुन्दरतम कृति हिन्दी को दे सकते थे, वह उन्होंने दी है। वह अपने प्रयत्न की गरिमा-मात्र के विचार से प्रशंसनीय हैं।

यह देश दार्शनिक चिन्तन के लिए विख्यात रहा है। हिन्दी के प्रमुख कवि अपनी रचनाओं में विभिन्न रसों की सृष्टि के साथ दार्शनिक समस्याओं का भी न्यूनाधिक सरस विवेचन करते रहे हैं। इसलिए दिनकरजी ने उर्वशी में दार्शनिक समस्याओं की चर्चा की तो यह स्वाभाविक ही था। पुरुरवा और उर्वशी की कथा से उन्हें इसीलिए दिलचस्पी नहीं है कि कथा रोचक है; उनके लिए पुरुरवा और उर्वशी कहीं मानवीय भावनाओं के प्रतीक भी हैं।

भूमिका में उन्होंने लिखा है कि पुरुरवा सनातन नर का प्रतीक है और उर्वशी सनातन नारी का। इस प्रतीकवाद में कुछ उलझनें हैं। उर्वशी किस तरह की नारी है ? भूमिका में उसके बारे में आगे लिखा है कि वह देवलोक से उतरी हुई

नारी है। भूमिका से भिन्न काव्य में वह सनातन नारी मात्र का प्रतीक न होकर कल्पनालोक की वारांगना के रूप में अधिक दिखाई देती है। उसी के वर्ग की अप्सरा रंभा कहती है—

प्रेम हमारा स्वाद,
मानवी की आकुल पीड़ा है।

पुरुरवा की पत्नी औशीनरी उर्वशी को गणिका कहती है, 'जाने इस गणिका का मैंने कब क्या अहित किया था।'

चित्रलेखा कहती है, 'हम कुछ नहीं, रंजिकाएं हैं मात्र अमुक्त मदन की।'

स्वयं उर्वशी कहती है, 'नारी की मैं कल्पना चरम नर के मन में बसनेवाली।'

वह नारी से अधिक नारी की कल्पना है, इसीलिए वह भूत, भविष्यत् और वर्तमान की बाधाओं से अपने को मुक्त मानती है। इसी कारण वह बच्चे को जन्म देने के बाद उसे पालती नहीं है, वरन् दूसरे पर छोड़कर पुनः पति अथवा प्रेमी के साथ विहार करती है और जैसे ही पुत्र और पिता का मिलन हुआ, वैसे ही शाप के प्रभाव से वह दोनों को छोड़कर स्वर्ग चली जाती है।

इस तरह उर्वशी सनातन नारी का प्रतीक न होकर अनन्त यौवन और सौंदर्य की कल्पना का प्रतीक है। इसी कारण काव्य ग्रंथ में कल्पना और यथार्थ का संघर्ष स्पष्ट दिखाई देता है। चित्रलेखा द्वारा कवि ने गृहस्थ धर्म का महात्म्य घोषित किया है, फिर भी इस पुस्तक में गृहस्थ वधू वारांगना से पराजित होती है। सुकन्या का विचार है कि जब तक हरा-भरा उपवन है, तब तक किसी एक से जीवन का तार बाँध लेना चाहिए। यौवन पुरुष को बाँध रखने का साधन मात्र जान पड़ता है। वह साधन भी सदा काम नहीं देता। पतिव्रता औशीनरी को क्षोभ है कि वह गणिका उर्वशी के समान अपनी काम-लीला द्वारा राजा को रिझाकर अपने साथ न रख सकी :

रही समेटे अलंकार क्यों
लज्जामयी वधू-सी ?
बिखर पड़ी क्यों नहीं कुट्टमित,
चकित, ललित, लीला में ?

दुर्भाग्य से यह चकित ललित लीला हर शहर की सड़क पर दिन दूनी, रात चौगुनी बढ़ती जाती है किन्तु इससे गृहस्थ जीवन स्वस्थ और सुदृढ़ होने के बदले और भी खोखला होता जाता है।

पुरुरवा का श्रम से कोई सम्बन्ध नहीं है। राजा ही है। उर्वशी को विलास-व्यापार के अलावा और कोई काम नहीं। खाना कैसे पचता होगा या राम जाने

हवा खाकर ही जीती थी। श्रम के महत्त्व को अस्वीकार करके कोई भी काव्य महाकाव्य नहीं हो सकता।

इस पुस्तक में इस बात पर सही जोर दिया गया है कि प्रकृति से सम्बन्ध तोड़कर ईश्वर-प्राप्ति नहीं होती। उर्वशी ठीक कहती है कि मनुष्य स्वयं प्रकृति है; इसलिए अपने से भागकर वह कहां जाएगा? लेकिन वह जीवन को निरुद्देश्य मानती है। उसका कहना है कि परिवर्तन की प्रक्रिया प्रकृति की सहज प्राणधारा है: मुक्त वही हैं जो सहज भाव से कहते हैं—किसी ध्येय के लिए नहीं, केवल बहते रहने को।

उसे ज्ञान-प्राप्ति में विश्वास नहीं है क्योंकि हार मानकर प्रज्ञा अपना सिर थामकर बैठ जाती है।

इसलिए काम-धर्म पालन के सिवा उसे कोई अन्य धर्म नहीं दिखाई देता। कठिनाई यह है कि उर्वशी तो अनन्त यौवन है। किन्तु पुरुरवा के साथ बुढ़ापे का कर्ज भी लगा है। उस सहज काम-धर्म का पालन मनुष्य कब तक करे? उर्वशी बहुत कुछ ठीक कहती है, 'तन का काम अमृत, लेकिन यह मन का काम गरल है।'

इस पुस्तक में अमृत के साथ थोड़ा-बहुत गरल भी है। भूमिका में कवि का कथन है, 'किन्तु, उस प्रेरणा पर तो मैंने कुछ कहा ही नहीं जिसने आठ वर्ष तक ग्रसित रखकर यह काव्य मुझसे लिखवा लिया।' भगवान हर पाठक को इस प्रकार ग्रसित होने से बचाए।

पुरुरवा की दार्शनिक युक्ति यह है कि मनुष्य देह से प्रेम करके अदेह सौंदर्य तक पहुंच जाता है। प्लेटो और उसके अनुयायियों ने इस प्रेमदर्शन का काफी प्रचार किया था और उसकी प्रतिध्वनियां इस काव्य में भी हैं:

और चूमते हम अचेत हो
जब असंज्ञ अधरों को,
वह चुम्बन अदृश्य के चरणों
पर भी चढ़ जाता है।

अदृश्य पर इस तरह असंख्य चुम्बन चढ़ाने पर भी पुरुरवा को यह संतोष नहीं होता कि उसे ज्ञान प्राप्त हुआ है।

फिर वही उद्विग्न चिन्तन,
फिर वही पृच्छा चिरन्तन—

काफी समय बाद वही आर्त पुकार—

हाय, तृषा फिर वही
तरंगों में गाहन करने की !
वही लोभ चेतना-सिन्धु के
आर-पार जाने का ।

बहुत प्रयत्न करने पर वह ईश्वर या प्रकृति के प्रति आत्मार्पण या शरणगति की बात ही कह सकता है।

आज के युग में प्लैटो की देह से अदेह तक पहुँचने की प्रक्रिया काम नहीं देती। पहले भी काम न देती थी, आज वह एकदम विफल हो गई है। मनुष्य न तो यह कहकर शान्त बैठ जाता है कि सत्य अज्ञेय है, न यह प्रकृति या ईश्वर को आत्मार्पण करके सन्तुष्ट होता है। वह अपने श्रम से, व्यवहार द्वारा प्रकृति के ज्ञान से, अपने कर्म से प्रकृति को अपने अनुकूल बनाकर, अपने अनुभवों की समीक्षा से सही निष्कर्ष निकालता हुआ, स्वयं अपने को विकसित करता हुआ आगे बढ़ रहा है। ज्ञान की यही एक पद्धति है जिससे मनुष्य को सन्तोष हो सकता है।

उर्वशी और पुरुरवा की उक्तियों में या तो अतृप्ति और निराशा है या भुलावा और प्रवंचना। उनके काम-दर्शन पर औशीनरी की टिप्पणी लाजवाब है :

हाँ, अनोखी साधना है,
अप्सरा के संग रमना
ईश की आराधना है !

सामन्त को उत्तराधिकारी के लिए वधू चाहिए। बिलास के लिए वर-वधू चाहिए। उसके असंयत भोग की रक्षा के लिए योगियों का तप चाहिए। पुरुरवा पहले भोगी फिर संन्यासी; साधारण मनुष्य का यह मार्ग नहीं है। च्यवन के जीवन में दोनों का समन्वय है किन्तु यह काव्य पुरुरवा की गाथा है, च्यवन की नहीं।

कभी-कभी रहस्य की खोज करते हुए आधुनिक कवि मानव-बुद्धि का ही विरोध करने लग जाते हैं। अंग्रेजी में डी० एच० लारेंस ने बुद्धिवाद का विरोध करके रक्त की आवाज सुनने पर जोर दिया था। उर्वशी लारेंस के स्वरों में कहती है—

'पढ़ो रक्त की भाषा को, विश्वास करो इस लिपि का; यह भाषा, यह लिपि मानस को कभी न भरमाएगी, छली बुद्धि की भाँति।'

बुद्धि जहाँ अनियंत्रित सुख-भोग में बाधक होती है, वहाँ उसकी आलोचना की गई है। किन्तु यही बुद्धि नारी को कितने सुन्दर ढंग से आत्मसमर्पण का पाठ

पढ़ाती है। सुकन्या कहती है कि नारी की सहज-भूमि धूप नहीं छाया है। नारी त्रिया नहीं वरन् क्षमा और करुणा है और—

हम तो जाती हैं कृतार्थ
अपने अधिकार गँवाकर।

नारी काफ़ी कृतार्थ हो चुकी; अब वह अपने अधिकारों के लिए लड़ती है और क्षमा-करुणा का सेहरा पुरुष के सिर बाँधना भी जरूरी समझती है।

इस प्रकार काव्य में जिन दार्शनिक और सामाजिक समस्याओं की चर्चा है उसमें काफी उलझाव है। कवि ने उन्हें सुलझाने का दावा भी नहीं किया, लेकिन उन्हें सुलझाना तो होगा ही।

यद्यपि शृंगार वर्णन प्राचीन परिपाटी से काफी भिन्न है, फिर भी पुरानी कल्पनाओं और पुराने ढंग की अलंकार योजना कई जगह खटकती है। रति की मूर्ति, रमा की प्रतिमा कहने से कोई स्पष्ट चित्र सामने नहीं आता। पुरुरवा के अत्युक्तिपूर्ण कथन, 'सामने टिकते नहीं वनराज पर्वत डोलते हैं' इत्यादि दरबारी कवियों की रचनाओं में ही शोभा देते हैं।

दिनकरजी की छन्द-योजना समर्थ है; भिन्न गतिलय द्वारा वह विभिन्न भाव-भंगिमाएँ व्यक्त करने में दक्ष हैं। किन्तु उनकी शब्द-योजना में बहुत जगह शिथिलता दिखाई देती है। 'भीतर से हरी-हरी' और 'जल से भरी-भरी' भद्दा प्रयोग लगता है। इसी तरह 'निद्रा भरी-भरी' कोई मुहावरा नहीं है। चुम्बन धरने वाला, कोर मात्र ही केवल (मात्र केवल, ही, एक ही अर्थ के वाचक हैं) भूतरोत्तर (भूत + उत्तर या भूतर + उत्तर ?) आदि चिन्त्य प्रयोग हैं। कहीं-कहीं काव्य की पंक्तियाँ नीरस गद्य जैसी हो जाती हैं, जैसे उर्वशी का बार-बार पानी माँगना —'अपाले मुझे घूँट भर जल दे।' और 'अपाले ! तनिक और पानी दे।' ऐसी ही पुरुरवा की गद्यमय उक्ति है, 'ठीक-ठीक यह नहीं बता सकता हूँ।'

इस तरह के दोषों से शायद ही पिछले दस वर्षों का कोई काव्य मुक्त हो। इसीलिए उनकी ओर ध्यान दिलाना आवश्यक है। किन्तु भाषा अथवा दार्शनिक चिन्तन के सदोष होने पर भी यह मानना होगा कि उर्वशी एक महान कलाकृति है और उसके अनेक स्थल ऐसे हैं जिनमें पाठक का मन रमेगा और वह उन्हें विह्वल होकर बार-बार पढ़ेगा। 'निश्चित रूप से दिनकरजी की यह कृति आधुनिक काव्य की श्रेष्ठ उपलब्धि के रूप में स्मरणीय रहेगी।'

1962

बच्चन के काव्य प्रयोग

1. सतरंगिनी

'निशा-निमंत्रण', 'एकांत संगीत', 'आकुल अंतर', आदि के बाद 'सतरंगिनी' के नाम ही में ताज़गी है। देखनेवाले की तबीयत तो एक ही रंग से फड़क उठती है, फिर जहाँ सातों रंगों की झाँकी हो, वहाँ कहना ही क्या ? इसमें संदेह नहीं, कि पहले के निराशा और वेदना-प्रधान गीतों की तुलना में यहाँ उत्साह, गति और प्रणय की उमंग है। व्यथा से घुल-घुलकर मरने के बदले निर्माण की आकांक्षा है; रास्ते के नुकीले काँटों की याद के साथ आगे बढ़ चलने की उत्कंठा है।

सतरंगिनी के सातों रंग अलग-अलग हैं; उसके गीतों का राग एक नहीं है। सात रंगों के रूपक को पूर्णोपमा में बदलना ज़रूरी नहीं है। जाहिर सी बात यह है कि इन गीतों में हम कवि को अँधेरे में अपनी राह टटोलते देख सकते हैं; उजाला दिखाई पड़ने के पहले उसे अँधेरे में, और उजाले के एक भुलावे में, इधर-उधर मारे-मारे फिरना पड़ता है और इन गीतों में उसी श्रम की चर्चा है।

यद्यपि कवि ने सतरंगिनी को छह खंडों में बाँट दिया है, फिर भी यह आवश्यक नहीं कि उसकी खोज इसी क्रम से हुई हो। यह भी कह देना जरूरी है कि यह खोज एक सीमित संसार में,—करीब-करीब अपने पारिवारिक संसार में—होती है।

इन गीतों में जो स्वर बार-बार लगता है, वह यह कि—

"जो बीत गयी सो बात गयी।"

आसमान तारों के टूटने पर नहीं रोता; प्यालों के टूटने पर मदिरालय भी नहीं पछताता; फिर कवि ही बीती बातों पर क्यों आँसू बहाये ? यह बात उसने यों भी कही है—

'एक निर्मल स्रोत से
तृष्णा बुझाना कब मना है ?'

लेकिन ऐसे प्रश्नों से ही उस दबी हुई टीस का पता चलता है जो 'निर्मल स्रोत' मिलने पर भी नहीं मिटती। 'सतरंगिनी' की चमक-दमक, आशा-उल्लास के नीचे से वेदना की यह गहरी छाया बार-बार ऊपर उभर आती है। शायद इन गीतों के आकर्षण का यह भी एक कारण है। एक दूसरे गीत में कवि ने बड़ी व्यथा से लिखा है—ऐसी व्यथा जिसमें संदेह करना असम्भव है, जिससे सहानुभूति न करना असम्भव है,—

'चिर विधुर मेरे हृदय में
जब मिलन मनुहार उठती,
तब चपल जिसके पगों की
पायलें झनकार उठतीं
तुम नहीं हो
हाय कोई दूसरा है।'

इस पृष्ठभूमि में कवि जीवन की नई राह ढूंढ़ता है, राह पर चलने के लिए नई प्रेरणा और नया उत्साह ढूंढ़ता है।

ऐसी स्थिति में यदि चलना केवल भाग्य का विधान मालूम पड़े, यदि संसार की वास्तविकता एक विषैली मोहक नागिन की तरह आँगन में नाचती दिखाई दे, यदि निर्माण के क्षणों में नाश की विभीषिका कवि-हृदय को सहसा आक्रान्त कर दे, तो इससे किसी को आश्चर्य न होना चाहिए।

'पग तेरे पास चले आये
जब वे तेरे भय से भागे'

यह तो प्रगति न हुई। नियति ने ही गतिशीलता का रूप ले लिया है। 'सतरंगिनी' की अधिकांश कविताओं में सिर्फ राह पर चलने की बातें हैं लेकिन वह राह कहाँ ले जायेगी, इसकी ओर संकेत नहीं है। कवि की संवेदना का क्षेत्र इतना सीमित है कि अपने सचेत प्रयत्न से विश्व की विकलता दूर करने में उसकी आस्था नहीं है। इसलिए वह अपनी राह का अकेला राही है; वह एक सामूहिक प्रयास का गायक नहीं है। उमंग के अन्यतम क्षणों में भी वह दृढ़ता और विश्वास से अपने लक्ष्य की ओर नहीं बढ़ता, वरन् उसे यह उमंग, यह गति भी भाग्य-विधान-सी लगती है।

'उठ गया लो, पाँव मेरा,
छुट गया लो, ठाँव मेरा।

× ×

कौन भाग्यविधान रोके !
कौन यह तूफ़ान रोके !'

लक्ष्य भले ही न दिखाई दे, कवि साधना के मूल्य से इनकार नहीं करता। कोयल ने तपस्या की है, तभी उसका स्वर इतना मीठा है और उसका शरीर काला पड़ गया है। यह एक अनूठी कल्पना है; वैसे ही भावपूर्ण भी। कोयल अपनी तपस्या के बल पर उजड़े हुए उपवन में फिर बहार लाती है। इसके साथ कवि में निर्माण की एक प्रबल स्वस्थ आकांक्षा है, यह भी मानना पड़ेगा। 'निर्माण' नाम का गीत इस संग्रह की सबल रचनाओं में से है और वह सबल इसीलिए है कि कवि ने अपने विषाद को किसी छलना से भुला नहीं दिया वरन् खुले तौर पर उसकी स्याही पर निर्माण के रंगीन चित्र बनाये हैं।

'नाश के दुख से कभी
दबता नहीं निर्माण का सुख !'

इन दो पंक्तियों में बच्चन ने अत्यन्त प्रौढ़ स्वरों में अपने आशावाद की बात कह दी है।

यह भी सही है कि निर्माण का सुख बहुधा अभिसार के सुख में बदल जाता है और कवि कह उठता है—

'कल उठाऊँगा भुजा
अन्याय के प्रतिकूल,
आज तो कह दो कि मेरा
बन्द शयनागार।
सुमुखि ये अभिसार के पल,
चल करें अभिसार !'

मानी बात है कि इस 'कल' के आश्वासन से बहुत कम पाठकों को सन्तोष होगा। उन पाठकों के लिए यहाँ चेतावनी भी है जो 'सतरंगिनी' के रूपकों में तल्लीन होकर बहुत दूर की कौड़ी लायेंगे।

सब गीतों को पढ़ने के बाद स्पष्ट हो जाता है कि कवि की संवेदना उसके प्रणय-संसार में इधर-उधर मँडराती है; उसमें सामाजिक अथवा सामूहिक

संवेदना का अभाव है। परन्तु सच्चे निर्माण की आकांक्षा देर तक परिवार के दायरे में सीमित नहीं रह सकती। आगे चलकर वह सामाजिक प्रगति से नाता जोड़ेगी और क्रमशः अधिक स्वस्थ और अधिक सबल बनेगी। ऐसा न हुआ तो निर्माण का यह स्वर क्षीण होकर फिर विनाश और पीड़ा का क्रन्दन बन जायगा।

'सतरंगिनी' के अन्त में कुछ पंक्तियाँ ऐसी आयी हैं जिनमें एक नयी सामाजिक चेतना के दर्शन होते हैं। कवि अपने भाग्यवाद को चुनौती देता है और मानव के सचेत प्रयास की सफलता में विश्वास प्रकट करता है। वह 'काल' के लिए कहता है—

'अब नहीं तुम प्रलय के जड़ दास,
अब तुम्हारा नाम है इतिहास।'

और

'नाश के अब हो न गर्त महान्,
प्रगतिमय संसार के सोपान।'

इस इतिहास-निर्माण की प्रेरणा कवि को परिवार ही में मिलती है। घर का प्रेम 'जगजीवन से मेल कराता' है। इस दुनिया में उसका लाल बढ़ेगा, पढ़ेगा, खेले कूदेगा, इसलिए—

'जैसी हमने पायी दुनिया
आओ, उससे बेहतर छोड़ें।'

पाठक की मंगल कामनाएँ कवि के साथ होंगी; अभिसार के बाद का 'कल' इतनी जल्दी आये तो इस पर किसी को ऐतराज भी क्यों होगा? और यदि कवि कहे—

'पंथ क्या, पथ की थकन क्या
स्वेद कण क्या,
दो नयन मेरी प्रतीक्षा में खड़े हैं।'

तो इस प्रेम के लिए कवि को कौन बधाई न देगा जब प्रगति से उसका ऐसा अटूट सम्बन्ध है?

'सतरंगिनी' में बच्चन ने छंदों के नये बंद रचे हैं, काव्यरूपों में नये प्रयोग किये हैं। यद्यपि चित्रों में पुरानापन है और कहीं-कहीं पुरानी नीतिसम्बन्धी

कविताओं की झलक आ गयी है, बहुत से गीतों में गठन की कमी का अनुभव होता है, फिर भी 'कोयल', 'निर्माण', 'विश्वास' आदि अनेक गीत हैं जो बच्चन की रचनाओं में सर्वश्रेष्ठ हैं और हिंदी गीतिकाव्य में जिनका स्थान असंदिग्ध है।

1945

2. बुद्ध और नाचघर

गाने के बदले बच्चन ने **बुद्ध और नाचघर तथा अन्य कविताएँ** नाम के संग्रह में अपने पाठकों से बातचीत की है। उससे उनकी कविताओं का सुरीलापन कम नहीं हुआ वरन् उनमें नया ओज उत्पन्न हुआ है। उनकी जबान में सादगी है और उस सादगी में अलंकारों की चमक-दमक छिप गयी है। उनके हृदय में देशभक्ति और आत्मविश्वास के नये स्पंदन इन पंक्तियों में स्पष्टता से सुने जा सकते हैं—

ओ जो तुम ताजे,
ओ जो तुम जवान !
ओ जो तुम अंधकार में किरणों के उभार,
ओ जो तुम बूढ़ी नसों में नए खून की रफ्तार,
ओ जो तुम जग में अमरता के सबूत फिर एक बार
ओ जो तुम सौ विध्वंसों पर एक व्यंग की मुस्कान
तुम्हारे ही लिए तो उठता है मेरा कलम,
खुलती है मेरी जबान।
ओ जो तुम ताजे,
ओ जो तुम जवान।

कुछ कविताओं में जैसे "हिन्दू और मुसलमान" में कवित्व कम, प्रवचन अधिक है। सबसे प्रभावशाली कविताएँ वे हैं जिनमें व्यंग्य है या व्यक्तिगत अनुभवों का उल्लेख है। "डैफोडिल" कविता में फूलों को देखकर यह लिखना बहुत स्वाभाविक है—

"इनका देखके उल्लास,
तुलना को आता है याद,
मुझे अजित और अमित का हास।"

इंगलैंड से सम्बन्धित कविता "तुम्हारी नजरों वे, उनकी नज़रों में तुम।" में अपने भारतीय होने की तीव्र अनुभूति है। शेरवानी और पाजामा पहनने पर लोग उन्हें प्रिंस समझते हैं जिस पर बच्चन ने लिखा है—

"मैं करता हूँ गाढ़ी कमाई,
मैं हूँ कलम का मज़दूर,
'प्रिंस' है मेरे लिए एक गाली।
प्रिंसों का लद चुका था जमाना,
पटेल ने इनकी इज्जत बचा ली।"

इस व्यंग्य का आधार कवि की निरन्तर निखरती हुई सामाजिक चेतना है। यह चेतना प्रिंस समझे जाने पर ही नहीं फुफकार उठती, वह वर्तमान समाज की विषमता देखकर, उसकी कृत्रिम सभ्यता और खोखलेपन का रहस्य समझकर उस पर मार्मिक प्रहार करती है। जिस अंतिम कविता के शीर्षक के अनरूप पुस्तक का नामकरण हुआ है, उसमें यह व्यंग्यपूर्ण अंश उदाहरण के रूप में दर्शनीय है—

"बुद्ध भगवान,
अमीरों के ड्राइंगरूम,
रईसों के मकान
तुम्हारे चित्र, तुम्हारी मूर्ति से शोभायमान।
पर वे हैं, तुम्हारे दर्शन से अनभिज्ञ,
तुम्हारे विचारों से अनजान,
सपने में भी उन्हें इसका नहीं आता ध्यान।
शेर की खाल हिरन की सींग,
कला-कारीगरी के नमूने के साथ,
तुम भी हो आसीन,
लोगों की सौन्दर्य-प्रियता को देते हुए तसकीन,
इसीलिए तुमने एक की थी आसमान-जमीन ?"

बोलचाल के शब्दों का प्रयोग कविता में सफलता के साथ हो सकता है, व्यंग्य के साथ गम्भीर विचार प्रकट किये जा सकते हैं, जनता के प्रति उत्तर-दायित्व की भावना, राष्ट्रीय आत्मसम्मान और समाजवादोन्मुख विचारधारा ह्रास का कारण न होकर उत्थान का कारण भी हो सकती हैं, यह हम बच्चनजी के इस संग्रह से समझते हैं। सभी कविताएँ एक स्तर की नहीं हैं किन्तु सामाजिक चेतना के साथ अनेक कविताओं में कवि की नयी संवेदनाओं की झलक मिलती है, यथा—

हरे-हरे पौधों,
हरी-हरी पत्तियों पर
सफेद-सफेद, पीले-पीले,
रूपहरे, सुनहरे फूल सँवरे हैं,
आसमान से जैसे तारे उतरे हैं।

ताजगी से भरे हुए इस अनूठे कविता-संग्रह का हार्दिक स्वागत होना चाहिए।

1959

3. ओथेलो का अनुवाद

शेक्सपियर की मूलरचना पढ़ने पर किसी भी भाषा में उसका अनुवाद अच्छा लगेगा, यह कहना कठिन है। इसका यह अर्थ नहीं कि अनुवाद किया ही न जाय। जिन्होंने मूल नहीं पढ़ा, उन्हें बच्चनजी के अनुवाद से शेक्सपियर की नाटक-रचना-शक्ति का कुछ अन्दाज हो जायगा। ओथेलो के अनुवाद की भाषा सरल है, कथा समझने में कठिनाई न होगी। लेकिन इससे शेक्सपियर की काव्य-प्रतिभा का अनुमान न हो सकेगा। बच्चनजी न तो इयागो के व्यंग्य को प्रतिबिंबित कर सके हैं और न ओथेलो के आवेग और भावों को। ओथेलो अपनी पत्नी के लिए कहता है, "Thou cunning'st pattern of excelling nature", इसका अनुवाद है "छली प्रकृति की महाचातुरी भरी पोटली"। यह अनुवाद सही हो, तो भी मूल के भावात्मक सौंदर्य की झलक नहीं देता वरन् पोटली से हास्यरस का उद्रेक होने का खतरा उत्पन्न कर देता है।

इयागो की एक प्रसिद्ध उक्ति है :

O, beware, my lord, of jealousy;
It is the green-ey'd monster which doth mock
The meat it feeds on : that
cuckold lives in bliss
Who certaim of his fate, loves not his wronger''

इत्यादि। इसका अनुवाद इस प्रकार है—

"मेरे मालिक, शुबहे में मत पड़िएगा,
इसे हरी आँखों वाला हैवान समझिए;
जिस पर पलता उसी गिजा को नफरत करता।

वह खाविन्द बड़ा खुशकिस्मत है जो इसको जान गया है उसकी बीबी उसके लिए वफा से खाली वह अपनी तकदीर जानता, और बेवफा की वह भी परवाह न करता"। ये गद्य के टुकड़े हैं जिनमें भाव की गहराई का पता नहीं है। "शुबहे में मत पड़ियेगा"—मालूम होता है, साधारण बातचीत हो रही है। "हरी आँखों वाला हैवान" हिन्दी में निरर्थक है। Mocks का भाव "नफरत करता" से नहीं प्रकट किया जा सकता। बेवफ़ा बीबी का शौहर Cuckold कहलाता है, उसके लिए "खाविन्द" नाकाफी है। बेवफा बीबी पाने के इसी सौभाग्य की ओर ओथेलो आगे "Forked plague" द्वारा संकेत करता है, बच्चनजी ने उसके लिए "दुर्भाग्य" शब्द लिखकर ही सन्तोष कर लिया है।

एकाध जगह अनुवाद में शेक्सपियर का मूल मूर्तिविधान ही बदल दिया गया है। ओथेलो अपने आवेगों की तुलना Pontic Sea से करता है जिसकी दुर्दमनीय धारा तब तक नहीं थमती जब तक वह प्रौपौण्टिक और हेलेस्पौण्ट से नहीं मिल जाती। बच्चनजी ने Pontic Sea को "पर्वत से जो नदी फूटती" बना दिया है।

नाटक की भूमिका में बच्चन जी ने उन लोगों का उचित विरोध किया है जो दुष्यन्त को स्मिथ बनाकर विदेशी नाटकों को अपनी संस्कृति और भाषा के अनुकूल बनाने की बात करते हैं। इसी न्याय से शेक्सपियर के नाटक में कहीं ठेठ हिन्दुस्तानीपन आ जाय,—तो उसे भी दोष माना जायगा। डेसडिमोना के गीत में "घोर झकोर बहे पुरवैया" पढ़कर लगता है, अनुवादक अपने ही उसूल को भूल गया है।

यह कहना ज्यादती होगी कि बच्चनजी को अनुवाद के छन्द में शेक्सपियर के अनुकूल—लय की विविधता के लिए—कुछ स्वच्छन्दता से काम लेना चाहिये था। लेकिन यह कहना उचित होगा कि व्याकरण और मुहावरों के प्रति उन्हें अधिक सावधानी बरतनी चाहिये थी। "पाना" का पूर्वकालिक रूप पाकर हो सकता है, न कि "पाकरके"—"उसको अपना पति पारकरके परम सुखी है।" जहाँ तक मुझे मालूम है, फर्ज अदा करते हैं, आदाब बजा लाते हैं। बच्चनजी ने लिखा है, "अपना फर्ज आपके आगे बजा सकूँगा।" हम न भूलें, तुम मत भूलना, लेकिन "हम मत भूलें"?

हम किसी पर शक करते हैं या शक रखते हैं?

"जो है उस पर फिदा और शक भी रखता है"? हम किसी से घृणा करते हैं या किसी को घृणा करते हैं?

"मैं भी उसको
घृणा करूँ।"

और "उसी गिजा को नफरत करता ।" खयाल को इयागो ख्याल कहता है। शुबहे, कुबूल, कयास, नुक्स, फितूर जैसे शब्द एक ही वाक्य में इस्तेमाल करनेवाला इयागो "ख्याल" कहे तो यह लेखक की ही असावधानी मानी जायगी। इस तरह के दोष थोड़े-से प्रयत्न से दूर हो सकते हैं।

1959

4. गीता का अनुवाद

"जनगीता" रामचरितमानस की शैली में गीता का हिन्दी (अवधी) अनुवाद है। गोस्वामी तुलसीदास के महान् ग्रंथ का जो अंश सबसे कम पढ़ा जाता है, वह उत्तरकाण्ड है। काव्य में शुष्क ज्ञानचर्चा साधारण पाठकों को तो अप्रासंगिक ही लगती है। रामचरितमानस की लोकप्रियता का कारण उसका कथा-प्रसंग है। उसके अभाव में तुलसीदास की शैली भी ज्ञानचर्चा को लोकप्रिय नहीं बना पायी। "जनगीता" में कथा-प्रसंग का अभाव है ही; शैली के सहारे उपदेशों को काव्य का रूप कहाँ तक दिया जायगा? फिर बच्चनजी की शैली बहुत ही ओजहीन और उनकी अवधी कृत्रिम लगती है। मूल गीता के प्रारंभिक अध्यायों में ओजपूर्ण शैली उच्च काव्य के स्तर की है। किन्तु बच्चनजी के अनुवाद में वह ओज समाप्त हो जाता है। जगह-जगह भरती के शब्द मिलते हैं, जहाँ-तहाँ उलझी हुई वाक्य-रचना में अर्थ खो जाता है। यथा :

"आहि जो, होइ सो नाहि नहि,
नाहि जो आहि न होइ।
आहि-नाहि महँ भेद कहँ ?
बूझहि बुध कोइ कोइ।"

खासी उलटँवासी बन गई है।

व्यथित अर्जुन ने कहा था :

"गुरूनहत्वा हि महानुभावान्
श्रेयो भोक्तुं भैक्ष्यमपीह लोके।
हत्वार्थ कामांस्तु गुरूनिहैव
भुञ्जीय भोगान् रुधिरप्रदिग्धान्।"

इस सुन्दर भावपूर्ण छन्द का अनुवाद इस प्रकार है :

"भीखिन पेट भरब बरु ताता,
जिअत करब नहिं गुरु-संघाता ।
भोगब गुरुजन मारि जो भोगू,
भीख तें भल किमि कहिहहिं लोगू ?
गुरुजन-रुधिर-सरन्ह सब ताईं,
आइहि मोहिं, दयानिधि साईं ।"

अनुवाद में गुरुओं का विशेषण महानुभाव छोड़ दिया गया है। गुरुओं की हत्या के बाद अर्जुन के लिए भोग "रुधिर प्रदिग्ध" होंगे। इसके लिए "भीखि तें भल किमि कहिहहिं योगू" अनावश्यक आवृत्ति है, मूल छन्द के भावों के विपरीत भी।

"गुरुजन-रुधिर-सरन्ह सब ताईं,
आइहि मोहिं, दयानिधि साईं ।"

इस चौपाई का क्या अर्थ है ? "आइहि" क्रिया का कर्ता कौन है ? "गुरुजन-रुधिर-सरन्ह" और "मोहिं आइहि" से क्या तात्पर्य है ? दयानिधि, साईं के अनावश्यक संबोधनों के अलावा रुधिर प्रदिग्ध भोगों की समर्थ व्यंजना अनुवाद में पूर्णतः अन्तर्धान हो गई है।

बच्चनजी ने गीता के अनुवाद के संबंध में "मंगलाचरण" में लिखा है, "इस संघर्ष में अनेक चमत्कारी अनुभव हुए, जिनसे प्रेरित होकर मैंने गीता यज्ञ आरंभ किया। और वह जिस रूप में संपन्न हुआ है, मुझे लगता है, वह किसी अज्ञात शक्ति से निर्दिष्ट है ।" ऐसा ही होगा। ज्ञात शक्ति से निर्दिष्ट होने पर संभवतः इतनी भूलें न होतीं।

1958

बलभद्र दीक्षित "पढ़ीस"

श्री बलभद दीक्षित अवधी में 'पढ़ीस' उपनाम से कविता करते थे और इसी नाम से वह अधिक प्रसिद्ध थे। उनकी कविताओं का एक ही संग्रह 'चकल्लस' नाम से निकल पाया था। अवधी में कविता लिखना उन्होंने बन्द नहीं किया और एक छोटे संग्रह भर को उनकी कविताएँ और हैं। इनके अतिरिक्त "माधुरी" में उन्होंने बच्चों के सम्बन्ध में कुछ अत्यन्त रोचक निबन्ध लिखे थे। इनमें बच्चों की शिक्षा, उनके साथ बड़े-बूढ़ों के व्यवहार आदि विषयों पर उन्होंने प्रकाश डाला था। हिन्दी में दीक्षितजी पहले लेखक थे, जिन्होंने इन समस्याओं की ओर ध्यान दिया था और उन पर क्रांतिकारी ढंग से लिखा था। इन लेखों का जितना सम्बन्ध बच्चों के माता-पिता तथा अभिभावकों से है, उतना बच्चों से नहीं। आये दिन हमारे समाज में—क्या घर में और क्या स्कूल में—बच्चों के साथ जो निर्दयतापूर्ण असभ्य व्यवहार किया जाता है, उससे दीक्षितजी के हृदय को चोट लगी थी। इन लेखों में उसी निर्दयता के विरुद्ध एक ज़ोरदार आवाज़ उठाई गई है। लेखों से भी अधिक महत्त्वपूर्ण उनकी कहानियाँ हैं, जिनका एक संग्रह 'लामज़हब' नाम से उनके जीवनकाल में निकला था। शेष जो विभिन्न पत्र-पत्रिकाओं में—हंस, संघर्ष, माधुरी, विप्लवी ट्रैक्ट, चकल्लस आदि में—प्रकाशित हो चुकी हैं, उनकी संख्या कम नहीं है और आगे उनके दो संग्रह प्रकाशित हो सकेंगे। अपनी कहानियों में उन्होंने समाज के निम्न-वर्ग के लोगों का चित्रण किया है और उन लोगों का भी, जिन्हें परिस्थितियों ने ठोंक-पीटकर आधा पागल बना दिया है। एक उनका अधूरा उपन्यास है, जिसका कुछ अंश "माधुरी" में प्रकाशित होगा।

दीक्षितजी का साहित्य बिखरा हुआ था, वह सजिल्द पुस्तकों में साहित्य-प्रेमियों के लिए सुलभ नहीं था। फिर भी उनके कविता-संग्रह "चकल्लस" ने ही उन्हें काफ़ी ख्याति प्रदान की थी। जो लोग उनके साहित्य के अन्य अंगों को भी जानते थे, वे उनकी बहुमुखी प्रतिभा के कायल थे। जो उनके साहित्य से कम

परिचित थे, वे उनके व्यक्तित्व से अत्यधिक प्रभावित थे। दीक्षितजी का व्यक्तित्व उनके साहित्य से भी महान् था और इसका कारण यह था कि वह एक अनंत निर्झर-सा था, जो महान् साहित्य की सृष्टि करने में समर्थ था। उनमें देवता-जैसी सरलता थी, यदि देवता भी वैसे सरल होते हों। उनकी सादगी से बहुधा लोगों को भ्रम हो जाता था और अपने असभ्य नागरिक संस्कारों के कारण वे दीक्षितजी को एक अशिक्षित गँवार समझ बैठते थे। परन्तु ऐसे लोग कम थे। सौभाग्य से अधिक लोग वे थे, जो उनकी सादगी से धोखा न खाते थे और उनकी महत्ता को न्यूनाधिक पहचान ही जाते थे।

दीक्षितजी पहले कसमंडा राज्य में नौकर थे। एक विशेष घटना के कारण उन्हें राज्य से सम्बन्ध-विच्छेद करना पड़ा था। कुछ दिन बाद उन्होंने वहाँ पुन: नौकरी की, लेकिन फिर छोड़ दी। सुना है कि कसमंडा के युवराज साहब का व्यवहार सहृदयतापूर्ण रहा है। वह दीक्षितजी के साहित्यिक जीवन में दिलचस्पी लेते थे और 'पढ़ीस' की 'चकल्लस' भी उन्हीं को समर्पित की गई है। उनके बच्चों से भी युवराज का व्यवहार सहृदयतापूर्ण था।

दीक्षितजी एक कर्मठ व्यक्ति थे, खेत में हल चलाना अपनी पैतृक संस्कृति के विपरीत होते हुए भी बुरा न समझते थे। उनकी मृत्यु अचानक हो गई। हल का फाल उनके पैर में लग गया था और उसी से विष पैदा होकर सारे शरीर में फैल गया। पैर में चोट लगने पर उन्होंने अपने बड़े लड़के को जो पत्र लिखा था, उससे मालूम होता है कि वह स्वयं उसे घातक न समझते थे। परंतु भावी कुछ और ही थी।

एक लेख में उन्होंने अपने जन्म के विषय में लिखा है—"भादों, सं० 1955 विक्रम में यह श्रीदीनबंधु का भद्दर यहीं इसी घर में पैदा हुआ था।" श्री दीनबंधु उनके सबसे बड़े भाई का नाम था और उनके लिए दीक्षितजी के हृदय में अगाध स्नेह था। उनके नि:स्वार्थ जीवन की वह सदा प्रशंसा किया करते थे। उनके अन्य दो छोटे भाई उनसे बड़े थे, परन्तु उनका चरित्र-विकास दूसरी दिशा में हुआ था। अपने कहानी-संग्रह "लामजहब" को उन्होंने अपने सबसे बड़े भाई श्री दीनबन्धु को ही समर्पित किया है। "दद्दू" को सम्बोधित करते हुए उन्होंने स्नेह में डूबे हुए ये शब्द लिखे थे—"जीवन के प्रभात में ही तुमने मुझे यह सुझा दिया था कि गरीबी-अमीरी, श्रेष्ठता-अश्रेष्ठता मूर्खों के दिमाग की चीज़ है। उधर तुम्हारी पेंशन के गठरी भर रुपये आते थे, इधर तुम गोमती-किनारे अपने चमार और धोबी मित्रों के साथ नित्यप्रति एक बड़ा गट्ठर घास छोलते थे। तुम आठ बरस के थे, तब दो पैसे दिन-भर की निरवाही के लाकर बड़े गर्व से मां को देते थे। अम्बरपुर के कुली और किसान तुम्हें अपना सलाहकार मानते थे। 'लामजहब' मैं तुम्हारी स्मति को देता हूँ।

तुम्हारा भद्दर"

भद्र से 'भद्दर' नाम उन्हें अधिक प्यारा था, क्योंकि इससे उन्हें अपने भाई के स्नेह की सुध हो आती थी। 'लामज़हब' की जो प्रति उन्होंने मुझे दी थी, उसमें उन्होंने अपना नाम 'बलभद्दर" ही लिखा था। बड़े भाई से उन्होंने जो कुछ सीखा था, मानो उसी को वह अपने जीवन में चरितार्थ करने की कोशिश करते थे। दीनबन्धुजी भी कसमंडा राज्य में नौकर थे। जब राजकुमारी का विवाह विजयानगरम् में हुआ, तब वह भी राजकुमारी के साथ वहाँ गये। बाद में वहीं रहने लगे और राजकुमारों के अभिभावक का कार्य करने लगे। सन् '35 की गर्मियों में दीनबन्धुजी का स्वर्गवास हुआ।

दीक्षितजी की शिक्षा राजकुमार के साथ ही कसमंडा में हुई। पढ़ने का खर्च और कुछ वज़ीफा वहाँ से मिलता था। सन् '18 में उनका विवाह हुआ। सन् '20 में उन्होंने हाई स्कूल पास किया और कालेज में भर्ती हुए, परन्तु छह महीने बाद कालेज छोड़ देना पड़ा। दीक्षितजी साधारण लोगों की अपेक्षा विशुद्ध उच्चारण से अँगरेजी बोलते थे। इसका कारण उनकी शिक्षा से अधिक उनका उच्चवर्गों से संसर्ग था। कालेज छोड़कर वह कसमंडा राज्य में नौकर हो गये। सन् '27 में उन्होंने नौकरी छोड़ दी और दो साल तक वहाँ से अलग रहे। परन्तु इसके बाद फिर नौकर हो गये और सन् '35 तक वहाँ रहे। इस वर्ष उनका बड़ा लड़का श्री बुद्धिभद्र बाम्बेटाकीज़ में नौकर हो गया था और उसी के साथ वह भी बम्बई चले गये। अगस्त से नवम्बर तक बम्बई रहे; फिर गाँव चले आये। सन् '38 तक गाँव में ही रहे। सन् '38 में कुछ विशेष कारणों से वह गाँव छोड़कर लखनऊ चले आये। अगस्त सन् '38 में शायद वह पहली बार रेडियो में—सलोनों पर—बोले। नवम्बर में वह लखनऊ रेडियो स्टेशन में नौकर हो गये।

रेडियो स्टेशन में काम करते समय उनका स्वास्थ्य बहुत गिर गया था। उनके मित्रों को इससे विशेष चिन्ता रहती थी। उधर जिन परिस्थितियों के कारण उन्हें गाँव छोड़ना पड़ा, उनमें भी अब कुछ परिवर्तन हो चुका था। जब उन्होंने गाँव जाकर रहने को कहा तब मित्रों ने उनकी बात का समर्थन किया। लखनऊ में रहते हुए उन्होंने मई सन् '40 में अपनी एक मात्र लड़की का विवाह भी कर दिया था। सन् '40 का अंत होते-होते उन्होंने रेडियो की नौकरी छोड़ दी। दूसरे वर्ष उन्होंने अपने सबसे बड़े लड़के श्री बुद्धिभद्र का विवाह किया। सन् '41 भर वह गाँव में रहे और वहाँ किसानों, विशेषकर अछूतों, के लड़कों की शिक्षा के लिए एक पाठशाला खोली। 27 जून, सन् '42 को उनके पैर में घातक चोट लगी। इसके एक महीना पहले वह लखनऊ आये थे और मुझसे गले मिलकर बिदा हुए थे। उसके बाद बलरामपुर अस्पताल में मैंने उन्हें फिर देखा, लेकिन तब से अब में बहुत अंतर था। प्रेमचंद के उस चित्र का स्मरण कीजिये, जो उनकी रोगशय्या

पर लिया गया था। मुझे एक भयानक आघात के साथ इस बात का अनुभव हुआ कि अब वह अपनी जीवन-लीला समाप्त कर रहे हैं। 14 जुलाई सन् 1942 को उन्होंने इस संसार से महायात्रा की। उनकी मृत्यु पर श्री अमृतलाल नागर ने लिखा था, "मुझे उनकी मौत का दुःख नहीं। ज़िन्दगी-भर पलंग पर पड़े-पड़े हाय-हाय करते हुए उनकी सांसें नहीं निकलीं। एक सच्चे भारतीय और खरे साहित्यिक की तरह जीवन से लड़कर उन्होंने वीरगति प्राप्त की है।"

जिस लेख का ऊपर ज़िक्र हो चुका है, उसमें दीक्षितजी ने अपने युवावस्था के बारे में लिखा है—"मुझे दिखावट बहुत पसंद थी। इसलिए सबके काम का बहुत-सा सामान मैं खरीदकर घर ले जाता था। रोज़मर्रा खर्च के कपड़े मैंने 100 रुपये तक के एक बार में खरीद कर दिये हैं।" गाय-भैंसे खरीदने का भी उन्हें शौक था। राजपरिवार में लालन-पालन होने से उनकी आदतें भी वैसी पड़ गई थीं। उनका एक चित्र—साफा बाँधे रियायती वेश में—उस समय की याद दिलाता है। मेरा उनसे परिचय पहली बार सन् '34 में निरालाजी के यहाँ हुआ। वह कसमंडा में तब भी नौकर थे, परंतु वेश दूसरा था, वही जिससे उनके बाद के मित्र भली-भाँति परिचित हैं। निरालाजी ने उनका लम्बा-चौड़ा परिचय दिया जिसका मुझ पर उल्टा प्रभाव पड़ा। कुछ दिन बाद मैंने उनका कविता-संग्रह देखा, उसने मुझे उनका भक्त बना दिया। दूसरी बार भेंट होने पर हम मित्र हो गये और दिन पर दिन मित्रता गाढ़ी होकर बंधुत्व में परिणत हो गई। दीक्षितजी का हृदय विशाल था, उनकी सहृदयता अपार थी। उनके अनेक मित्र थे जिन पर उनका समान स्नेह था।

परिचय होने के चार वर्ष बाद मैंने उन पर एक लेख लिखा था। उसका कुछ भाग यहाँ उद्धृत करने के लिए क्षमा चाहता हूँ। वह मेरे लिए अब भी वैसे ही जीवित हैं, जैसे तब थे। लेकिन श्री नरोत्तम नागर के शब्द बार-बार याद आते हैं—"पढ़ीसजी पर लिखने बैठता हूँ तो ऐसा प्रतीत होता है कि वह मरकर भी जीवित हैं और मैं जीवित भी मृत हूं।

"दीक्षितजी ठमके से साधारण कद के आदमी हैं। खद्दर का कुर्ता धोती, कभी-कभी उस पर सदरी, सिर पर गांधी टोपी निराले फैशन में रखी हुई, देह मांसलता से हीन, गालों की हड्डियाँ चेहरे में अपना अलग महत्त्व रखती हुईं, मोटी भौंहें, आँखों के नीचे भी हल्के रोयें और बड़ी नुकीली झब्बरझैया मूछें—बड़े आदमी के बड़प्पन की पास में कोई बात न होने से लोगों का आत्मविश्वास उन्हें देखकर सहज जाग्रत हो जाता है। इसलिए मैंने देखा है, जो लोग औरों के सामने कोई बात कहते झेंपते हैं, वे दीक्षितजी के आगे व्याख्यान देने में नहीं हिचकते। लोगों के साथ व्यवहार करने में दीक्षितजी की वही नीति है, जिसे वह बच्चों के साथ काम में लाते हैं। बच्चे की आत्म-गौरव की भावना जगाये बिना

वह अपने से बड़े पर विश्वास नहीं करता और इसलिए खुलकर वह हृदय की बात भी नहीं कर पाता। दीक्षितजी को देखकर बच्चों और बूढ़ों का आत्म-गौरव समान रूप से जाग्रत हो जाता है।

"बहुत कम लोग उनकी आँखों की तरफ ध्यान देते हैं। घनी भौंहों के नीचे छोटी-छोटी आँखें एक अजीब धुँधलेपन में खोई-सी रहती हैं। किसी अनोखी-सी बात को सुनकर वे चमक उठती हैं, विस्मय से खुली रह जाती हैं, लेकिन वह धुँधजालन भेदकर नीचे के भाव को जानना फिर भी सम्भव नहीं होता। दीक्षितजी मित्रों-परिचितों में गऊ की तरह सीधे प्रसिद्ध हैं। उनकी धुँधली आँखों में बिरले ही देखने की चेष्टा करते हैं, क्योंकि अपने भावों को छिपाने की उनमें अद्भुत क्षमता है। वह लोगों को जान या अनजान में बच्चा ही समझते हैं और लोगों का व्यवहार भी ऐसा होता है कि दीक्षितजी को दोषी नहीं ठहराया जा सकता। धुँधलेपन के पर्दे के नीचे जीवन का तुमुल संघर्ष, संघर्ष के ऊपर एक भावुक कवि की कल्पना की चादर, और अलग, कोरों में एक मनोवैज्ञानिक की झलकती हुई चतुरता और चुहल, इनका पता लगाना उनकी कृतियों को पढ़कर कुछ सम्भव होता है।"

एक बार लखनऊ प्रदर्शनी में वह अपना एक गीत गा रहे थे। प्रदर्शनी अमीनाबाद में और मेरा मकान सुन्दरबाग के इस छोर पर! मैं कमरे में बैठा कुछ काम कर रहा था। रात के साढ़े दस बजे होंगे। अचानक हवा में मुझे कुछ परिचित से स्वर मँडराते जान पड़े। मैं सबसे ऊपर की छत पर चला गया और वहाँ से अत्यन्त स्पष्ट स्वर सुनाई पड़ रहा था—"पपीहा बोलि जा रे, हाली डोलि जा रे!" जब तक वह गीत समाप्त न हो गया, मैं तन्मय उसे सुनता रहा। वैसी मिठास मानो उनके स्वर में पहले मिली ही न थी। आकाश में तैरती हुई स्वर-लहरी जैसे और परिष्कृत हो गई थी। वैसे ही मीठे और दूर जीवन के वे अनेक स्वप्न हैं, जिनमें उनका चित्र दिखाई देता है। परन्तु उन सब पर विषाद की एक गहरी छाया पड़ गई है। उन्हें जगाने का साहस नहीं होता।

कविता के लिए उन्होंने अपना नाम 'पढ़ीस' रक्खा था और उसे किसान का पर्यायवाची मानते थे। किसानों को लक्ष्य करके उन्होंने लिखा था—

"च्यातउ-च्यातउ स्वाचउ-स्वाचउ
अो! बड़े पढ़ीसउ दुनिया के।"

उन्होंने अपनी कविताएँ किसान बनकर ही लिखी हैं। किसान तो वह थे ही, कविताओं में अपने किसान के स्वर को उन्होंने स्पष्ट रक्खा है। किसानों के प्रति शिक्षित जनों की अवज्ञा को जैसे उन्होंने अपने किसानपन से ललकारा था। 'चकल्लस' कविता-संग्रह सम्वत् 1990 वि० में छपा था। कविताएँ उसके पहले

लिखी गई थीं। तब यह अवज्ञा और भी बढ़ी-चढ़ी थी। इसी को लक्ष्य करके उन्होंने भूमिका में लिखा था—"शहरों में रहनेवाला शिक्षित समाज अपने को दिहाती और उनकी भाषा से अपने को उतना ही अलग समझता है, जितना कि किसी और देश का रहने वाला हिन्दुस्तानियों और हिन्दुस्तान को।" जैसे इस उपेक्षा की प्रतिक्रिया अवधी भाषा में कविता करने में प्रकट हुई! उन्होंने मुझे बताया था कि जब उन्होंने किसानों की भाषा में कविता लिखना शुरू किया था, तब उनके अनेक मित्रों ने उन्हें उपेक्षित अवधी में अपनी प्रतिभा नष्ट न करने की सलाह दी थी। यदि दीक्षितजी को मान-प्रतिष्ठा की वैसी चाह होती तो वह खड़ी बोली में एक महाकवि बनने का विचार अवश्य करते। परंतु किसानों के लिए उनके हृदय में सहानुभूति उमड़ रही थी, वह उन्हीं की भाषा में काव्यगत रूढ़ियों के बंधन तोड़कर प्रवाहित हो चली। उनकी कविताओं को पढ़कर बरबस बर्न्स की याद हो आती है। ठीक उसी तरह इनकी कविताएँ भी जैसे खेतों में फली-फूली हों।

ग्राम-भाषाओं में साहित्य लिखना जितना मौलिक आजकल मालूम होता है, उतना 19वीं शताब्दी में न था। भारतेन्दु ने "कवि-वचन-सुधा" में इस आशय की विशेष विज्ञप्ति छपाई थी कि हिन्दी कवि ग्रामीण भाषाओं में स्वदेशी, स्वदेश-प्रेम, सामाजिक कुरीतियों आदि पर गीत और कविताएँ लिखें। उनके युग में इस प्रकार का बहुत-सा लोकसाहित्य रचा भी गया था। द्विवेदी-युग में ये बातें पीछे पड़ गईं, जो स्वाभाविक था। उस समय प्रमुख कवियों को आधुनिक हिन्दी में नवीन कविता की सृष्टि करने की चिन्ता थी। अब खड़ी बोली में बहुत-सी और उच्च कोटि की कविता रची जा चुकी है। हम लोग उस ओर से निश्चित हो रहे हैं। श्री राहुल सांकृत्यायन तथा अन्य विद्वान भारतेन्दु की तरह ग्राम-भाषाओं में भी जन-साहित्य रचने के लिए जोर दे रहे हैं। दीक्षितजी इस नई विचारधारा के अग्रदूत थे; उन्होंने वर्तमान युग में सबसे पहले इस बात के महत्त्व को समझा था और जैसा कि उनका स्वभाव था, एक बात तय करके वह उसे कार्य-रूप में परिणत भी करने लगे थे। उनके चरणचिह्नों पर अवधी के अन्य कवि भी अब लोकोपकारी साहित्य रच रहे हैं।

पढ़ीसजी की अवधी सीतापुर की अवधी है, जो उस अवधी (बैसवाड़ी) से कुछ भिन्न है, जिसमें प्रतापनारायण मिश्र तथा आचार्य महावीरप्रसाद द्विवेदी ने कविता की थी। परन्तु भारतवर्ष की सभी प्रांतीय बोलियों में एक मधुर देसीपन है, जो हिन्दुस्तान की अपनी चीज है, जिस पर बाहर का प्रभाव प्रायः नहीं पड़ा है, और जहाँ पड़ा है, वहाँ उस देसीपन में घुल-मिलकर एक हो गया है। गाँव में जाकर न तो कोट-पेंट की शान रह सकती है, न शेरवानी और चूड़ीदार पायजामे की। वही हाल विदेशी शब्दों का ग्रामीण बोलियों में होता है!

दीक्षितजी को अवधी के शब्द-माधुर्य की वैसी ही परख थी, जैसी किसी महान् कवि को हो सकती है। उनकी रचना "तुलसीदास" का एक-एक शब्द मधुर है, सम्पूर्ण कविता मानो रामचरितमानस में डूबकर निखर उठी है। प्रकृति-वर्णन में वह ताज़गी है, जो अवध की घनी अमराइयों में पपीहा और कोयल की बोली में होती है और जो पिंजड़े में बन्द मैना की बोली में नहीं होती। उनकी कविताओं में वही आनन्द है, जो खेत-खलिहानों में घूमनेवाले को खुली हवा से प्राप्त होता है। बर्न्स की तरह 'पढ़ीस' जी ने भी आये दिन की घटनाओं पर कविताएँ लिखी हैं। गाँव में एक बार बहिया आई थी, उसी का आँखों देखा वर्णन उन्होंने "हमार राम" नाम की कविता में किया है। केवल किसान-कवि ही लिख सकता है—

"तीखि धार ते कटयिं कगारा
धरती धँसयि पतालु।
लखि-लखि बिधना की लीला हम
रोयी हाल ब्यहाल।
मड़ैया के रखवार हमार राम।"

ऐसी तन्मयता बहुत कम कवियों में देखी जाती है। वह किसान ही क्षुब्ध होकर गा रहा है, जिसकी मड़ैया पर राम ने कोप किया है।

दीक्षितजी की बहुत-सी रचनाएँ हास्यरस की हैं। व्यंग्य और हास्य के वह सिद्ध कवि थे। एक तो अवधी भाषा ही इस प्रकार की रचनाओं के लिए सर्वथा उपयुक्त है, तिस पर उसका उपयोग किया था दीक्षितजी ने, जिनकी तीक्ष्ण दृष्टि से कोई भी व्यंग्यपूर्ण परिस्थिति अपने को कभी छिपा न पाती थी। वह किसानों के जीवन में ही हास्य ढूंढ़ निकालते थे; नई संस्कृति से प्रभावित अन्य वर्गों पर भी वह व्यंग्यबाण बरसाने से न चूकते थे। 'किहानी' कविता उनकी व्यंग्यपूर्ण रचनाओं का सर्वोत्कृष्ट उदाहरण है। इस 'किहानी के' 'काका' वह स्वयं हैं। उन्हीं से एक किसान युवक प्रार्थना करता है कि जब वह राम के घर जाएँ, तब उनसे यह 'फिरयाद' ज़रूर करें कि हमें अँगरेज़ का ही बच्चा बना। अगर अँगरेज़ के बच्चे न हो सकें तो ज़मींदार के घर में ही पैदा करें। इसमें भी कुछ मीनमेख हो तो पटवारगीरी तो कहीं गई नहीं है। पटवारगीरी न मिले तो चौकीदार तो बना ही देंगे। किसान से वह फिर भी अच्छे ही रहेंगे। शोषण-यंत्र में कितने कलपुर्जे हैं। इन सबके बीच में है किसान, जो चौकीदारी के आशा-स्वप्न को छोड़कर अपने खेत की ओर यह कहकर चलता है—

"दुइ पहर दिनउना चढ़ि आवा
जायित हयि रामु क कामु करयि।

बड़कये ख्यात ते का जानी
क्यतने कँगलन का पेटु भरयि ।"

'पढ़ीस' जी की कुछ अन्य अप्रकाशित रचनायें माधुरी के 'पढ़ीस' अंक में मिलेंगी। वह अनेक छन्दों का प्रयोग करते थे और उन्हें सब में समान सफलता मिली है। उनकी व्यंग्यपूर्ण कविता में बोल-चाल की चपलता है। शान्त और गम्भीर कविताओं में संगीतमय धीमा प्रवाह है।

उनकी ग्राम जीवन-सम्बन्धी कहानियों में वैसा ही सजीव वर्णन है, जैसा उनकी कविताओं में।

"फक्कड़", "कँगले" आदि कहानियाँ उस कोटि की हैं, जिनमें उन्होंने समाज के निम्नतम वर्ग के लोगों का चित्रण किया है। इन लोगों पर इतने निकट से उन्हें देख-सुनकर किसी ने नहीं लिखा। इधर उन्होंने कुछ छोटे-छोटे अत्यन्त सुन्दर स्केच लिखे थे—"चमार भाई", "काज़ी भाई", "पाठक भाई" इत्यादि। इनमें "पंडितजी" वह स्वयं हैं।

इन कहानियों को पढ़ने वाले समझ सकेंगे कि दीक्षितजी मानव-मनोविज्ञान में कितनी गहराई तक पैठे थे। उनमें ऐसी ही सहृदयता थी। जिसे लोग देखकर घृणा से अपनी आँख फेर लेते थे, उसी के वह और निकट खिचते थे। वह हिन्दू, मुसलमान और ब्राह्मण, शूद्र का भेद-भाव न मानते थे। केवल विचार-भूमि पर नहीं, व्यवहार-जगत् में उन्हें अपने आदर्शवाद के कारण कट्टरपंथियों से अपमानित होना पड़ता था। वह गाँव में पासी-चमारों से मिलने और गाँव के बड़े-बूढ़ों के चिढ़ने की बहुत-सी बातें बताया करते थे।

बच्चों से उन्हें बड़ा प्रेम था। जिस घर में भी जाते, बड़ों से ज्यादा उनकी दोस्ती छोटों से हो जाती। उनके कुछ दिन तक न आने पर अचानक बच्चे पूछने लगते—कब आयेंगे कक्कू ?

बच्चों की शिक्षा से उन्हें बड़ी दिलचस्पी थी। वह बच्चों को भी स्वयं पढ़ाते थे। उन्होंने हिन्दी में पहले-पहल बच्चों को सज़ा देने का तीव्र विरोध किया था। बचपन में जो दोष बच्चों में आ जाते हैं, उनके लिए वे माता-पिता को ही दोषी ठहराते थे। बच्चों और सेक्स के बारे में उनके विचार अवश्य ही स्वतन्त्र और क्रान्तिकारी थे। अब हिन्दी में और भी इस प्रकार के विचारों का पोषक साहित्य रचा जाने लगा है। हाथ जोड़कर नमस्ते की कवायद करानेवाले बच्चों के माता-पिता को वह खरी-खोटी सुनाये बिना न रहते थे। बचपन में धर्म और पुण्य-पाप की कहानियाँ सुनाकर बच्चों में जो भीरुता भर दी जाती है, उसकी उन्होंने कटु शब्दों में निन्दा की है। बच्चे में जिस बात की ओर सहज रुझान हो, उसी की ओर उसे प्रोत्साहित करना वह अपना कर्तव्य समझते थे। इनाम और बख्शीश देकर

बच्चों में स्पर्द्धा भाव जगाना भी वह अनुचित समझते थे। मतमतांतरों के प्रचार से बच्चों में कुसंस्कार उत्पन्न करना वह पाप समझते थे। सन् '36 और '38 की "माधुरी" में उनके इस विषय के अनेक लेख प्रकाशित हुए थे।

जीवन के अंतिम दिनों में भी वह अपने यहाँ एक पाठशाला चला रहे थे। 30 जून, सन् '42 को उन्होंने श्री बुद्धिभद्र के नाम अपना अंतिम पत्र लिखा—

"प्रिय वत्स,

मेरे पैर में चोट आ गई है। चुन्नी से सब हाल जानोगे। चोट घातक नहीं है, परन्तु कष्टदायक अवश्य है। तुम सौभाग्यवती बहू को लेकर, सुविधानुसार चले आओ। चि० परशुराम अभी आये ही थे, न आयें तो अच्छा है।

अधिक प्यार,

कक्कू

मैं चिब साहब को लिखे भी दे रहा हूँ"

इसके ठीक दो सप्ताह बाद उनका देहान्त हुआ। चोट कितनी घातक थी, साबित हो गया।

1943

केदारनाथ अग्रवाल

(1)

'युग की गंगा' के नाम से केदारनाथ अग्रवाल की कविताओं का संग्रह छपा है। कवितायें वे काफ़ी पहले से लिखते रहे हैं लेकिन संग्रह निकलने में ज़रूरत से ज़्यादा विलम्ब हो गया है। इस पुस्तक को पढ़ने वाले से यह कह देना ज़रूरी है कि बाबू केदारनाथ अग्रवाल एक पढ़े-लिखे आदमी हैं और बाँदा में वकालत करते हैं। यह इसलिए कि कविताएँ पढ़कर बहुतों को शक हो सकता है कि चना-चबैना खाने वाले चन्दू की तरह सभ्य समाज से इनका भी सम्पर्क है या नहीं। केदारनाथ नयी पीढ़ी के उन लेखकों में हैं जो शहर की नकली संस्कृति से ऊब गये हैं, दिखावा और बनावट से जिन्हें चिढ़ है और जिनके हृदय में अपने देश की धरती के लिए सच्चा प्यार है। अगर कविता में धरती की गंध आ सकती है, तो वह गंध केदार की कविताओं में है।

अवध की धरती और उस पर लहराते हुए अन्न के पौधे, फल-फूल, वनस्पतियाँ और नीले आसमान में चमकते हुए चाँद-तारे कविता के छन्द, ध्वनि और लय में रम गये हैं। इन कविताओं में एक ठेठपन है जो बहुत माँजि-सँवारे न जाने के कारण भी इतना आकर्षक बन गया है। किसी को बहुत जल्दी कविता पढ़ते सुन कर एक बिगड़े दिल शायर कह उठे थे—क्योंकि जनाब, आपको शेर कहने में मेहनत भी पड़ती है? यह सवाल इन कविताओं के लेखक से भी किया जा सकता है, लेकिन जहाँ शेर हैं ही नहीं, वहाँ मेहनत का सवाल ही क्या? ज़्यादातर कवितायें मुक्तछन्द में हैं जो भाव की झकोर में अपने आप बनता-बिगड़ता चला गया है। कुछ दूसरी कविताएँ तुक-बन्दी जैसी लगती हैं जैसे 'काटो, काटो, काटो करवी।' अगर आपने किसान को 'करवी' काटते सुना होगा, तो उसकी ध्वनि इस छोटे से छन्द में भी सुनाई देगी।

साइत और कुसाइत क्या है?
जीवन से बढ़ साइत क्या है?

काटो, काटो, काटो करत्री
मारो, मारो, मारो हँसिया,
हिंसा श्रौर ग्रहिंसा क्या है ?
जीवन से बढ़ हिंसा क्या है ?

किसान के हँसिया चलाने के सम पर यह छोटा-सा गीत भी बढ़ चलता है, लेकिन छोटे-छोटे कदम रख कर चलने वाले बावन जैसे इस छन्द में कवि ने ग्रहिंसा श्रौर जीवन का ग्रनोखा ठाठ रच दिया है। ग्रौर ग्रगर शेर ही सुनना हो तो ग्रजगर जैसे सरकते हुए इस छन्द को देखिए—

ज़िन्दगी की भीड़ में कंधा रगड़ने ग्रौर चलने से परे हो,
ग्रादमी की ग्राफ़तों से, ग्रादमी की मौत से एकदम डरे हो ।
कायरों की माँद में बैठे ग्रकेले ग्रंधचिंतन कर रहे हो,
हीन निर्बल भावनाग्रों का निरर्थक सिंधु-मंथन कर रहे हो ।

मानना होगा कि इस तरह की कविताग्रों में भी ग्रोज है। शब्दों के घटा-टोप में ध्वनि की बिजली चमकने से यह ग्रोज नहीं पैदा हुग्रा बल्कि लोहे का तार बजाकर, कायरों की माँद में बैठने वालों को ललकार कर पैदा हुग्रा है।

क्वाँर के महीने में ताल के थमे हुए जल पर जैसे किनारे के फूल-पत्तों की छाया झलक उठती है ग्रौर उसके निर्मल जल में तट की किसी वस्तु का बिम्ब छिपा नहीं रहता, उसी तरह इस कवि के चित्त पर वन-प्रकृति की सुषमा भी उभर ग्रायी हैं। वन के झाड़-झंखाड़ ग्रौर दैन्य-दुर्बलता के कुश-कंटकों की छाया उस पर नहीं पड़ी, यह कहना भी ग्रसंगत होगा। वह शहर की बस्ती में धुएँ के नागों को रेंगता हुग्रा देखता है ग्रौर उन लोगों को ललकारता है जो इन साँपों के डर से वृद्ध वेश्या-कल्पना की तरफ़ ग्रपना मारुत-मन उड़ाते चले जाते हैं। वह गाँव में किसी काल्पनिक सौन्दर्य के दर्शन नहीं करता। वह जानता है कि बाप के मरने पर खेतिहर मजूर को एक टूटी हुई झोंगी, बहता हुग्रा हुक्का ग्रौर बनिये का भारी क़र्ज विरासत में मिलता है। वह जानता है कि श्रम की ऐसी ग्रवस्था कर दी गई है कि उसमें मनुष्य भी गाय, बैल, भेड़ों के साथ मिलकर उन्हीं जैसा बन जाता है। उसके घरों के ग्रासपास गन्दगी के ढेर लगे हैं जिसमें वह कुछ देर के लिए ज़िन्दगी का मतलब ही भूल जाता है।

सड़े घूर की गोबर की बदबू से दब कर,
महक ज़िन्दगी के गुलाब की मर जाती है।

मछुग्रा नदी की बाढ़ से ग्रादमखोर मगर को पकड़ लाता है। कुल्हाड़ी की

चोटों से वह उसका मांस काट कर रांधता है लेकिन अपनी आदमखोर गुलामी पर कुल्हाड़ी चलाने की चेतना उसमें नहीं आई। दीन दुखी कुनबा चौपास में बैठा हुआ कौड़ा तापता है। लकड़ी और कण्डे सुलगते तो हैं लेकिन धुएं की गूंजें उठ रही हैं और अभी लपट निकलकर इस दम घोटने वाले धुएँ को दूर नहीं कर पायी। कहीं एक कोने में बैठा हुआ चन्दू हाथ में चरस की चिलम दबाये धुएँ के साथ अपनी शेष आयु का धुआँ भी उड़ाता जाता है। बुन्देलखण्ड के हट्टे-कट्टे हाड़ों के आदमी फूहड़ बातों की चर्चा के फौवारे उड़ाते हैं। दीपक के मन्द उजारे में आल्हा सुनकर भी उन्हें जोश नहीं आता और वे सुनते-सुनते ही मुर्दों जैसे पड़कर सो जाते हैं।

चित्रकूट के यात्री—

दिन भर अधरम करने वाले,
पर-नारी को ठगने वाले,
पर-सम्पति को हरने वाले,
भीषण हत्या करने वाले,
धर्म लूटने के अधिकारी,
टोली की टोली में निकले,
जसे गुड़ के लोभी चींटे
लम्बी एक क़तार बनाके
अपने-अपने बिल से निकले।

हिन्दी कविता में यह एक नये ढंग का यथार्थवाद है जो ग़रीबी पैदा होने वाले मनुष्य के पतन को छिपाता नहीं है। चित्रकूट के यात्री 'काली तेलही' बन्डियाँ पहने हुए स्वर्ग पहुँचने की इच्छा से लम्बे-लम्बे क़दम बढ़ाते हुए चले जाते हैं। हमारे सामाजिक जीवन का यह एक कटु सत्य है जिस पर कल्पना का पर्दा नहीं डाला जा सकता। सामन्ती वैभव के दिन बीत चुके हैं और नयी बर्बर सभ्यता ने अपनी चपेट से वन की गोद में सोते हुए गाँव को झकझोर दिया है। कवि ने बड़े दर्द से लिखा है—

अंग अंग उमंग में नवरंग लेकर
अब न दंग मृदंग करते!
ठंड से ऐंठे हुए ठिठुरे बहुत ही
अब न तबले ही ठनकते।
राव-रंगी, भाव-भंगी, केलि-संगी,
स्वर सरंगी के न सजते।

आज बर्बर, क्रूर-कर्कश विश्वभर में
सभ्यता के गाल बजते।

लेकिन यह सामाजिक जीवन का एक पहलू है। पूरी सचाई इसके अन्दर नहीं आती। समाज का दूसरा पहलू भी है जहाँ जीते हुए मनुष्य की साँस का स्वर सुनाई पड़ता है। हम देखते हैं कि अपने काम में लगा हुआ मेहनत से चूर आदमी ज़िन्दगी के बारे में भी सोचता है। वह महसूस करता है कि ग़ुलामी और ग़रीबी ईश्वर की बनाई हुई नहीं है; उन्हें मनुष्य ने बनाया है और मनुष्य उन्हें मिटा भी सकता है। यह नयी चेतना का मनुष्य हिंसा और अहिंसा, धीरज और अधीरज—इन तमाम सवालों का हल अपने काम में ढूँढ़ता है। वह करबी काटता हुआ ज्वार के बड़े-बड़े पौधों से धरती को पाटता जाता है। समाज के लिए अन्न पैदा करना जिससे कि सब सुखी रहें, यही अहिंसा है, यह जिन्दगी है। जैसे रामचन्द्रजी के अभिषेक के लिए शुभ-घड़ी और मुहूर्त सोचने की ज़रूरत नहीं थी, वैसे ही साइत और कुसाइत के विचार किसान की इस कर्मठता से कट जाते हैं। किसान नये गर्व से अपने नाहर बैलों को देखता है। धरती को तड़काने वाले फाल पर, अपने टपकते हुए पसीने पर उसे गर्व होता है। अपना तन-मन खपाकर वह मिट्टी के तन को नरम बनाता है। इसीलिए वह कहता है—

गेहूँ, चना नहीं बोता हूँ
खूनी अंगारे बोता हूँ।

कोयले के प्रतीक द्वारा कवि नयी चेतना और नयी ज़िन्दगी की तस्वीर खींचता है। जो कोयले मुर्दा बने हुए मुँह छिपाये रो रहे थे—वे ज़िन्दगी की नयी चिनगारी लगने से शिव के लाल नेत्र जैसे जल उठे हैं। देश में बड़ी तेज़ी से दो दल बनते जा रहे हैं। एक कहता है दुनिया जल्दी बदले। दूसरा कहता है दुनिया कभी न बदले। लेकिन न बदलने वाले अकेले पड़ रहे हैं। और बदलने वालों के साथ सारा देश आ रहा है। इस भावना को कवि ने एक बड़े सादे चित्र द्वारा अंकित किया है—

रनिया मेरी देस-बहिन है,
अति गरीब है, अति गरीब है।
मैं रनिया का देस-बन्धु हूँ,
अति अमीर हूँ, अति अमीर हूँ।
रनिया के घर में हँसिया है,
घास काटने में कुशला है,

मेरे हाथों में रुपिया है,
मैं सुख-सौदागर छलिया हूँ।

× × ×

रनिया कहती है जग बदले
जल्दी बदले, जल्दी बदले
मैं कहता हूँ, कभी न बदले,
कभी न बदले, कभी न बदले।
किंतु ग्राज मेरे विरोध में,
पूरा हिन्दुस्तान खड़ा है।
ग्रब रनिया के दिन ग्राये हैं,
जग उसके माफ़िक बदला है।

कुछ लोगों को बड़ा डर है कि दुनिया बदलेगी तो इन सुख-सौदागर छलियों के साथ दुनिया का सुख-सौंदर्य भी समाप्त हो जायेगा। वे कहते हैं – ये प्रगतिशील कवि सिर्फ़ रोटी ग्रौर क्रान्ति की बात करेंगे। प्रकृति के सौंदर्य से इन्हें प्रेम नहीं, मानव-हृदय की रसभरी कोमल भावनायें इन्हें छू नहीं गई हैं। ये हमारी सरस भारतीय संस्कृति पर दहकती लू की तरह छा जायेंगे।

मैं समझता हूँ कि दुनिया को बदलने की सबसे ज़्यादा चाह उन्हीं में है जो सौंदर्य ग्रौर जीवन के प्रेमी हैं, दुनिया को ठगते-ठगते जिनके हृदय से रस की प्यास बुझ नहीं गई, जो सामन्ती ग्रौर पूंजीवादी शक्तियों द्वारा उकसाये हुए जन-संहार में मनुष्य की कोमल भावनाग्रों का कुचला जाना देख नहीं सकते। हिंदी कवियों की नयी पीढ़ी प्रतिक्रियावाद को इसलिए नहीं ललकारती कि वह उनकी पशुता ग्रौर बर्बरता को ग्रपनाना चाहती है। उसका ग्राग्रह है कि पशुता ग्रौर बर्बरता के कांटे खोद निकाले जायें जिससे समाज में फिर मानव-सुलभ भावनाग्रों की हरी दूब जमायी जा सके। केदार ने लिखा है—

ग्रौर सरसों की न पूछो
हो गयी सबसे सयानी
हाथ पीले कर लिये हैं
ब्याह मंडप में पधारी
फाग गाता मास फागुन
ग्रा गया है ग्राज जैसे।
देखता हूँ मैं, स्वयंवर हो रहा है;
प्रकृति का ग्रनुराग-ग्रंचल हिल रहा है।

यह कविता संघर्ष से पलायन नहीं है। यह हममें निराशा के भाव नहीं पैदा करती। दुनिया से दूर कल्पना के मीठे सपनों में भूल जाने का आदेश भी नहीं देती। इन पंक्तियों को पढ़कर जीवन में विश्वास बढ़ता है, सौंदर्य और नये जीवन की लालसा और तीव्र होती है। जो कविता मनुष्य के हृदय में नये जीवन की आशा पैदा कर सके, वह पलायनवादी या प्रगति विरोधी नहीं कही जा सकती।

यहाँ पर 'युग की गंगा' की भूमिका पर दो शब्द कहना ज़रूरी हो जाता है। समाज और संस्कृति के विकास को कवि ने ऐसी सीधी रेखाओं में बाँध दिया है, जैसी कि इतिहास में कभी होती नहीं हैं। उसने लिखा है, "जब जैसी अर्थनीति होती है, वैसी ही समाजनीति होती है, वैसी ही राजनीति होती है और वैसी ही संस्कृति और सभ्यता होती है।" यह वाक्य एक अर्द्ध-सत्य के आधार पर रचा गया है। समाज की आर्थिक व्यवस्था का बहुत गहरा प्रभाव संस्कृति और राजनीति पर पड़ता है परन्तु बिल्कुल उसके प्रतिबिम्ब रूप में इनका निर्माण नहीं होता। सामाजिक विकास-क्रम में असंगतियाँ भी होती हैं और ये असंगतियाँ संस्कृति और सभ्यता में भी प्रकट होती हैं। कवि ने विकास की इस द्वन्द्व-मूलक विशेषता को भुला दिया है। इसलिए उसने एक बहुत ही भ्रांतिपूर्ण घोषणा कर दी है—"पिछला समस्त भारतीय साहित्य केवलमात्र ईश्वर, भूपति, पुरोहित, चमूपति और व्यापारियों के संसार की मानसिक प्रक्रिया का साहित्य है।" बात ऐसी हो तो पुराने साहित्य को होली के अर्पित कर देना कोई पाप न होगा। लेकिन पुराने समाज में जहाँ पुरोहितों और सामन्तों का बोलबाला था, वहाँ इनके विरुद्ध एक स्वतन्त्र जीवन के लिए लड़ने वालों का अभाव भी नहीं था। हमारे साहित्य की एक जागरूक और प्रगतिशील परम्परा है जिससे हमें नाता तोड़ना नहीं जोड़ना है। संत कवियों ने जनता की समानता और एकता के भावों को व्यक्त किया है। इसे पलायन कहना भ्रामक है। सामन्तशाही के प्रति जनता का विरोध अनेक संश्लिष्ट रूपों में प्रकट हुआ है। उन रूपों को पहचानना हमारा काम है; एक यांत्रिक-दृष्टि से उनकी तरफ से मुँह मोड़ लेना प्रगति नहीं, भ्रम का लक्षण है। तुलसी, सूर, मीरा, कबीर, दादू आदि ने भारतीय हृदय को प्रेमरस से सींचा है, उसमें मानव-सुलभ सहानुभूति के अंकुर उपजाये हैं; उनके सबद, साखी और बानी हमारी सजीव संस्कृति की वाणी हैं। भारत की जिस पुरानी संस्कृति पर हम गर्व कर सकते हैं, ये उसके निर्माता हैं।

भूमिका की भ्रांतियाँ एक चिंतक की हैं। कवि की नैसर्गिक रचनाओं की धारा दूसरी ओर है। यह 'युग की गंगा' का हरिद्वार है। अभी उसमें ऊसरों और खेतों का पानी मिलना बाकी है। हमें विश्वास है कि कवि की वाणी अधिक

सबल होकर जनता के कंठ से घुलमिल जायेगी । नयी हिन्दी कविता के निर्माण में जो अनेक प्रतिभाशाली कवि लगे हैं, उनमें केदारनाथ अग्रवाल का महत्त्वपूर्ण स्थान है । वे जनता की भावनाओं और उसकी भाव-व्यंजना के प्रकारों को बहुत निकट से पहचानते हैं, इसलिए उनका उत्तरदायित्व भी विशेष है ।

1947

(2)

कविताएँ लिखते उन्हें पेंतीस साल से ऊपर हो गये । इस बीच उम्र में उनसे बड़े-छोटे कवियों ने जो कुछ लिखा है, उसे पढ़कर आप हिन्दी साहित्य के विभिन्न आन्दोलनों, काव्य-जगत् के नित्य नये बदलते फैशनों का इतिहास लिख सकते हैं । केदार की कविताएँ पढ़कर ऐसा इतिहास लिखना संभव नहीं है । उनकी शुरू की रचनाओं में छायावाद का कम से कम प्रभाव है, उनकी बाद की रचनाओं में नई कविता वाले हथकंडे कहीं ढूंढ़ने से भी न मिलेंगे । अपनी कला के प्रति अद्भुत रूप से ईमानदार हैं कवि केदारनाथ अग्रवाल । शायद इसी कारण उनकी रचनाएँ परिमाण में इतनी कम हैं ।

अन्य कवियों का विवेक हमेशा जाग्रत अवस्था में रहता है । वे हिसाब लगाते हैं कि यूरोप और अमरीका में इस समय आधुनिकतम क्या चीज़ है, हिन्दुस्तान में प्रकाशन अभिनन्दन-पुरस्कार की पण्यशाला में कविता का भाव क्या है और उसी हिसाब से वे अपनी रचनाओं में भाव सजाते हैं । केदार का विवेक इस हिसाब-किताब से उन्हें दूर रखता है । इसीलिए वह हिन्दी के सहज मौलिक कवि हैं । उनकी कविता में उनकी प्रतिभा का अपना विकास है; वह विकास कविता के फैशनों का इतिहास नहीं है ।

अन्य कवियों में आप तर्क-बुद्धि और भावबोध का संघर्ष देख सकते हैं । तर्क बुद्धि कहती है, पूरब चलो, भावबोध खींच ले जाता है—पश्चिम को । केदार में तर्क-बुद्धि का अभाव तो नहीं है, बहस की ही कमाई ज़िन्दगी भर खाते रहे हैं, वकील हैं आखिर, लेकिन कविता लिखने में वह तर्क-बुद्धि का सहारा कम से कम लेते हैं । कविता लिखते समय उनकी तर्क-बुद्धि सोती नहीं है, वह अपलक उनकी अन्तर्दृष्टि का तमाशा देखती है । यह अन्तर्दृष्टि उन्हें जो कुछ दिखाती है, वह तर्क-बुद्धि का विरोधी नहीं होता किन्तु तर्क-बुद्धि उसे रचे, यह शक्ति भी उसमें नहीं है । कविता दुनिया को देखने में है, वह न भाव में है, न विचार में, न बिंब

में है। दुनिया को सभी देखते हैं किन्तु उसके मर्म तक निगाह पहुँचती है केवल सिद्ध कवि की। यह वह दृष्टि है जिसके लिए तुलसीदास ने लिखा था—उघरहिं विमल विलोचन ही के। संसार के गुप्त और प्रकट मणि-माणिक्य इसी दृष्टि को दिखाई देते हैं।

केदार की अन्तर्दृष्टि, उनकी विवेक-बुद्धि, उनकी सामान्य ऐन्द्रिय संवेदनाएँ एक साथ, सघन रूप से, सक्रिय होती हैं, अन्तर्विरोध के बिना, परस्पर संवर्धनशील, एक ही आन्तरिक लय में बँधी हुई। वर्ड्सवर्थ ने जिस स्थिति के लिए लिखा था, वी आर लेड ऐस्लीप इन बॉडी ऐंड बिकम ए लिविंग सोल, शरीर सो जाय और मन जागता रहे, वह स्थिति केदार की नहीं है। उनका मन जागता है, तन जागता है, अन्तर्मन जागता है। जीवंत इकाई जो उनका व्यक्तित्व है, उसकी समग्रता और एकाग्रता से कविता देखते हैं केदार। वह रचते बहुत कम हैं, देखते ज्यादा हैं।

कहाँ भाव खत्म हुआ, बिंब शुरू हुआ, कहाँ बिंब खत्म हुआ, विचार शुरू हुआ, कहाँ भाव-विचार की सीमा लाँघ कर अनिर्वचनीय संकेत शुरू हुए, केदार की कविताओं में आप रचना-तत्त्वों का विश्लेषण नहीं कर सकते। जो है वह एक है—कविता। उसमें कहाँ कौन-सा रंग दिखाई देता है, यह बहुत कुछ हमारी अपनी दृष्टि पर निर्भर है।

सारी प्रकृति केदार के लिए एक उत्तेजक ह—स्टिमुलस। अनुकूल स्पर्श होते ही सारी बाधित-अबाधित प्रतिक्रियाएँ—सारे कंडीशन्ड और अनकंडीशन्ड रिफ्लेक्सेज—एक साथ चालू हो जाते हैं। वह अपने मन पर कविता लिखें तो भी आप पहचान सकते हैं, स्पर्श करने वाला उत्तेजक किस कोटि का है; शरद की धूप, वसंत की हवा, वातावरण का सन्नाटा उनके मन की तस्वीर में झलक उठेगा। वह बाह्य प्रकृति पर कविता लिखें, आप उनके मन की दशा पहचान लेंगे, मन रूप-रस-गंध से बँधा है या प्रकाश में उड़ रहा है, संसार के ताप में कितना पक चुका है, आनन्द की लौ कितनी ऊँचे उठी है, नीचे विषाद की छाया कितनी गहरी है, इत्यादि। चेतना की सीमा कहाँ खत्म होती है, बाह्य जगत् कहाँ शुरू होता है, कहना कठिन हो जाता है। कविता में वही स्थिति है कि "जग का एक देखा तार कंठ अगणित, देह सप्तक, मधुर स्वर झंकार।"

कहाँ लोक-साहित्य खत्म होता है, कहाँ साहित्यकारों का साहित्य शुरू होता है, केदार की कविताएँ पढ़कर कौन बता सकता है? उनकी कविताएँ लोक-संस्कृति की उपज हैं, वे लोक-संस्कृति को समृद्ध करती हैं। वे साहित्य हैं, जैसे निराला की कविता में आकाश की ज्योत्स्ना गंगा की निर्मल धारा पर उतर आये।

केदार की कविता से उनकी कवि-दृष्टि ग्रौर भी बड़ी है। तुलसीदास ग्रौर मिल्टन की सर्वश्रेष्ठ रचनाएँ उनकी वानप्रस्थ वाली ग्रायु की देन हैं। केदार की कवि-प्रतिभा ग्रभी ग्रमंद गति से विकासमान है।

1970

●●●